MW01716414

POST-INCUNABULA EN HUN UITGEVERS IN DE LAGE LANDEN

POST-INCUNABULA AND THEIR PUBLISHERS IN THE LOW COUNTRIES

POST-INCUNABULA EN HUN UITGEVERS IN DE LAGE LANDEN

Een bloemlezing gebaseerd op
Wouter Nijhoff's *L'Art typographique*
uitgegeven ter gelegenheid van het
125-jarig bestaan van Martinus Nijhoff
op 1 januari 1978

uitgegeven en ingeleid door

HENDRIK D. L. VERVLIET

Springer-Science+Business Media, B.V. 1978

POST-INCUNABULA AND THEIR PUBLISHERS IN THE LOW COUNTRIES

A selection based on
Wouter Nijhoff's *L'Art typographique*
published in commemoration of the
125th anniversary of Martinus Nijhoff
on January 1, 1978

edited and introducted by

HENDRIK D. L. VERVLIET

Springer-Science+Business Media, B.V. 1978

ISBN 978-94-017-4603-8 ISBN 978-94-017-4814-8 (eBook)
DOI 10.1007/978-94-017-4814-8

Originally published by Martinus Nijhoff, The Hague, the Netherlands in 1978.
Softcover reprint of the hardcover 1st edition 1978

VOORWOORD

Dit boek wordt uitgegeven ter herdenking van het feit dat de firma Martinus Nijhoff honderd vijfentwintig jaar geleden werd opgericht en als eerbewijs aan degenen die, met grote energie en deskundigheid, een werkelijk internationale organisatie hebben gecreëerd ter verspreiding van het gedrukte woord.

Door de jaren heen heeft de geschiedenis van de drukkunst en de drukkers een speciale plaats ingenomen bij de drie generaties van de familie Nijhoff die actief hebben bijgedragen tot de kennis van de typografie, niet alleen als uitgevers, maar ook als auteurs.

Eén van hun belangrijkste publicaties was "L'Art Typographique dans les Pays-Bas pendant les Années 1500–1540" (Den Haag 1903–1935) door Wouter Nijhoff, die als eerste de naam "post-incunabel" gebruikte voor boeken verschenen in de periode 1500–1540.

Uit bovengenoemd werk zijn de meeste afbeeldingen voor dit boek gekozen, ter illustratie van de vakbekwaamheid van de drukkers wier activiteiten en leven beschreven zijn door geleerden uit de Lage Landen.

Aan hen en aan de redacteur spreken wij onze dank uit voor hun bijdragen die, naar wij hopen, het onderzoek op het gebied van de geschiedenis van de typografie verder zullen bevorderen.

MARTINUS NIJHOFF
's Gravenhage
september 1978

FOREWORD

This book is being published in commemoration of the founding of Martinus Nijhoff one hundred and twenty-five years ago and in honour of the men who, with great energy and expertise, created a truly international organisation for the distribution of the printed word.

Throughout the years the history of printing and printers occupied a special place with the three generations of Nijhoffs who actively contributed to the knowledge of typography, not only as publishers but as authors as well.

One of their outstanding publications was "L'Art Typographique dans les Pays-Bas pendant les Années 1500–1540" (The Hague 1903–1935) by Wouter Nijhoff, who first designated the word "post-incunable" to books published in the period 1500–1540.

It is from this work that most of the plates were selected for the present volume, to serve as an illustration of the skill of the printers whose activities and lives have been described by scholars from the Low Countries. To them and to the editor we wish to express our gratitude for their contributions which, as is our hope, will further the research in the history of typography.

MARTINUS NIJHOFF
The Hague
September 1978

ALFABETISCHE LIJST VAN DRUKKERS
ALPHABETICAL LIST OF PRINTERS*

* De volgorde van de bijdragen is conform *L'Art typographique*, waarbij echter de Noordelijke en Zuidelijke Nederlanden zijn samengevoegd / The sequence of the contributions is in conformity with *L'Art typographique*, however the Northern and the Southern Netherlands have been combined in this volume.

CURRICULA VITAE

LODE VAN DEN BRANDEN Werd geboren in 1923, studeerde Germaanse Filologie aan de Universiteit te Leuven en promoveerde in 1955. Sinds 1962 houdt hij zich vooral bezig met archiefopzoekingen naar het leven en het werk van de 15de- en 16de-eeuwse Antwerpse drukkers en boekverkopers. Sedert 1972 is hij gedetacheerd bij de Koninklijke Bibliotheek te Brussel. Over dat onderwerp publiceerde hij enkele korte bijdragen en bereidt hij een uitvoerige publikatie voor.

R. BREUGELMANS Studie Klassieke Taal- en Letterkunde te Leiden. Sinds 1973 conservator Westerse Gedrukte Werken aan de Leidse Universiteitsbibliotheek. Publiceerde naast *Leiden imprints 1483–1600 in Leiden University Library and Bibliotheca Thysiana. A short-title catalogue* (Nieuwkoop 1974), een aantal artikelen, voornamelijk op het gebied van de zestiende- en zeventiende-eeuwse boekgeschiedenis. Stelde twee bibliografieën samen van Nederlandstalige literaire tijdschriften, verschenen na 1945. Redacteur van de serie *Catalogi Redivivi*.

E. M. H. W. COCKX-INDESTEGE Licentiaat in de geschiedenis van de Katholieke Universiteit te Leuven, Juli 1954. Werkt als wetenschappelijk bibliothecaris, Koninklijke Bibliotheek van België sedert 1962. Publiceerde in samenwerking met Geneviève Glorieux: *Belgica typographica 1541–1600. Catalogus librorum impressorum ab anno MDXLI ad annum MDC in regionibus quae nunc Regni Belgarum partes sunt. I. Bibliotheca Regia Bruxellensis*. Nieuwkoop, 1968, 4', 608 p. (Nationaal Centrum voor de Archeologie en de Geschiedenis van het Boek, 2) en verschillende artikelen over 16e-eeuwse boekgeschiedenis. Een studie over Thomas vander Noot is in voorbereiding.

DR. ANTON C.-F. KOCH Geboren 1923 te Den Haag. Staatsexamen humaniora, Brussel 1942. Doctoraal geschiedenis, Gent 1946; id., Utrecht 1947. Wetenschappelijk archiefambtenaar I, Den Haag 1947. Promotie over de vroegste rechterlijke organisatie

LODE VAN DEN BRANDEN Born in 1923, studied Germanic Philology at the Louvain University and graduated in 1955. Since 1962 he has been mainly occupied with researching the life and work of the 15th and 16th century Antwerp printers and booksellers. Since 1972 he has been attached to the Royal Library in Brussels. He has published articles on the subject and is working on an extensive publication now.

R. BREUGELMANS Studied Classical Literature in Leiden. He has been curator of Western Printed Works at the Leiden University Library since 1973. Publications: *Leiden imprints 1483–1600 in Leiden University Library and Bibliotheca Thysiana. A short-title catalogue* (Nieuwkoop 1974), and several articles, mainly in the field of the history of 16th and 17th century books. Two bibliographies of Dutch language journals on literature published after 1945 were compiled by him. He is editor of the series *Catalogi Redivivi*.

E.M.H.W. COCKX-INDESTEGE Licentiate in the history of the Catholic University of Louvain, July 1954. Presently working as scientific librarian at the Royal Library in Brussels (since 1962). Co-published with Geneviève Glorieux: *Belgica typographica 1541–1600. Catalogus librorum impressorum ab anno MDXLI ad annum MDC in regionibus quae nunc Regni Belgarem partes sunt. I. Bibliotheca Regia Bruxellensis* (Nieuwkoop 1968, 4', 608 pp.) (National Centre for the Archeology and the History of the Book, 2) as well as several articles on the history of 16th century books. A monograph on Thomas vander Noot is in preparation.

DR. ANTON C.-F. KOCH Born in the Hague, 1923. State examination in Humanities, Brussels 1942. PhD in history, Ghent 1946 and Utrecht 1947. Scientific archivist in The Hague 1947. Doctoral dissertation on the earliest judicial organisation in van Vlaanderen, Gent 1951. Gemeentearchivaris van Deventer 1949–1973. Directeur Stadsbiliotheek Deventer van 1949 af. Voorzitter Vereeniging Overijsselsch Regt en Geschiedenis. Sinds 1976 lid van de Kon. Ned. Akademie van Wetenschappen. Heeft vele teksten van ca. 700–ca. 1300 uitgegeven in vooral boekvorm. Artikelen over o.m. vroege stadsontwikkeling, rechtspraak in Middeleeuws Frankrijk, sociale gevolgen van de reformatie. Van hem in 1977: *Zwarte kunst in de Bisschopstraat; boek en druk te Deventer in de 15e eeuw.*

Flanders, Ghent 1951. Municipal archivist Deventer 1949–1973. From 1949 on Director of the City Library of Deventer. Chairman of the Society Law and History of Overijssel. Member of the Royal Netherlands Academy of Sciences since 1976. Published many texts dating from the Middle Ages. Also articles on urban development, justice in medieval France, social consequences of the Reformation. In 1977: *Zwarte kunst in de Bisschopstraat; boek en druk te Deventer in de 15e eeuw* (Black magic in the Bishopstreet; book and print in Deventer in the 15th century).

J. MACHIELS Is conservator bij de Centrale Bibliotheek van de Rijksuniversiteit Gent. Hij is werkzaam op het gebied van de Gentse drukkunst, publiceerde in 1973 een studie over Arend de Keysere, en legt thans de laatste hand aan een catalogus van alle drukken verschenen vóór 1600 aanwezig op de Centrale Bibliotheek Gent.

J. MACHIELS Curator at the Central Library of the State University of Ghent. He is working in the field of Ghentian typographical art, has published a monograph on Arend de Keysere, 1973, and is now completing a catalogue of all printed works published before 1600 which are property of the Central Library in Ghent.

DRS. C. J. A. VAN DEN OORD Geboren 1952 te Eindhoven. Studeerde geschiedenis aan de Katholieke Universiteit te Nijmegen, waar hij in 1976 het doctoraalexamen Nieuwe Geschiedenis aflegde. Sinds 1976 is hij als leraar geschiedenis te Rosmalen werkzaam. Thans bereidt hij onder leiding van prof. dr. J.A.H. Bots (Instituut voor Intellectuele Betrekkingen tussen de Westeuropese landen in de 17e eeuw, Nijmegen) een dissertatie voor over het Bossche drukkers- en uitgeverswezen (1450–1650). Tot zijn publikaties behoren twee artikelen over het tijdschriftwezen aan het einde van de 17e eeuw en een artikel over de boekdrukkunst in de steden Bergen op Zoom, Breda en 's-Hertogenbosch (1450–1650).

C. J. A. VAN DEN OORD Born Eindhoven, 1952. PhD New History at the Catholic University of Nijmegen, 1976. Since that year teacher in history in Rosmalen. Presently preparing a dissertation on printers and publishers of 's-Hertogenbosch 1450–1650, under the guidance of Professor J. A. H. Bots of the Institute of Intellectual Relations Between Western European Countries in the 17th Century, Nijmegen. Amongst his publications are articles on journal publishing at the end of the 16th century and an article on the art of printing in the cities of Bergen op Zoom, Breda and 's-Hertogenbosch (1450–1650).

ANNE ROUZET Geboren 1934 te Brussel. Licentiaat in de kunstgeschiedenis en archeologie Vrije Universiteit van Brussel. Assistente aan de Academie van Schone Kunsten van Sint-Gilles (Brussel) (1965–1967), wetenschappelijk medewerkster aan het Nationaal Centrum voor Archeologie en Geschiedenis van het Boek sinds 1958. Medewerkster aan de *Dictionaire des imprimeurs, libraires et éditeurs belges des XVe et XVIe siècles*, Nieuwkoop, 1975, aan tentoonstellingscatalogussen van de Bibliotheek Albert I, en aan de *Biographie Nationale*, icono-

ANNE ROUZET Born Brussels, 1934. Licentiate in the History of Art and Archeology at the Free University in Brussels. Assistant at the Academy of Fine Arts of St. Gilles (Brussels) (1965–1967), research assistant at the National Centre for Archeology and History of Books since 1958. Contributor to the *Dictionnaire des imprimeurs, libraires et éditeurs belges des XVe et XVIe siècles* (Nieuwkoop 1975), to exhibition catalogues of the Albert I Library and to the *Biographie Nationale*, iconographer of the new edition of the book by John Bartier, grafe van de heruitgave van het boek van John Bartier, *Charles le Téméraire*, Brussel, 1970.

P. VALKEMA BLOUW Werd geboren in 1916. Is bibliograaf bij de Universiteitsbibliotheek van Amsterdam. Werkt al geruime tijd aan de inventarisatie en determinering van Nederlandse drukken uit de periode 1541–1600. Dit is een voortzetting van het werk van W. Nijhoff en M. E. Kronenberg. Hij bereidt hierover een publicatie voor.

DR. HENDRIK D. L. VERVLIET Geboren 1923 te Antwerpen. Is hoofdbibliothecaris en hoogleraar Universiteit Antwerpen, buitengewoon hoogleraarboek- en bibliotheekgeschiedenis Universiteit Amsterdam. Auteur, resp. co-auteur of uitgever van *Civilité Types* (Oxford, 1966); *The type specimen of the Vatican Press* (Amsterdam, 1968); *Type specimen facsimiles II* (London, 1972); *The Book through 5000 years* (London, 1972); *Annual bibliography of the history of the printed book and libraries* (The Hague, jaarlijks, sinds 1972).

Vertalingen van H. S. Lake, M.A., Amsterdam.

Charles le Téméraire (Brussels 1970).

P. VALKEMA BLOUW Born 1916. Bibliographer at the University Library of Amsterdam. Is working on the listing of Dutch printings between 1541–1600, which is the continuation of the work of W. Nijhoff and M. E. Kronenberg. He is preparing a publication on this subject.

DR. HENDRIK D. L. VERVLIET Born Antwerp, 1923. Principal librarian and professor at the Antwerp University, extraordinary professor in the History of Books and Libraries at the Amsterdam University. Author, co-author, editor of *Civilité Types* (Oxford 1966), *The type specimen of the Vatican Press* (Amsterdam 1968), *Type specimen facsimiles II* (London 1972), *The Book through 5000 years* (London 1972), *Annual Bibliography of the History of the Printed Book and Libraries* (The Hague, yearbook, from 1972 on).

Translations by H. S. Lake, M.A., Amsterdam.

VERANTWOORDING DER ILLUSTRATIES

De uitgevers spreken hun erkentelijkheid uit jegens de hierna volgende bibliotheken, die hun medewerking aan deze uitgave hebben gegeven door het bereidwillig afstaan van foto's van in hun bezit zijnde uitgaven.

The publishers gratefully acknowledge the co-operation of the following libraries which have made photographs available for this book.

Aartsbisschoppelijk Museum te Utrecht, p. 167.
Algemeen Rijksarchief te 's-Gravenhage, p. 113.
Koninklijke Bibliotheek Albert I te Brussel, pp. 25, 29, 31, 39, 41, 43, 45, 47, 49, 51, 57, 59, 61, 63, 65, 71, 73, 77, 85, 89, 93, 95, 97, 99, 101, 105, 107, 109, 111, 171, 173, 175, 177, 179, 181, 185, 189, 191, 193.
Koninklijke Bibliotheek te 's-Gravenhage, pp. 19, 23, 27, 121, 123, 125, 129, 131, 135, 147, 165, 169, 199, 201, 205.
Provinciaal Genootschap voor Kunsten en Wetenschappen in Noord-Brabant, Bibliotheek en Prentenkabinet te 's-Hertogenbosch, pp. 149, 151, 155.
Rijksmuseum te Amsterdam, p. 17.
Rijksuniversiteit te Gent, p. 139.
Rijksuniversiteit te Utrecht, p. 15.
Staats- und Universitätsbibliothek in Hamburg, p. 197.
Stadsbibliotheek te Antwerpen, p. 91.
Universiteitsbibliotheek te Amsterdam, p. 115.

INLEIDING – INTRODUCTION

In de wereld van het oude en zeldzame boek en van de bibliografie is de naam Martinus Nijhoff bekend, voornamelijk om twee redenen. In de eerste plaats als de gevestigde uitgever van werken betreffende de nationale geschiedenis en typografie. De *Monuments typographiques des Pays Bas au quinzième siècle* (1856–1868), een album met een 130-tal reproducties van incunabelen, en de *Annales de la typographie néerlandaise au XVe siècle* (1874–1890), een bibliographie van de Nederlandse incunabelen, resp. door J. W. Holtrop en M. F. A. G. Campbell, beiden bibliothecaris van de Koninklijke Bibliotheek te 's-Gravenhage, zijn in de kringen van historici en bibliofielen welbekend. Als modellen in het genre gelden ook de catalogussen van de Afdeling Antiquariaat van Martinus Nijhoff.

De tweede reden tot bekendheid is de persoon Wouter Nijhoff. In 1894 werd hij de opvolger van Martinus, de stichter van het huis. Wouter was een uitstekende zaakvoerder en tevens een groot geleerde. Zijn wetenschappelijke ambitie was het door Holtrop en Campbell begonnen bibliografische speurwerk voort te zetten: niet in de zin dat hij de typografische productie van de vijftiende eeuw opnieuw zou bestuderen en eventuele aanvullingen op en correcties van Holtrop en Campbell zou publiceren; met een lovenswaardige zin voor wetenschappelijke ernst en methodiek richtte hij zijn belangstelling en energie op het tot dan toe onontgonnen terrein van de vroeg 16de-eeuwse drukken. Toen Wouter Nijhoff in de jaren 1901–1902 hiermee begon, was hij, ook internationaal gezien, én de enige én de eerste. Hij was de eerste om de studie van wat men thans post-incunabelen noemt (zelfs de naam heeft hij moeten uitvinden), systematisch aan te vatten. Hierbij beoogde hij een tweeledig doel: ten eerste, de gedrukte productie van díe eerste helft der 16de eeuw, die een zo cruciale rol speelt in de geschiedenis der Nederlanden – men denke aan Erasmus, aan Luther –, vast te leggen en ter beschikking te stellen van de beoefenaars van de culturele en letterkundige geschiedenis der Lage

In the world of Bibliography and old and rare books the name Nijhoff is a famous one mainly for two reasons. In the first place it refers to the old-established Dutch publisher of works about national history and typography. Its *Monuments typographiques des Pays Bas au quinzième siècle* (1856–1868), an album containing some 130 reproductions of incunabula, and its *Annales de la typographie néerlandaise au XVe siècle* (1874–1890), a bibliography of Netherlandish incunabula, by J. W. Holtrop and M. F. A. G. Campbell respectively, both Librarians at the Royal Library in The Hague, have always been familiar works to historians and bibliophiles. Models of their genre, too, are the catalogues of the Antiquarian Department of Martinus Nijhoff.

The second reason may be found in the person of Wouter Nijhoff. He became the successor to Martinus, the founder of the house, in 1894. Wouter was a businessman of the first order and at the same time a man of great learning. His scholarly ambition was to continue the bibliographical work begun by Holtrop and Campbell (and not that he wanted to submit the typographical products of the fifteenth century to a new examination and publish any additions to and corrections of the work of Holtrop and Campbell); a sound sense for research and scientific method brought his interest and energy to bear upon the hitherto unexplored territory of printing in the early sixteenth century. When he embarked upon this enterprise in 1901–1902 he was, in the Netherlands and internationally, both the only and the first scholar to pay proper bibliographical attention to the field. He was, in fact, the first person ever to systematically approach the study of what we now call post-incunabula (he even had to invent the term). His intention was twofold: first, to record and make available to scholars of the cultural and literary history of the Low Countries the printed products of the first half of that sixteenth century which played so crucial a role in the history of the Netherlands – one thinks here of people like

Landen; ten tweede, het volgen van een typografisch-historische evolutie, nl. deze der metamorfose van de drukkunst uit de windselen van de incunabelperiode naar een volwassen typografie.

Iets te concipiëren, iets voor te bereiden, iets aan te vatten, is één zaak; iets tot een goed einde te brengen, een andere. De juistheid van Nijhoff's conceptie, zijn grote inzet tevens, leidden niet alleen tot het fortuinlijke einde van zijn levenswerk maar tevens tot een samenwerking met Pater Bonaventura Kruitwagen en bovenal tot het aantrekken van een medewerkster, mejuffrouw Maria Elisabeth Kronenberg, waarschijnlijk de beste bibliografe van onze eeuw, tevens de beste hulp die Nijhoff voor de gelukkige voortzetting van het werk kon vinden en kon wensen. Zelden heeft een team van uitermate begaafde bibliografen zo lang, zo eendrachtig en zo vruchtbaar samengewerkt.

Zijn groot aandeel in de *Nederlandsche bibliographie van 1500–1540* (1919–1961), een publikatie die steeds als NK (Nijhoff-Kronenberg) wordt geciteerd, heeft niet zijn totale werkkracht gevorderd. Behalve met de publikatie van ongeveer 150 kortere en langere artikelen heeft hij ook bekendheid verworven als uitgever van belangrijke plaatwerken. In onze context dienen er van de plaatwerken twee gememoreerd: vooreerst *L'art typographique dans les Pays-Bas pendant les années 1500 à 1540* (3 delen, 1903–1926; 1935) en ten tweede de *Nederlandsche houtsneden, 1500–1540. Reproducties van oude Noord- en Zuid-Nederlandsche houtsneden op losse bladen* (2 delen, 1931–1939).

De *Art typographique* (afgekort tot NAT, Nijhoff's Art Typographique) bevat meer dan 2000 afbeeldingen: een goede 1300 voor het Zuiden en een 700-tal voor het Noorden. Nijhoff bracht ze bijeen vooral als een hulpmiddel met het oog op identificatie via houtsneden, lettertypes, initialen en dergelijke van niet-toegeschreven of niet-gedateerde drukken. De mogelijkheden om NAT uit te bouwen tot een "kijkboek" heeft Nijhoff niet gebruikt en ook niet willen gebruiken: in zijn ogen moest de publicatie in de eerste plaats een wetenschappelijk hulpmiddel blijven. Het groot formaat, de losse vellen, de over vele jaren gespreide verschijningswijze leidden ertoe dat dit werk,

Erasmus and Luther; second, to trace the course of a typographical evolution, viz. that of the metamorphosis of printing from the swaddling-clothes of the incunabula period to an adult typography.

To conceive something, to plan it, to begin work on it, is one thing; to bring something to a satisfactory conclusion is another. The soundness of Nijhoff's conception, and at the same time his enormous input into it, led first to the happy consummation of his life's work, and second also to a collaboration with Father Bonaventura Kruitwagen and with Miss Maria Elisabeth Kronenberg, arguably one of the greatest bibliographers of this century and at the same time the finest assistant for the successful continuation of the work that Nijhoff could have found or could have wished for. Rarely has a team of extremely competent bibliographers worked together so constantly, so unanimously, so fruitfully, for so long a time.

Nijhoff's vital contribution to the work for the *Nederlandsche bibliographie van 1500–1540* (1919–1961), a publication now quoted simply as NK (Nijhoff-Kronenberg), did not demand his total working strength. Besides publishing some 150 articles of varying length, he also gained a reputation as the publisher of important illustrated works. Two of these must be mentioned in the present context: *L'art typographique dans les Pays-Bas pendant les années 1500 à 1540* (3 volumes, 1903–1926, 1935) and *Nederlandsche houtsneden, 1500–1540. Reproducties van oude Noord- en Zuid-Nederlandsche houtsneden op losse bladen* (2 volumes, 1931–1939).

The *Art typographique* (abbreviated to NAT – Nijhoff's Art Typographique) contains more than 2,000 illustrations: over 1,300 for the South and about 700 for the North. Nijhoff collected them together chiefly as an aid in the identification of unattributed or undated books from their woodcuts, founts, initials and so on. The opportunity to expand NAT into a "picture-book" was not taken, nor did Nijhoff want to take it: to his way of thinking the publication must remain first and foremost an aid to scholars. The large format, the loose leaves, and the fact that publication took place gradually over a long period of years have all combined to see to it that this work has been buiten de kring der specialisten, niet veel gebruikt werd.

Het 125-jarig bestaan van de firma Martinus Nijhoff in 1978 vormde een passende gelegenheid deze bloemlezing uit NAT samen te stellen mede als hulde aan de pionier van de Nederlandse bibliographie voor de periode 1500–1540. Vier Nederlandse en vier Belgische historici van het boek hebben ieder voor een geografisch gebied een selectie gemaakt uit de productie van de drukkers der Nederlanden in deze periode. Het merendeel der illustraties werd uiteraard reeds gepubliceerd in NAT. Een tiental waren nog niet opgenomen in NAT, veelal omdat de uitgaven waarin zij voorkomen tot onlangs nog onbekend waren. Elk van de illustraties wordt – anders dan in NAT – vergezeld door een korte tekst, die de illustratie situeert in het oeuvre van auteur of drukker waarin ze voorkomt. De verdeling van de opgenomen illustraties over de verschillende streken volgt vrij getrouw deze van Nijhoff zelf. De hogere ontwikkeling van het Zuiden, vooral van Antwerpen, in het begin der 16e eeuw, verklaart waarom de productie van het Zuiden numeriek althans overweegt op deze van het Noorden. Qua vormgeving evenwel en qua inhoud is er geen wezenlijk verschil te ontdekken tussen de producten van Noord en Zuid.

De typografische situatie der Nederlanden is in het begin der 16e eeuw duidelijk verschillend van deze der 15e eeuw. Wanneer in het midden der 15e eeuw de typografie haar intrede doet, gelden de Nederlanden, samen met Italië, als één der meest geletterde landen ter wereld. In het Zuiden (het huidige België) leggen het Bourgondische hof, de Leuvense Universiteit, de kooplieden en de boekhouders van de Vlaamse handelssteden het fundament van een beginnende lees- en schijfcultuur, een onontbeerlijk substraat voor een bloeiende typografie. In het meer agrarische Noorden werken de Moderne Devotie, de Broeders des Gemenen Levens een gelijkaardige situatie in de hand. De schrijfateliers der Nederlanden hadden een vast lezerspubliek, een stabiel afzetgebied.

little used outside the relatively small circle of specialists.

The 125th anniversary of the foundation of Martinus Nijhoff Booksellers and Publishers in 1978 was thought to be a fitting occasion on which to assemble this selection from NAT in order also to pay a tribute to the pioneer of the bibliography of the Low Countries in the period 1500–1540. Four Dutch and four Belgian book historians have each taken a geographical region and selected certain works from among the products of the Netherlandish printers of the period. The majority of the illustrations, naturally enough, have already appeared in NAT. About ten were not included in NAT, generally because the publications in which they appear have only recently been discovered. Each illustration – in contrast to NAT – is accompanied by a brief text placing it in the context of the work of the author or printer concerned. The distribution of the woodcuts illustrated over the various different regions follows fairly closely that recorded by Nijhoff himself. The more advanced development of the South, particularly Antwerp, at the beginning of the sixteenth century, explains why numerically at least the works printed in the Southern Netherlands outweigh those of the North. In terms of execution and content, however, there was no discernible difference between the products of North and South.

In the early sixteenth century the typographical situation of the Low Countries was clearly different from what it had been in the fifteenth century. When printing made its appearance half-way through the fifteenth century the Low Countries, together with Italy, formed one of the most literate regions in the world. In the Southern Netherlands (today's Belgium) the Burgundian court, the University at Louvain, and the merchants and book-keepers of the trading towns of Flanders laid the foundations for an incipient culture of reading and writing, an indispensable substrate for a blossoming typography. In the more agrarian Northern Netherlands (what is now the Kingdom of the Netherlands), the Modern Devotion and the Brethren of the Common Life created the right conditions for the same situation

Omstreeks 1470 wordt de typografie in onze landen geïntroduceerd. De bipolariteit van onze leescultuur volgend gebeurt dit tezelfdertijd in het Noorden als in het Zuiden: in 1473, resp. te Utrecht en te Aalst. De spreiding der incunabelwerkplaatsen is groter in het Noorden, dat 13 vestigingen kent, ook in kleinere of meer afgelegen plaatsen als Sint Maartensdijk. Het Zuiden kent slechts 7 vestigingsplaatsen, alle in grotere steden, dichter bij het potentiële afzetgebied. Overigens begint zowel Utrecht als Aalst met geleerde en humanistisch getinte publicaties, een vingerwijzing dat het nieuwe medium ons niet rechtstreeks uit Duitsland, doch eerder via Italië bereikte.

De prille moderniteit van het nieuwe medium zal zich ten onzent niet handhaven. Daarvoor is het meer dan 25 jaar voor Erasmus' eerste publikatie nog te vroeg. De Middeleeuwen maken zich meester van de nieuwe techniek. Zij doen dit eerst door een verzet: de blokboeken (houtsneden, bestaand deels uit illustraties, deels uit teksten) kennen hier een grote bloei. Zij zijn geen uitsluitend Nederlands verschijnsel (er zijn ook Duitse en Italiaanse blokboeken) maar zij worden – hoewel moeilijk dateer- en lokaliseerbaar – meest alle aan onze streken toegeschreven. Wat zijn zij? Een anticiperen van Gutenberg's uitvinding? Of een ietwat onhandige imitatie? Of een parallelle gescheiden ontwikkeling? De wetenschap is nog niet zover dat zij met zekerheid een chronologie kan opstellen; een directe beïnvloeding van Gutenberg door Nederlandse voorbeelden wordt op dit ogenblik nauwelijks aannemelijk geacht. Qua techniek moeten de blokboeken, ook in onze landen, het vrij vlug afleggen tegen de superieure, flexibele methode van lettergieten en -zetten. Maar wat zij, qua inhoud, brachten is lang nog nadat de techniek verlaten was, levend gebleven. De *Cantica canticorum*, de *Biblia pauperum*, de *Specula humanis salvationis* sluiten aan bij de behoefte aan een eenvoudige vroomheid die zo lang nog

to develop. During the first half of the fifteenth century, the scriptoria of the Netherlands had an established reading public, a stable market.

Printing was introduced into the Low Countries in the 1470s. Following the bipolarity of our reading culture, this occurred simultaneously in North and South: in 1473, in Utrecht and Alost. The workshops of the printers of incunabula were more widely dispersed in the North than in the South: in the North there were thirteen separate establishments, some of which were in quite small or remote places such as Sint Maartensdijk; whereas in the South there were only seven places with printing houses, all of them in the larger towns, closer to the potential market. Both Utrecht and Alost, incidentally, began with scholarly and humanist-inclined publications, a fact which may point to the new medium's having reached us not directly from Germany but rather by way of Italy.

The new medium's humanistic trends were too new for the Low Countries. For that, over twenty-five years before Erasmus's first publication, it was still too early. The Middle Ages, instead, made themselves master of the new technique, initially by resisting it, by introducing the block-book technique. Block-books, printed with woodcuts consisting partly of illustration, partly of text, were not confined to the Netherlands (there are also German and Italian examples), but although they are difficult to date and localize, the majority are attributed to the Low Countries. What were they? An anticipation of Gutenberg's invention? Or a rather clumsy imitation? Or a parallel but separate development? We have not yet reached the stage at which we can draw up a definite chronology; but direct influencing of Gutenberg by Netherlandish examples is now generally considered scarcely possible. As a technique, block-books soon gave up the unequal struggle against the superior and more flexible methods of type-founding and type-setting. As for their content, however, what they gave the public remained living long after the technique had been abandoned: the *Cantica canticorum*, the *Biblia pauperum*, and the *Specula humanis salvationis* fulfilled the need for a simple piety which for so long kenmerkend voor de Nederlander blijft. Aan de eisen van de beginnende lees- en schrijfinstructie wordt voldaan door de *Abecedaria* en de Donaten.

Wanneer de typografie in het laatste kwart van de 15e eeuw vast ingepland wordt, nadat de eerste, nog premature, golf met italianiserende producties was verzand, blijft de autochtone belangstelling op onze typografie inwerken: twee derden à driekwart van onze produktie zijn grammatica's en liturgische werken. Eerst Erasmus en Luther vermogen in het eerste kwart der 16e eeuw de belangstelling op andere horizonten te richten. Karakteristiek voor deze periode is iemand als Richard Pafraet, in Deventer werkend tot in 1511. Door zijn firma (zijn zoon Albert werkt tot in 1553) wordt de IJselstad de voornaamste drukkersplaats in de Nederlanden; eerst in het tweede decennium der 16e eeuw staat zij deze plaats af aan Antwerpen. Te Deventer heeft Pafraet het geluk samen te werken met Alexander Hegius, de vernieuwer in humanistische zin van het Nederlandse schoolwezen. Hierdoor transcendeert Pafraet's bedrijf vlug de productie van eenvoudige schoolboekjes en evolueert het tot een belangrijke uitgeverij van klassieke auteurs, de eerste in een lange reeks.

In de vormgeving keert de typografie na een aanvankelijke beïnvloeding door Italië, tot eigen inzichten. Als voornaamste exponent van de locale school citeert men Henric Pieterszoon die Lettersnider van Rotterdamme († ca. 1517), een in tweeërlei opzicht merkwaardige figuur. In de eerste plaats is hij het symbool van de verderschrijdende specialisatie en rationalisering in het bedrijf. Vóór hem geldt het drukkersbedrijf in het algemeen als een verticaal geïntegreerde organisatie: van de selectie van de tekst en het vergaren der geldmiddelen over het lettersnijden, lettergieten, zetten, corrigeren, drukken, tot het verkopen, gebeurde alles onder één dak, door één hand of door één groep: enige uitzonderingen waren de papierfabricage en de toelevering van de (facultatieve en veelal geïndividualiseerde) boek-

remained characteristic of the Netherlander, while the ABCs and Donats met the requirements of the instruction in reading and writing which was beginning to spread.

When typography became firmly established during the latter half of the fifteenth century, after the first, still premature wave of "Italianizing" productions had failed to mature, autochthonous interests continued to influence book production in the Low Countries: between two-thirds and three-quarters of the works printed in the area were grammars and liturgical books. It was not until the first quarter of the sixteenth century that Erasmus and Luther succeeded in directing attention towards other horizons. Typical of this period are people like Richard Pafraet, who worked at Deventer until 1511. Through the activities of his firm (his son Albert continued the business until 1553) Deventer became the Low Countries' leading book producing town, though it was to relinquish this honour to Antwerp in the second decade of the sixteenth century. At Deventer Pafraet had the good fortune to work together with Alexander Hegius, the reformer – in the humanist sense – of the Dutch school system. Through this association Pafraet's business soon transcended the production of simple school books and evolved to become an important publishing house for classical authors, the first of many.

In its style and design, too, typography in the Low Countries turned away from the initial influences of Italy towards ideas developing at home. The chief exponent of the local school is generally agreed to have been Henric Pieterszoon die Lettersnider van Rotterdamme (d. *c.* 1517), a remarkable figure in the history of our printing industry. In the first place he is the symbol of the advancing specialization and rationalization of the printing trade. Before him, a printing house was a vertically integrated organization: from the selection of the text and the raising of funds, through punch-cutting, type-founding, composition, correction, printing, to selling the final product, everything happened under one roof, was carried out by one man or by one group: the only exceptions were the manufacture of the band. De concentratie in één hand van zoveel verschillende technieken en vaardigheden – metallurgische, taalkundige, commerciële – vereist een uitzonderlijke personaliteit en een lange opleiding: het wordt alras een te zware combinatie. Circa 1480–1490 treden specialisaties op. De eerste die zich uit de macht van de patroon losrukt, tevens technisch de meest ontwikkelde, is de lettersnijder en lettergieter. Hij breekt de éénheid van conceptie, uitvoering en verspreiding die als karakteristiek voor de incunabelperiode wordt aangezien. In de Nederlanden – en onze streken zijn hier voorloper – heet deze figuur Henric Lettersnider. Tot het einde van de 16e eeuw worden zijn producten de algemeen gebruikte "broodletter" van de Nederlandse drukker. Hij fixeert tevens de inheemse gotiek (een formele *textura*) in een definitieve vorm, die stand houdt zolang Nederlanders Nederlands in de gotiek lazen – ergens tot het begin van de 20e eeuw.

Voor de cultuurgeschiedenis van het boek is de 16e eeuw een tijdperk van diepgaande veranderingen. De commercialisering impliceert een ruime verspreiding en daarom de inzet van aanzienlijke geldmiddelen: dit veroorzaakt op zijn beurt, enerzijds specialisering en organisatie van de markt, anderzijds een ingrijpen van de overheid, die dit nieuwe machtige communicatiemiddel onder controle wenst te brengen. Het geografisch zwaartepunt verschuift natuurlijkerwijs naar de handelsmetropool van Antwerpen.

Twee intellectuele factoren spelen een voorname rol in de expansie van de typografie der Nederlanden. Ten eerste, het humanisme, een internationale factor. Erasmus en Morus worden gedrukt door Dirk Martens († 1534), de eerste drukker van België; achtereenvolgens gevestigd te Aalst, Leuven, Antwerpen, blijft hij de drukker bij uitstek van onze humanisten. Die internationale markt deelt hij met een Aldus te Venetië, een Froben te Bazel, een Badius te Parijs.

paper and the supply of the binding (which was optional and often individualized). The concentration in one man of so many different techniques and skills – metallurgical, linguistic, commercial – demanded an exceptional personality and a long training; and it was not long before the combination became too heavy a burden. In about 1480–1490 specialists began to appear. The first to break loose from the power of the traditional pattern was also the most advanced technically: the type-cutter and type-founder. It was he who broke through the unity of conception, execution and distribution which was characteristic of the incunabula period. In the Low Countries – and here we were in the lead – the individual who brought this about was Henric Lettersnider. Until the end of the sixteenth century his products were the generally used "bread-and-butter" founts used by Netherlandish printers. At the same time, it was he who defined Netherlandish Gothic (a formal textura) in its final shape, as it was to stand for as long as Dutch-speakers read Dutch in Gothic – that is, until about the beginning of the present century.

For the cultural history of the book the sixteenth century was an era of far-reaching changes. Commercialization implied wide distribution and hence the tying-up of considerable funds: in turn, this led on the one hand to specialization and increased organization of the market, and on the other to intervention by the authorities, which saw the advantages of bringing so powerful a medium of communication under their control. Quite naturally, the geographical weight shifted towards the trading metropolis of Antwerp.

In the expansion of printing in the Low Countries an important role was played by two intellectual factors. First, humanism: a factor on the international plane. Works of Erasmus and Thomas More were printed by Dirk Martens (d. 1534), Belgium's first printer. Working successively at Alost, Louvain and Antwerp, he remains the Low Countries humanists' printer *par excellence*, sharing the international market for humanist writings with printers like Aldus in Venice, Froben in Basle, and Badius in Paris.

De tweede belangrijke factor – voor de binnenlandse markt – is de Reformatie. De Moderne Devotie eerst, de Protestantse Reformatie later heeft met grote ijver de eigen lectuur benadrukt t.o.v. de vroegere aurale instructie. Gedurende de 15e eeuw richtten de religieuze, liturgische, theologische drukken zich in hoofdzaak tot de clerus; de 16e-eeuwse religieuze druk richt zich, onder invloed van Luther en Calvijn, tot de gehele bevolking. Liesvelt, Vorsterman en De Keyser te Antwerpen en de wegens het geloof naar Emden uitgeweken drukkers vinden een ruim afzetgebied voor hun pamfletten, psalmen, bijbels. In de tweede helft der 16e eeuw werkt ook de Contra-Reformatie marktverruimend. De vervanging van de locale liturgieën door de Roomse impliceerde de vervanging van een aanzienlijk aantal breviaria, missalia, en andere liturgische boeken. Hier hebben Plantijn en zijn opvolgers, de Moretussen, ingevolge door Philips II toegekende privileges, zich een ruim deel van de internationale markt toegeeigend.

Is de 16e eeuw een in hoofdzaak Zuid-Nederlandse eeuw, dan geldt de 17e eeuw als Hollands. Gedurende deze eeuw wordt het Nederlandse boekbedrijf leidinggevend in Europa. De kleine republiek van de Nederlandse "rebellen" lijkt op alle gebieden van het geestesleven haar onafhankelijkheid, haar eigenheid, haar uitmuntendheid te willen bevestigen. De belangrijkste factor hierbij was zonder twijfel het in het Europa van toen unieke klimaat van geestelijke vrijheid. De door de Unie van Utrecht gepostuleerde godsdienstvrijheid werd er in grotere mate dan elders, gerealiseerd, omdat geen sterk centraal gezag noch sterke staatskerk in de provinciale structuren van Nederland tot ontwikkeling konden komen. In een klimaat van geestelijke vrijheid, afkerig van elke censuur, begunstigd door economische voorspoed, komt het Nederlandse boekbedrijf aan de Europese top. Ook verdachte of minder orthodoxe boeken zijn er welkom. Nederland wordt de uitgever (of nadrukker) van tal van buitenlandse auteurs: Bossuet, Bayle, Molière, La Fontaine, Corneille, Hobbes, Casaubonus, John Seldon; het

The second vital factor – as far as the domestic market was concerned – was the Reformation. First the Modern Devotion, later the Protestant Reformation, emphasized with great zeal individual reading as opposed to the earlier oral instruction. The religious, liturgical and theological works printed during the fifteenth century had been aimed chiefly at the clergy; the religious book production of the sixteenth century, with the weight of Luther and Calvin behind it, was aimed at the entire population. Liesvelt, Vorsterman and De Keyser at Antwerp, like the printers who because of their beliefs had sought asylum in Emden, found a broad market for their pamphlets, psalters and bibles. In the second half of the sixteenth century the Counter-Reformation, too, served to expand the market for printed works. The substitution of the Roman Catholic liturgy for the local ones implied the replacement of a considerable number of breviaries, missals and other books of the liturgy. Here, thanks to privileges accorded by Philip II, Plantin and his successors the Moretuses were able to secure for themselves a large part of the international market.

If the sixteenth century was a predominantly Southern Netherlandish century, the seventeenth was a Dutch one. During that century the book trade in Holland attained a position of leadership in Europe. The little republic set up by the Dutch "rebels" seems to have been intent on confirming her independence, her uniqueness and her excellence in every field of intellectual activity. The most significant factor here was indubitably the climate of intellectual and spiritual liberty which prevailed, unique in Europe. The religious freedom postulated by the Union of Utrecht was implemented here to a greater degree than anywhere else, because no strong central authority or established church was able to develop in the provincial structures of Holland. In the climate of intellectual and religious freedom, nurtured by economic prosperity, the Dutch book trade rose to a position of pre-eminence in Europe. A welcome was extended even to suspect or less than ordinarily orthodox books. Holland became the publisher (or piratical printer) of numerous foreign writers – Bossuet, Bayle, Molière, La Fonwordt de drukker van Joden, Armeniërs, Hongaren, Franse Hugenoten, Vlaamse Jansenisten, Roomse Jezuieten.

De 17e eeuw brengt ook technische vooruitgang op velerlei gebied. De papierfabricage wordt in de Veluwe en de Zaanstreek geïntroduceerd wanneer in de 17e eeuw Richelieu de traditionele Franse papierleveringen doet stopzetten. De "Hollander", een nieuwe methode om lompen te vervezelen, vermeerderde de productie van papier tot het zesvoudige.

De voorspoed van het Noord-Nederlandse boekbedrijf is eng verbonden met de expansie van het wetenschappelijk onderwijs en met de succesvolle ontdekkingsreizen. De eerste factor ligt aan de basis van een indrukwekkende reeks drukkersdynastieën in de voornaamste steden, die met universiteiten of stichtingen van hoger onderwijs begiftigd werden: Leiden, Utrecht, Groningen, Franeker, Amsterdam. De meest bekende naam in deze kategorie is die van de Elseviers.

De namen van Willem Janszoon Blaeu († 1638) en zijn zoon Dr. Jan Blaeu († 1673), de bekende uitgevers van geografische kaarten en atlassen, zijn onverbrekelijk verbonden met de Nederlandse ontdekkingsreizen. Willem Blaeu was van huize uit geograaf, geen drukker; zijn opleiding als kartograaf kreeg hij van Tycho Brahe, de bekende Deense astronoom; later wordt hij hydrograaf van de Oost-Indische Compagnie; hierdoor beschikt hij over wellicht de beste en meest betrouwbare bron van geografische informatie van dat ogenblik. De handel in globes en kaarten bracht hem tot de uitgeverij. Hij drukt Hooft, Vondel, Grotius en ook – in het tolerante Nederland was dit mogelijk – tal van uitgesproken katholieke werken, o.m. de *Acta sanctorum*. De meest bekende werken van de Blaeu's blijven evenwel hun *Atlas* (1655), en hun monumentale doch onvoltooid gebleven *Atlas maior*.

Ook inzake letterontwerp wordt Holland autonoom. In het begin der 17e eeuw kon men nog verder werken met de stock 16e-eeuwse matrijzen en stempels in het bezit van de Zuid-Nederlandse immigranten. Onder druk van de qualitatieve eisen, die de grote Nederlandse drukkerijen en uit-

taine, Corneille, Hobbes, Casaubonus, John Seldon – and the printer of Jew, Armenian, Hungarian, French Huguenots, Flemish, Jansenist and Roman Jesuit literature alike.

The seventeenth century also brought technological progress in many fields. The manufacture of paper, for example, was introduced into the Veluwe and Zaan regions when Richelieu put an end to the traditional French supplies. The "Hollander", a new design for beating linen into paper pulp, increased the production of paper by a factor of six.

The flourishing of the book trade in the Northern Netherlands is also tied up with the expansion of academic education and the success of the explorers. It is the first of these two factors that underlies the impressive series of dynasties of printers in the principal cities and towns – those with universities or other higher education establishments: Leiden, Utrecht, Groningen, Franeker, Amsterdam. The most famous name in this category is that of the Elzevirs.

The names of Willem Janszoon Blaeu (d. 1638) and his son Dr. Jan Blaeu (d. 1673), the famous publishers of maps and atlases, are indissolubly connected with the voyages of exploration conducted by Dutch seafarers. Willem Blaeu was originally trained as a geographer, not as a printer: his cartography tutor was none other than Tycho Brahe. Later he became hydrographer to the East India Company, a circumstance which meant that he had access to possibly the best and most reliable source of geographical information in existence at that time. The trade in globes and maps brought him into publishing, and he printed works by Hooft, Vondel and Grotius, and also – possible in tolerant Holland – numerous works of pronounced Catholicism, including the *Acta sanctorum*. The Blaeus' best known works, however, remain their *Atlas* (1655) and the later monumental but unfinished *Atlas maior*.

In type design, too, Holland became autonomous. In the early seventeenth century it was still possible to carry on working with the stock matrices and punches owned by immigrants from the South. Under pressure because of the increasing demands for high-quality type being made by geverijen, als de Blaeu's, de Elseviers, stelden, ontstond er weer een eigen letterindustrie. De voornaamste namen hierbij zijn Christoffel van Dijck († 1673) wiens lettergieterij later door de Elseviers wordt overgenomen, en Johann Michael Fleischmann († 1768), de lettersnijder der eerste Enschedé's.

Europese allures krijgen gedurende de 17e eeuw ook de boekhandel en het veilingwezen. De openbare veilingen die Lodewijk II Elsevier († 1620/21) vanaf 1596 op het Binnenhof te 's Gravenhage en later ook te Leiden inrichtte, gelden als wereldpremières. Een internationale handel in boeken ontwikkelt zich in het spoor van de bloeiende algemene handelsbetrekkingen. Engeland, Zweden, Polen, Armenië zijn de afzetgebieden, waar het in Nederland gedrukte niet-Nederlandse boek een gewild product was, voor Nederland overigens een noodzakelijk exportartikel ter betaling van grondstoffen waaraan het zelf behoefte had.

Over namen als deze van de 18de-eeuwers Wetstein en Van der Aa, loopt een ononderbroken lijn tot de grote trits van 19de- en 20e-eeuwse Nederlandse uitgevers en boekhandelaren; één der zeer groten onder hen was Wouter Nijhoff.

H. D. L. V.

the leading Dutch printers and publishers, such as the Blaeus and the Elzevirs, a domestic type-founding industry came into being. The most prominent names here were those of Christoffel van Dijck (d. 1673), whose type-foundry was later taken over by the Elzevirs, and Johann Michael Fleischmann (d. 1768), who was the Enschedés' first letter-cutter.

The book trade and auctioning business, too, assumed European allure during the seventeenth century. The public auctions held by Louis II Elzevir (d. 1620/21) at the Binnenhof (now the seat of the States General) at The Hague, and later also at Leiden, were world firsts. An international trade in books developed in the wake of trade relations in general, which were going through a period of growth. England, Sweden, Poland and Armenia were the markets in which non-Dutch books printed in Holland were much in demand – books, incidentally, which were an essential item in Holland's exports, for financing the purchase of the raw materials which she needed.

Eighteenth-century names like Wetstein and Van der Aa make an uninterrupted connection with the succession of great nineteenth- and twentieth-century publishers and book-dealers; among the greatest of these was Wouter Nijhoff.

KEMPO THESSALIENSIS, DE GLORIOSA VIRGINE MARIA
ALKMAAR, JOHANNES HAGHEN DAVENTRIENSIS, CA. 1518
[NK 1276–NAT I, 6]

In de zomer van 1517 trok een bende Gelderse landsknechten via Friesland naar Noordholland, waar zij verschillende steden en dorpen binnentrokken en plunderden. Ook Alkmaar, blijkbaar niet in staat een dergelijke overval te weerstaan, werd het slachtoffer. Een der gevolgen was, dat veel leerlingen van de gerenommeerde school vluchtten en ook de rector de stad verliet. Reeds in het najaar echter slaagde het stadsbestuur er in, een opvolger aan te stellen: Kempo van Tessel, tot dusver verbonden aan de eveneens hoog aangeschreven school van Zwolle.

De komst van Kempo valt voor Alkmaar samen met de intrede van de drukkunst in deze stad. De drukker was Johan Haghen, afkomstig uit Deventer, en gevestigd in de Langestraat "e regione Gymnasii." De kwaliteit van zijn werk was niet best en lang heeft zijn loopbaan als drukker niet geduurd. Hij drukte een treurzang op het overlijden van de gevluchte rector, Joannes Murmellius, in 1518, en omstreeks dezelfde tijd twee schoolzangen van Kempo, waarvan er hier een is afgebeeld. Mogelijk gaf hij meer uit – maar van oude schoolboekjes is nu eenmaal weinig overgebleven.

Wel is nog een exemplaar bewaard van twee andere uitgaven (NK 298 en 2779), maar daarvan is de toeschrijving onzeker, omdat ze ook afkomstig kunnen zijn van Lubbert Rensinck te Zwolle. Het geval doet zich namelijk voor, dat deze boekhandelaar omstreeks 1516, na het vertrek van de drukker Thieman Pietersz van Os, enkele boekjes uitgaf met precies dezelfde lettertypen en houtsneden als iets later door Johan Haghen gebruikt zijn. Een van die uitgaafjes bevat een kommentaar van Kempo, en het ligt dus voor de hand te veronderstellen, dat er een verband bestaat tussen diens vertrek naar Alkmaar, en de vrijwel gelijktijdige overbrenging van het drukkersmateriaal daarheen.

Leraren waren voor hun publicaties, die dikwijls een beperkt afzetgebied hadden, veelal afhankelijk van een plaatselijke drukker. Waar deze ontbrak moesten zij zelf initiatieven nemen om

In the summer of 1517 a band of landsknechts from Guelders travelled through the countryside by way of Friesland to North Holland, where they entered and plundered various towns and villages. Alkmaar, evidently incapable of withstanding such an attack, was one of the victims. One of the consequences was that many of the pupils at the famous school there fled the town, accompanied by the rector. It did not take the town authorities long, however, to find a successor, and he was installed in the autumn: Kempo van Tessel, who had hitherto been at the similarly well-reputed school at Zwolle.

Kempo's arrival in Alkmaar coincided with the coming of printing to the town. The printer was Johan Haghen, a native of Deventer, who set up his establishment in the Langestraat "e regione Gymnasii." His work was not of a particularly high standard and his career as a printer was not destined to be a long one: he printed an elegy on the death of the rector who had fled, Joannes Murmellius, in 1518, and at about the same time two school songs by Kempo, one of which is illustrated here. It is possible that he published more than this, but it is a fact of life that school books do not tend to survive for long.

Copies have survived, however, of two other editions (NK 298 and 2779), but their ascription is uncertain because they may also have been printed by Lubbert Rensinck at Zwolle. After the departure of printer Thieman Pietersz van Os from this town, Rensinck, a bookseller by trade, published some small books using precisely those types and woodcuts which were later used by Johan Haghen. This was in about 1516. One of these little editions contains a commentary by Kempo, so that it would be natural to suppose that there must be some connection between his departure for Alkmaar and the practically simultaneous transportation of the typographical material to the same place.

For their publications, which often had something of a limited market, teachers were largely

¶ Impressum Alcmarie per me Johan
nē Dauētriensem E regione
Gymnasij Alcmariani

¶ Deus prouidebit omnia.

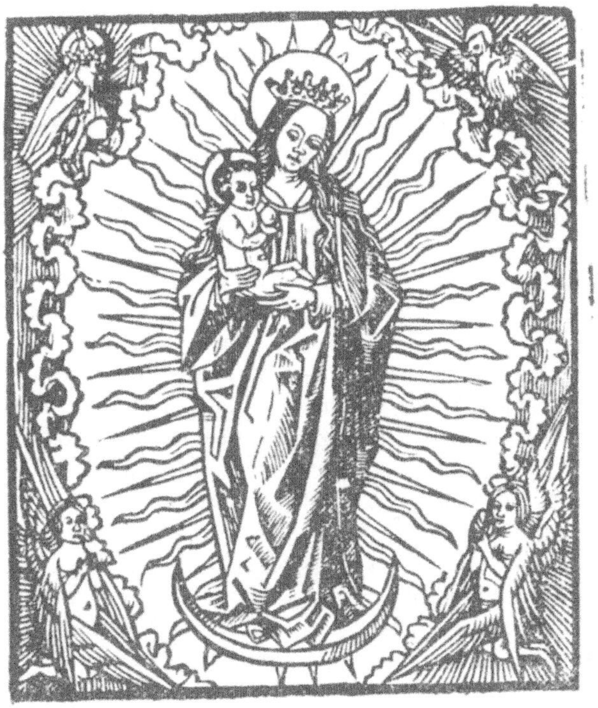

tot vestiging van een drukkerij te komen, zoals Kempo hier gedaan schijnt te hebben. Wat later zouden in Kampen, toen nog zonder drukkerij, zelfs twee mannen uit het onderwijs, Jan Evertsz en Jan Petersz, zich actief met het drukken en uitgeven bezighouden.

P. V. B.

dependent on a local printer, and where there was none they had to take matters into their own hands in order to see that a printing house was founded in their neighbourhood, as Kempo appears to have done here. Some time later, at Kampen, where there was no established printing house, two schoolmasters even began to do their own printing and publishing – Jan Evertsz and Jan Petersz.

WANDELINGHE DER KERSTEN MENSCHEN

AMSTERDAM, HUGO JANSZ VAN WOERDEN, 1506

[NK 2198–NAT, II 10]

Het is niet bekend waarom Hugo Jansz van Woerden in 1506 Leiden, waar hij twaalf jaar gevestigd was geweest, verliet. Hij had als uitgever van devote literatuur, dikwijls met houtsneden versierd, een redelijke plaats op de Hollandse markt. Mogelijk zag hij echter zijn debiet als boekhandelaar teruglopen door de groeiende concurrentie van zijn wat jongere, maar zeer succesvolle collega Jan Seversz. Hoe dit zij, hij bracht zijn bedrijf over naar Amsterdam en begon daarmee een rusteloos bestaan dat, na activiteiten in Haarlem, Delft en misschien nog elders, zou eindigen in den Haag.

Amsterdam bood hem als plaats van vestiging zeker gunstige mogelijkheden; als transitohaven beleefde de stad een stormachtige groei, waarbij het getal der inwoners, ruim tienduizend, zich in een kwart eeuw zou verdubbelen. De bevolking werkte echter vrijwel geheel in handel en ambacht, en dit zakelijke element bepaalde het klimaat van de stad. Ondanks de negentien kloosters en de twee goedbezette stadsscholen was het geestelijk leven in deze jaren nog beperkt, en de afzet van boeken blijkbaar te gering om een redelijke bestaansmogelijkheid op te leveren. Wel zorgde zijn pers er voor, dat in hetzelfde jaar 1506 het eerste in Amsterdam gedrukte boek verscheen, waarvan de titel luidt: *Hier beghint een wandelinghe der kersten menschen...* (NK 2197). Het is een anoniem werk, dat enkele jaren eerder reeds door zijn Leidse mededinger Jan Seversz was uitgegeven, die met deze nadruk wel niet blij geweest zal zijn.

Het boek zag het licht op 18 December 1506. Er zijn zelfs twee uitgaven met die datum, die woordelijk gelijk zijn en alleen verschillen in spelling vertonen. De volgorde van verschijnen is vast te stellen aan de staat van de houtsneden: in de herdruk komen hier en daar beschadigingen van de blokjes voor, die voordien ontbraken. Van de oorspronkelijke editie is geen compleet exemplaar bewaard, daarom geven wij hier het titelblad van de latere druk (NK 2198). Er zijn nog een tiental boekjes van Hugo Jansz bekend die hij

It is not known why Hugo Jansz van Woerden left Leiden in 1506 to go to Amsterdam. He had been established at Leiden for twelve years, and as a publisher of devotional literature frequently embellished with woodcuts he enjoyed a fairly comfortable place on the market in Holland. Possibly he saw his sales falling as a result of competition from his somewhat younger but extremely successful colleague Jan Seversz. Be that as it may, he moved his establishment to Amsterdam and thereby embarked upon a restless existence which, after periods in Haarlem, Delft and possibly elsewhere, was to end in The Hague.

As a place in which to carry on a printing business Amsterdam undoubtedly had much to offer. As a transit port the town was going through a period of rapid expansion in which the population of over ten thousand was to double in twenty-five years. But the inhabitants of Amsterdam were almost exclusively occupied in business and trade, and it was this worldly element that determined the climate of the town. Despite the nineteen monasteries and the two well-attended municipal schools, the spiritual life of the town was still restricted, and the market for books was evidently too small to provide a reasonable living for a bookseller. Nevertheless, Van Woerden's press was responsible for the printing in 1506 of the first book ever printed in Amsterdam, the title of which was *Hier beghint een wandelinghe der kersten menschen...* (NK 2197). An anonymous work, it had already been published some years previously by Hugo Jansz' competitor in Leiden, Jan Seversz, who cannot have been overjoyed to see this pirated edition.

The book was published on 18 December 1506. Indeed, there are two editions with that date, which are word-for-word parallels and only differ in their spelling. The order in which they appeared can be established from the state of the woodcuts: in the reprint there are signs of damage in the blocks where previously there were none. No complete copy is known to have survived of the

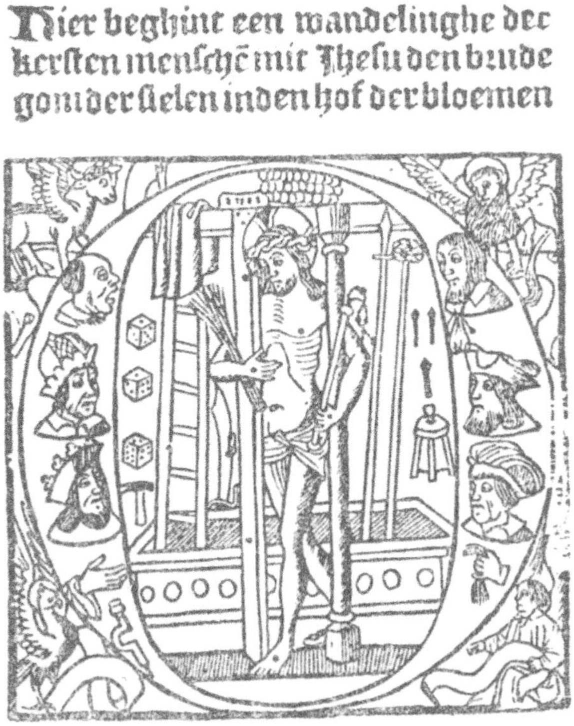

Hier beghint een wandelinghe der
kersten menschẽ mit Jhesu den brude
gom der sielen inden hof der bloemen

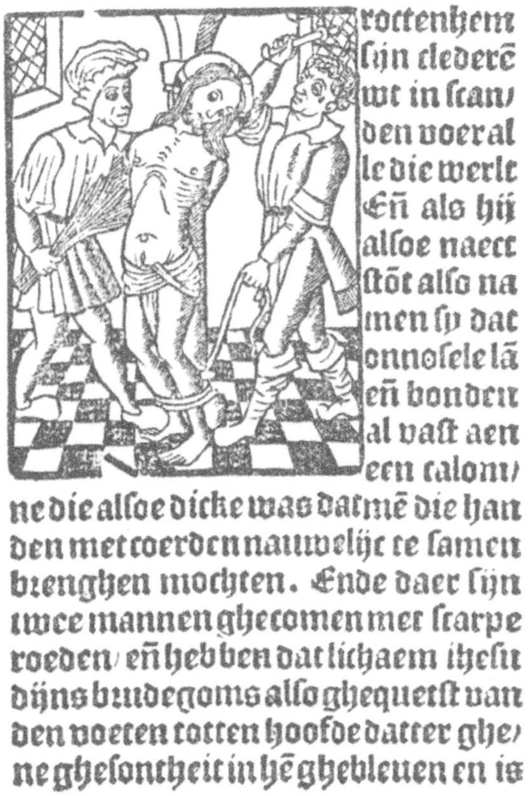

rottenhem
sijn cledere
wt in scan-
den voer al
le die werlt
Eñ als hij
alsoe naect
stõt also na
men sy dat
onnosele lã
eñ bonden
al vast aen
een calom-
ne die alsoe dicke was dat mẽ die han
den met coerden nauwelijc te samen
brenghen mochten. Ende daer sijn
twee mannen ghecomen met scarpe
roeden eñ hebben dat lichaem ihesu
dijns brudegoms also ghequetst van
den voeten totten hoofde datter ghe-
ne ghesontheit in hẽ ghebleuen en is

waarschijnlijk te Amsterdam drukte. In 1518 gaf hij dezelfde tekst opnieuw uit, nu onder de gewijzigde titel: *Die wandelinghe der bloemen* (NK 2195). Hij is dan inmiddels in den Haag gevestigd, waar hij in 1543 nog blijkt te wonen.

P. V. B.

original edition, and the illustration here is therefore of the title-page from the later edition (NK 2198). There are about ten other little books by Hugo Jansz which he probably printed in Amsterdam. In 1518 he published the same text under a different title: *Die wandelinghe der bloemen* (NK 2195). By this time he had settled in The Hague, where he is recorded to have been living as late as 1543.

HET EVANGELIE VAN MATTHEUS
AMSTERDAM, DOEN PIETERSZ, 1522
[NK 369–NAT I, I]

Het grote belang van de drukpers voor de ontwikkeling van de Reformatie staat buiten twijfel. Een zo snelle en omvangrijke verspreiding van gedachten en inzichten zou niet mogelijk geweest zijn zonder deze techniek van mechanische vermenigvuldiging. Omgekeerd ontleende de drukkerswereld een niet geringe stimulans aan de sterk groeiende belangstelling van het publiek voor de geschriften over de nieuwe leer.

In onze landen ontstond vooral een grote vraag naar bijbels in de eigen taal, met name het Nieuwe Testament. Voor het eerst kwam nu de volledige tekst van de Evangeliën ter beschikking ook van de gewone burger, die geen Latijn kende. De oudste uitgaven verschenen ongeveer gelijktijdig in Amsterdam en Antwerpen, ongedateerd, maar vrijwel zeker in de loop van 1522. De Amsterdamse uitgever was Doen Pietersz, die in 1516 zijn consent als drukker had verkregen. Hij vestigde zich in het huis "Enghelenburch" in de tegenwoordige Warmoesstraat, en koos een drukkersmerk dat de Engelenburg in Rome voorstelt. Van zijn vroegere uitgaven weten wij weinig; rond het jaar 1520 verschenen bij hem enkele stichtelijke werkjes. Daarna publiceerde hij, als eerste bijbelboek, het Evangelie van Mattheus. Als basis diende de Vulgaattekst, maar gemoderniseerd door gebruikmaking van Erasmus' recente vertaling van de Griekse grondtekst.

De anonieme bewerker van dit Evangelie bleef lang onbekend, totdat men in de vorige eeuw aan de hand van archiefstukken kon vaststellen, dat zijn naam Johan Pelt was, gardiaan van het Minderbroederklooster te Amsterdam. Want hoewel het uitgeven van bijbelvertalingen (nog) geen ongeoorloofde zaak was, werd zijn werk toch in Maart 1524 bij plakkaat verboden: "overmidts... in de glosen zekere dwalingen bevonden zijn geweest". Die "glosen" waren de verklarende aantekeningen die hij aan het einde van ieder hoofdstuk had bijgevoegd. Kort nadien werd Pelt wegens zijn prediking gevangen genomen, maar kreeg de kans te ontvluchten. Doen Pietersz werd

That the printing press played a vital role in the Reformation is an established fact. Such rapid and comprehensive distribution of ideas and opinions would have been impossible without such a method of mechanical reproduction. Conversely, the world of printers and printing was given no mean impetus by the rapidly increasing interest on the part of the reading public for writings about the new doctrine.

In the Low Countries there arose a particular demand for bibles in the vernacular, and especially for the New Testament. For the first time, the full text of the Gospels was now within the reach of the ordinary layman who knew no Latin. The earliest editions appeared more or less simultaneously in Amsterdam and Antwerp, undated but almost certainly printed in the course of 1522. The Amsterdam publisher was Doen Pietersz, who had been granted his printer's permit in 1516. Setting up his establishment in the premises known as the "Enghelenburch," in what is now the Warmoesstraat, he chose a printer's device which shows the Castle of St. Angelo in Rome. Little is known of his earlier editions, beyond the fact that in about 1520 he published a number of devotional works. Later he published the Gospel according to St. Matthew, the first of a series of books of the Bible. The basis for this edition was the Vulgate text, but it was modernized by incorporating elements of Erasmus's recent translation of the original Greek.

The anonymous reviser of this Gospel remained unidentified for literally centuries, until during the last century documents were discovered which established that he was Johan Pelt, guardian of the Minorite monastery in Amsterdam. For although at that time the publication of Bible translations was not (not yet) a prohibited activity, an edict was passed in March 1524 condemning this edition: "overmidts ...... in de glosen zekere dwalingen bevonden zijn geweest" (because...certain errors have been discovered in the glosses). These "glosen" were the explanatory

Dat .xix. Capitteel spreect.

Dat een mã zijn huysvrouwe niet latē en mach.
Datmen die ionghe kinderē niet houdē en sal vanḋ
benedictie. Van den gelubdē mēsche. Dat den rijc-
ken swaer is indē hemel te comen. Dat hi hondert
vout ontfangen sal. die hier alle dingē versaeckt.
Nde tis geschiet. na dz Ihūs de-
se sermonē geeynt hadde. dat hi
ōhuysde wt Galileen. Eñ hi is
gecomē. in die eyndē vandē lan-
de vã Iudeen. ouer die iordane.
Eñ vele scarē des volcx zijn hē ge
uolcht. Eñ hi heeft dese daer genesen eñ gesont ge-
maect. Eñ die Phariseē zijn tot hē gecomē hē tēpte
rēde vragēde eñ seggēde tot hē. En betaēt eenē mē
sce niet dz hi zijn huysvrouwe latē eñ afsceydē mach
wt alrehande sake? Eñ Ihūs heeft ātwoordēde tot
haer ludē gesprokē. En hebt ghi luydē niet gelesen
dat die gene die die menscē vandē beginsele gemaect
heeft. dat hi mã en vrouwe te samē gemaect heeft.
Eñ hi heeft geseyt. Dair ō so sal een mēsch achterla
tē sinē vaď eñ moedere. eñ sal sine huysvrouwe aen
hangē. eñ bi bliuē. Eñ si sullē twe in een vleesch zijn.
Eñ hier ōme. so en sal een mēsce niet sceydē. dz god
vergadert heeft. Eñ si hebbē tot hē geseyt. Waer om
me heeft dan Moyses ghebodē den boeck Repudij
(Dats een scrifture vander afsceydinghe) te gheuē

verkleind/reduced

Hier beghinnē die Euāgelie
ons herē Ihū xp̄i Dats dye
goede boetschappe. vanḋ vergiffenisse der sonden. eñ
vander ewiger salicheit. Inder duytscer sprake. ge
trāslateert. Die welcke sinte Matheus die Apostel
eñ Euangelist Ihesu Christi bescreuen heeft. Met
een corte glosare. om die te badt te verstaen Op dat e
nē weten mach dat elc kerstēmensce schuldich is.

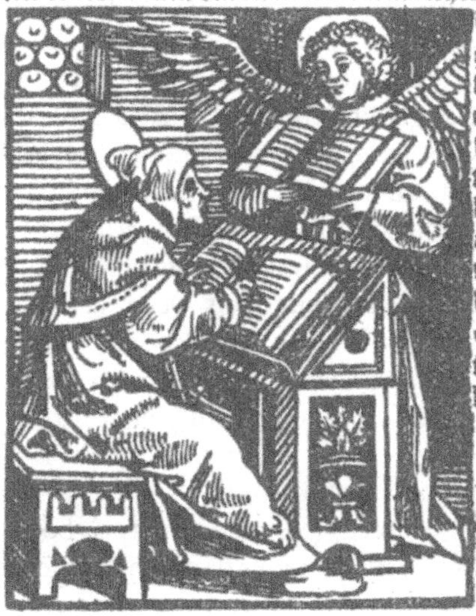

die Euā-
geliē Cri-
sti te lesen
eñ dye in
sijn herte
te dragen
bouē alle
andere le-
ringhen
schriftuere
Eñ daer
in vrijlijc
lieflijc eñ
ghetrou-
lijc te leue
ne ende te
steruene.

ongemoeid gelaten, al was hij dus de drukker van het eerste verboden boek in Nederland waarvan wij een exemplaar kennen. Reeds een jaar later, in 1523, gaf hij een volledig Nieuw Testament (NK 371) uit, nu naar de inmiddels verschenen vertaling van Luther. Na een herdruk daarvan verscheen tenslotte, in 1527, ook het Oude Testament (NK 390) en was dus de gehele Bijbel in het Nederlands bij hem verkrijgbaar.

P. V. B.

notes which he had appended to each chapter. Shortly afterwards Pelt was arrested on account of his preaching, but managed to escape. Doen Pietersz was left alone, even though he was the printer of this first proscribed book in the Netherlands of which a copy has survived, and as soon as the next year, 1523, he published a complete edition of the New Testament (NK 371), this time based on Luther's translation, which had been published meanwhile. After a reprint of this, the Old Testament finally appeared in 1527 (NK 390), so that the entire Bible was available in an edition printed by Pietersz in Dutch.

ALARDUS AMSTELREDAMUS, RITUS EDENDI PASCHALIS AGNI

AMSTERDAM, DOEN PIETERSZ, 1523

[NK 57–NAT IV, 15]

In de loopbaan van Doen Pietersz heeft zijn nauwe samenwerking met Jacob Cornelisz van Oostsanen een belangrijke rol gespeeld en geleid tot het tot stand komen van enkele van de meest aantrekkelijke boeken uit deze periode. Jacob Cornelisz, de eerste kunstenaar van formaat die in Amsterdam werkte, was een zeer begaafd schilder en graficus. Het eerste produkt van hun samenwerking, dat wij kennen, is de grote houtsnede in negen bladen, die in een onafgebroken stoet de graven en gravinnen van Holland afbeeldt. Het enige volledig bewaarde exemplaar heeft Franse teksten en een titelblad met de naam van de drukker en de datum 1 April 1518 (NK 3124).

In 1520 sloten zij, met medewerking van de bankier en maecenas Pompeius Occo, een overeenkomst met een Noorse bisschop voor de uitgave van een geïllustreerd "bedeboec van die passie". Mogelijk heeft deze opdracht geleid tot het ontstaan van de serie prenten – een ervan is 1521 gedateerd – die voorkomen in de "*Passio domini nostri Jesu Christi*" van 1523 (NK 56). Dit octavo boek bevat een reeks van niet minder dan 64 houtsneden van een kwaliteit, die ver uitsteekt boven die van vrijwel alle andere illustraties in dit genre. De bijgevoegde tekst werd door de bekende humanist Alardus van Amsterdam gedeeltelijk ontleend aan oudere schrijvers. Van Alardus gaf de drukker in hetzelfde jaar, zelfs met precies dezelfde datum, ook diens "*Ritus edendi paschalis agni*" (NK 57) uit, eveneens versierd met enkele houtsneden van Jacob Cornelisz, waaronder het portret van de schrijver en een zeer populair geworden voorstelling van het zg. mirakel van Amsterdam. De voorstelling op het titelblad is ontleend aan de passiereeks.

Waarschijnlijk enkele jaren later verscheen de serie passie-houtsneden opnieuw, nu uitgebreid en voorzien van een Nederlandse titel "*Een scoone stomme passye ... to 80 fighuren toe*" (NK 1681), met Doen's huismerk op het titelblad. Ook komen zijn initialen voor op diverse series houtsneden en losse bladen van Jacob Cornelisz, al dan niet met

In the course of Doen Pietersz's career his close collaboration with Jacob Cornelisz van Oostsanen played an important part, leading as it did to the production of some of the most attractive books ever to come out of this period. Jacob Cornelisz, the first artist of any stature to work in Amsterdam, was an extremely gifted painter and draughtsman. The first known product of the collaboration between the two men is the large woodcut series of nine sheets depicting in a continuous cavalcade the counts and countesses of Holland. The only complete copy to have been preserved has the text in French and a title-page with the name of the printer and the date 1 April 1518 (NK 3124).

In 1520, with the assistance of the banker and Maecenas Pompeius Occo, Pietersz and Cornelisz contracted an agreement with a Norwegian bishop for the publication of an illustrated "bedeboec van die passie" (prayer-book of the Passion). It is possible that it was this commission which led to the creation of the series of prints – one of them is dated 1521 – which appear in the *Passio domini nostri Jesu Christi* of 1523 (NK 56). This octavo book contains no fewer than sixty-four woodcuts of a quality far superior to that of practically every other illustration in this genre. The accompanying text was written by the well-known humanist Alardus van Amsterdam, who borrowed part of it from earlier writers. In the same year (indeed, with the same date) Pietersz also published Alardus's *Ritus edendi paschalis agni* (NK 57), similarly embellished with various woodcuts by Jacob Cornelisz, including the portrait of the author and a representation of the so-called miracle of Amsterdam which became very popular and was copied several times. The picture on the title-page was borrowed from the Passion series.

It was probably several years later when the Passion woodcuts were republished, now with additions and a Dutch title, *Een scoone stomme passye ... tot 80 fighuren toe* (NK 1681), and Pietersz's house mark on the title-page. His initials also occur on

RITVS EDENDI

PASCHALIS AGNI, Decem item plagæ,
ſiue clades, quibus olim ob PHARAO-
NIS impietatem, miſere diuexata eſt
AEGYPTVS Cū alijs non nul-
lis eodē ſpectantibus, ex quib⁹
haud obſcure calamitoſis
huius ſæculi faciē depre-
hendas, per Alardū
Amſtelredamū.

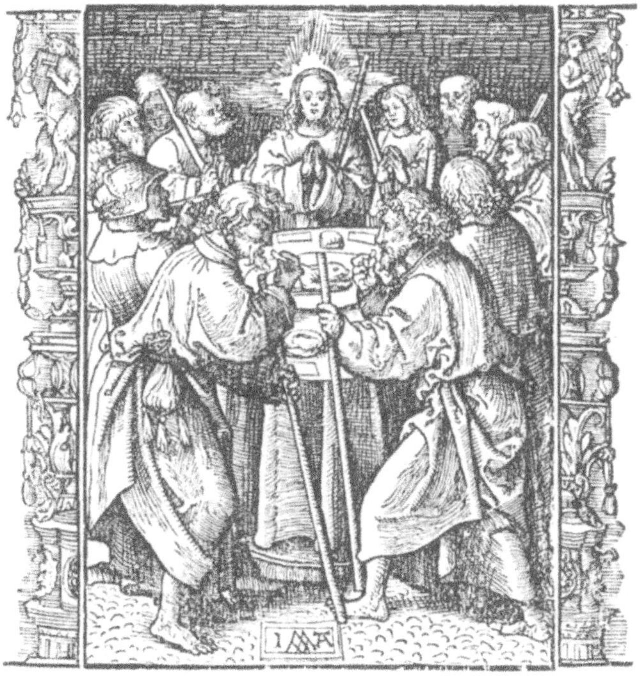

verkleind / reduced

bijgedrukte tekst, zodat we mogen aannemen dat deze het debiet van zijn grafisch werk geheel aan onze uitgever overliet. Het feit, dat hij meerdere malen de begeleidende tekst in het Frans drukte, wijst op een vaste relatie met het Zuiden.

P. V. B.

various other series of woodcuts and single leaves by Cornelisz, some with, some without an additional text, so that we may assume that the artist left the sales side of his work entirely to Pietersz. The fact that the latter more than once printed the accompanying text in French would seem to indicate a long-lasting connection with the south.

STATUTA JURISDICTIONIS KENNEMARIE

AMSTERDAM, PETER JANSZ TYEBOUT, 1527

[NK 1951–NAT I, 1 en 2]

Van de Amsterdamse drukker Peter Jansz Tyebout weten we weinig. Hij produceerde in de jaren 1522–1530, mogelijk al wat vroeger, o.a. enkele uitgaven van de *Instructie van den hoven van Hollant, Zeelant ende [West-]Vrieslant*, waarop het bestuur in deze gewesten berustte. Blijkbaar kreeg hij die order door bemiddeling van zijn zwager Jan Banninck, als raad-extraordinaris een belangrijk man bij het Hof. Zeker is, dat deze hem de opdracht bezorgde voor een kaart van Amstelland en het Sticht. Uit een bewaard gebleven rekening blijkt, dat Tyebout deze zelf sneed en er in 1527 ruim honderd afdrukken van leverde, waarvan helaas geen is teruggevonden.

Ook drukte hij de kerkelijke statuten van het dekanaat Kennemerland. Deze hierbij afgebeelde publicatie bestaat uit een kwarto katern van acht bladzijden, met aan het einde de naam van de drukker en de vermelding: "Excusum Amstelredamis celeberrimo totius Hollandie emporio" – dus gedrukt in Amsterdam, de zeer vermaarde hoofdstad van geheel Holland. Merkwaardig zijn de twee houtsneden die er in voorkomen, beide nogal beschadigd en duidelijk van veel vroeger datum, zoals ook uit de kleding blijkt. De illustratie op de titel was oorspronkelijk, zoals het inschrift aangeeft, bestemd voor een uitgave van *Der doechden scole*. Dat boek is al evenmin bewaard, en we kunnen dus niet nagaan of ook de andere houtsnede, die hier op de laatste bladzijde is afgedrukt, daarin voorkwam; waarschijnlijk is het wel. Beide zijn in ieder geval van dezelfde kunstenaar en vertonen zoveel overeenkomst met het werk van de Haarlemse "meester van Bellaert," dat zij aan zijn tot dusver bekende oeuvre toegevoegd moeten worden. Hij wordt zo genoemd. omdat hij in de jaren 1484–1486 voor de drukker Jacob Bellaert te Haarlem werkte. Daarna maakte hij illustraties voor Gerard Leeu te Antwerpen, die ook in het bezit kwam van de voor Bellaert gesneden blokken. Na de dood van Leeu in 1492 werd al diens materiaal her en der verspreid en nog tientallen jaren lang door ver-

Little is known about the Amsterdam printer Peter Jansz Tyebout. Between 1522 and 1530, and possibly a little earlier, he produced (among other things) several editions of the *Instructie van den hoven van Hollant, Zeelant ende [West-] Vrieslant*, upon which rested the administration of those three regions. It would seem that he received the commission to do this work through the intermediacy of his brother-in-law Jan Banninck, who as counsellor extraordinary was an important figure at Court. It is certain that it was Banninck who procured for him the commission for a map of Amstelland and the Sticht. An invoice which has survived shows that Tyebout engraved this himself and supplied over a hundred copies in 1527, though unfortunately none is known to have been preserved.

Tyebout was also the printer of the church statutes of the deanery of Kennemerland. This publication, illustrated here, consists of one quarto gathering of eight pages. At the end there is the printer's name and the information "Excusum Amstelredamis celeberrimo totius Hollandie emporio" – printed in Amsterdam, the renowned capital of the whole of Holland. A curious feature is the two woodcuts which appear here, both being rather damaged and clearly of a much earlier date – a fact confirmed by the clothing. The illustration on the title-page was originally intended, as the inscription indicates, for an edition of *Der doechden scole*, a book which again has failed to survive, so that it is impossible to say whether the other woodcut, here printed on the last page, appeared in it; but it seems probable. In any event, the two are by the same artist and are so closely similar to the work of the Haarlem "Master of Bellaert" that they may be added to his known works. He is so called because he worked for the printer Jacob Bellaert in Haarlem in 1484–1486. He then did illustrations for Gerard Leeu in Antwerp, who also acquired the blocks which had been engraved for Bellaert. After Leeu's death in 1492 his material was dispersed and was used for several

Statuta Iurisdictionis
Hennemarie

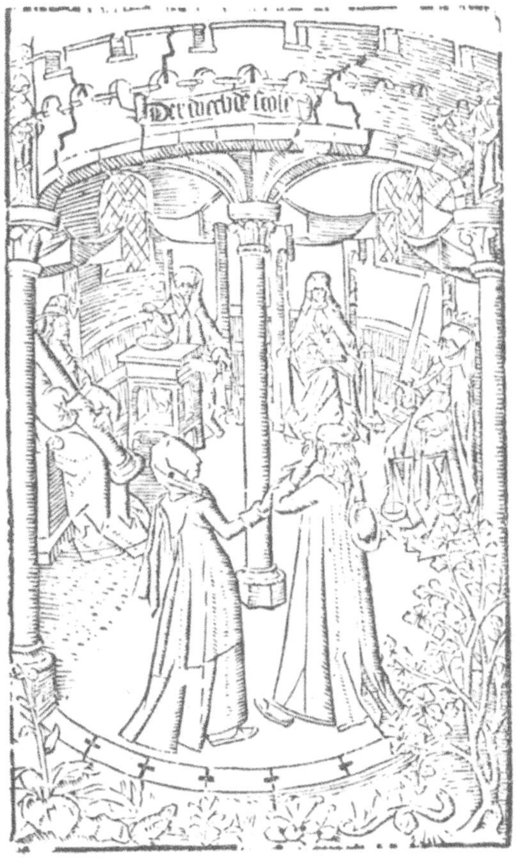

verkleind/reduced

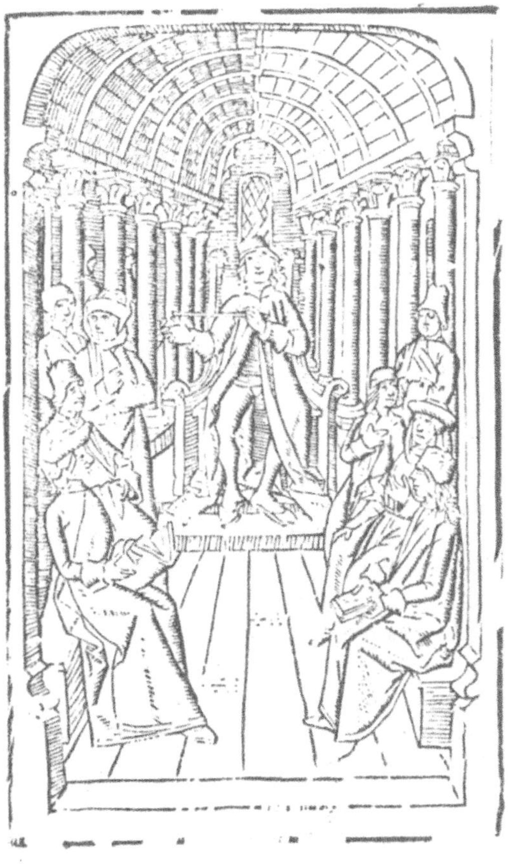

schillende drukkers in Noord en Zuid gebruikt, maar van de hier afgebeelde is geen andere toepassing bekend.

P. V. B.

decades by various printers in both north and south. However, the woodcut illustrated here is not known to have been used elsewhere.

DIE KAERT VANDER ZEE
(MET HET WATERRECHT VAN WISBY)
AMSTERDAM, JAN SEVERSZ DIE CROEPEL, 1532
[NK 3290 & 4085–NAT II, 1]

In 1524 moest de Leidse uitgever Jan Seversz vluchten, omdat hij, allerminst ten onrechte, verdacht werd van het drukken en verkopen van verboden boeken. Hij trok naar Utrecht, maar werd in het volgende jaar ook daar verbannen. In maart 1525 kocht een zekere Jan Zyvertsz, zoals hij in de acte genoemd wordt, een huis in Amsterdam en vestigde daar een boekhandel. Later drukte hij ook.

Gezien het kleine aantal drukkers werkzaam in onze periode – nauwelijks tachtig, vrijwel gelijk verdeeld over Noord en Zuid – ligt het wel erg voor de hand om aan te nemen, dat het hier één en dezelfde man betreft. Toch is dat, zeer verrassend, niet het geval, omdat uit een archiefstuk blijkt dat de Leidse Jan Seversz in 1530 als overleden vermeld wordt, terwijl bekend is dat zijn Amsterdamse naamgenoot in 1535 nog werkte. Deze noemt zich in enkele van zijn uitgaven voluit Jan Seversz Croepel van der Schelling. Waarschijnlijk was hij inderdaad kreupel, want als merk gebruikt hij soms het stadswapen met aan weerszijden twee gekruiste krukken.

Zijn *Kaert vander Zee* past geheel in het fonds van een Amsterdams uitgever. De stad was een belangrijke en snel groeiende haven geworden, een gunstige markt dus voor publicaties bestemd voor de praktijk van de zeevaart. Daaronder namen de leeskaartboekjes, oorspronkelijk in handschrift, nu voor het eerst ook in gedrukte vorm verkrijgbaar, een grote plaats in. Zij bevatten de onmisbare aanwijzingen omtrent koersen, getijden, stromen en havens, voor de vaart op het westen, van Noorwegen tot Spanje, en natuurlijk de Oostzee, waar de Amsterdamse graanhandel zeer aktief was. Achter het nautische gedeelte is de tekst afgedrukt van het vigerende zeerecht. In 1540 gaf Jan Seversz' opvolger, Jan Jacobsz, een nieuwe druk uit, vermeerderd en "van die beste pyloots ghecorrigeert." Het was het bescheiden begin van Amsterdams suprematie op dit gebied in de 17e eeuw.

Tenslotte nóg een merkwaardige coïncidentie: in 1535 gaf Jan Seversz die Croepel een wereldkaart

In 1524 the Leiden publisher Jan Seversz was obliged to leave the town in a hurry because, by no means unjustly, he was suspected of printing and selling forbidden books. He moved to Utrecht, but the next year he was banished from there too. In March 1525 a certain Jan Zyvertsz, as he is called in the deeds, bought a house in Amsterdam and started a bookshop there. Later he also was active as a printer.

In view of the small number of printers at work during the period which concerns us – scarcely eighty, fairly evenly dispersed over the northern and southern Netherlands – the obvious and natural conclusion is that these data refer to one and the same man. Surprisingly, however, this is not the case: a document exists which shows that the Jan Seversz of Leiden was dead in 1530, while it is known that his Amsterdam namesake was still working in 1535. In some of his publications the latter called himself in full Jan Seversz Croepel van der Schelling. It seems probable that he was indeed a cripple ("croepel"), for he sometimes used the city arms flanked by crossed crutches as his printer's mark.

Seversz's *Kaert vander Zee* is entirely suitable for the list of an Amsterdam publisher. The town had become an important and rapidly expanding port, and was thus a favourable market for publications intended for practical use in seafaring. A large proportion of these were pilot-books or "rutters," originally in manuscript and now for the first time available in printed form. They contain indispensable information about courses, tides, currents and harbours, for the trade with the west, from Norway to Spain, and of course also for the trade with the Baltic countries, where the grain merchants of Amsterdam were particularly active. The nautical section was followed by the text of the law of the sea then in force. In 1540 Jan Seversz's successor, Jan Jacobsz, published a new edition, enlarged and "van die beste pyloots ghecorrigeert" (corrected by the best pilots). Such were the modest beginnings of Amsterdam's su-

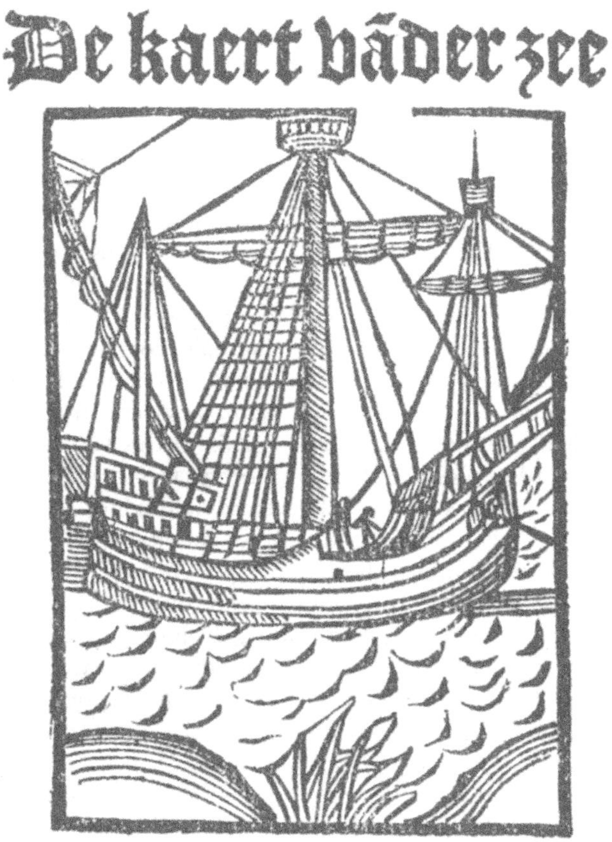

uit, waarvan het enig bekende exemplaar destijds ontdekt werd door Wouter Nijhoff. Enkele jaren na de bekendmaking van deze vondst bleek het een herdruk te zijn. De oorspronkelijke uitgever was, wie anders?, zijn Leidse naamgenoot.

P. V. B.

premacy in this field in the seventeenth century.

Finally, yet another remarkable coincidence: in 1535 Jan Seversz die Croepel published a map of the world, the only known copy of which was discovered by Wouter Nijhoff. Some years after this discovery had been announced, the map was found to be a reprint. The original publisher was – who else? – Jan Seversz's Leiden namesake.

DEN HERBARIUS IN DIETSCHE
ANTWERPEN, GOVAERT BAC, 1511
[NK 1049–NAT I, 4]

Govaert Bac voleindigde dit werk op 28 november 1511. Het is zijn laatste gedateerde druk; kort tevoren was zijn vrouw overleden en het is alsof haar dood hem alle verdere lust tot drukken ontnomen had. Hij was als drukker begonnen in 1493, kort na zijn huwelijk met de weduwe van Matthijs van der Goes; door dit huwelijk was hij in het bezit gekomen van het typografisch materiaal van zijn vroegere meester. Hij volgde diens voorbeeld inzake keuze van teksten, gebruikte lettertypen en formaat van zijn boeken, bij voorkeur kwarto. Hij drukte vooral werken met een vrome inhoud, daarnaast ook enkele volksboeken en wetenschappelijke traktaten.

Tot die laatste moet ook zijn uit het Latijn vertaalde *Herbarius* gerekend worden. Volgens de inleiding en het slotwoord was dit werk bedoeld als een eenvoudige handleiding over geneeskunde zoals elk verstandig mens er een diende te bezitten. Geneeskunde was in die tijd voor een groot deel gebaseerd op de kennis en het gebruik van allerlei planten en kruiden. Daarom wordt er in dit werk veel aandacht besteed aan de geneeskundige eigenschappen van de beschreven planten. De houtsnede op het titelblad, van de hand van de meester van Haarlem, stelt een geleerde voor die zich verdiept in de plantkunde. In het eigenlijke werk worden de diverse planten in alfabetische orde behandeld en de eerste 150 uiteenzettingen zijn telkens geïllustreerd met een houtsnede. Die afbeeldingen zijn vrij eenvoudig gehouden en werden door een onbekende houtsnijder vervaardigd.

L. V. D. B.

Govaert Bac completed this work on 28 November 1511. It is his last dated edition. Shortly before this date his wife had died, and it looks as though her death robbed him of all further interest in printing. He had begun his career as a master printer in 1493, shortly after his marriage to the widow of Matthijs van der Goes – a marriage whereby the typographical material of his former master passed into his possession. In the matter of choosing texts, types and formats (by preference quarto) for his books, he followed Van der Goes's example. For the most part he printed works of a devotional nature, but there were also some chapbooks and scholarly treatises.

It is to this last category that his edition of a *Herbarius* translated from the Latin must be regarded as belonging. According to the introduction and epilogue this work was intended to be a simple guide to medicine such as every sensible person ought to have. At this time medicine was largely based on the knowledge and use of all sorts of plants and herbs, and it is for this reason that much attention is paid here to the medicinal properties of the plants described. The woodcut on the title-page, by the master of Haarlem, shows a scholar engrossed in the study of botany. In the work itself the various plants are dealt with in alphabetical order and the first 150 expositions are each accompanied by a woodcut. These illustrations have been kept fairly simple and were cut by an unknown wood-engraver.

Den herbarius
In dietsche

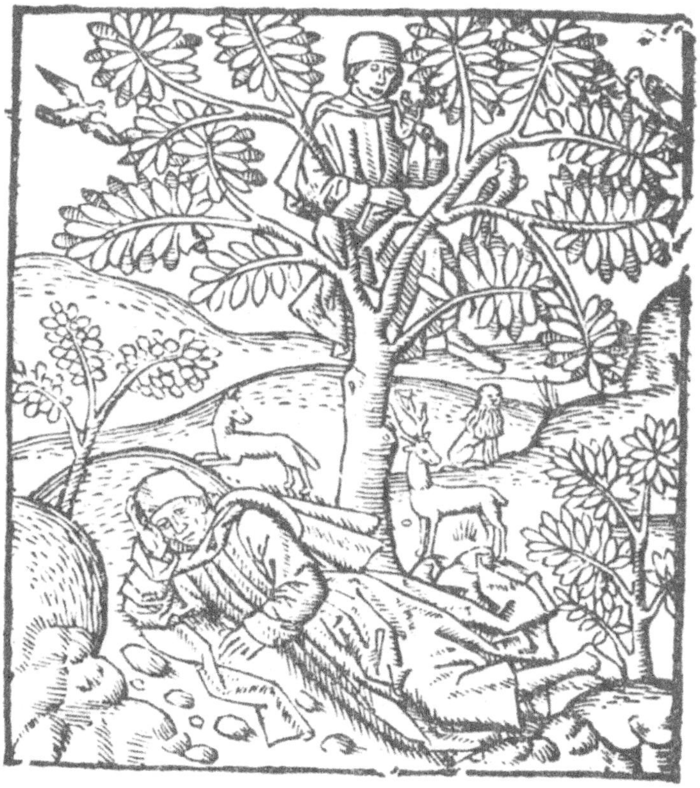

LUDOLPHUS DE SAXONIA, DIT ES DLEVEN ONS LIEFS HEEREN IHESU CRISTI

ANTWERPEN, HENRICK ECKERT VAN HOMBERCH, 1503

[NK 1407–NAT I, 4 EN VIII, 26]

Nadat hij een vijftal jaren in Delft gewerkt had, vestigde Henrick Eckert van Homberch zich in 1500 te Antwerpen in het Huys van Delft. Daar publiceerde hij tot kort voor zijn dood einde 1523 of begin 1524 een hele reeks werken van zeer uiteenlopende aard: klassieke auteurs, ridderromans, schoolboeken maar overwegend werken met een godsdienstige inhoud. Tal van zijn uitgaven voorzag hij van illustraties; met het oog daarop wisselde hij meermaals houtblokken uit met Adriaen van Berghen, die tot zijn vriendenkring behoorde. In 1503 verscheen bij hem het *Leven ons liefs heeren Ihesu Cristi*. Volgens de titel en de colofon gaat het hier om een tweede uitgave, maar van een vroegere uitgave door hem zijn geen sporen teruggevonden. In de vorm van een dialoog tussen de Mens en de Schrift wordt daarin het verhaal gegeven van het leven van Christus, af en toe onderbroken door een korte overweging of een gebed. De titelhoutsnede, die de Salvator Mundi voorstelt, treffen we nog in verschillende andere werken van hem aan.

L. V. D. B.

Having worked in Delft for some five years, Henrick Eckert van Homberch moved to Antwerp in 1500 and set up his business in the Huys van Delft. From then on until his death in late 1523 or early 1524 he published at that address a continuous flow of works of quite varied natures – classical authors, romances of chivalry and school books included – though chiefly with a religious content. He provided many of his editions with illustrations, and he several times exchanged woodcuts with Adriaen van Berghen, who was a personal friend. In 1503 he published the *Leven ons liefs heeren Ihesu Cristi*. According to both title-page and colophon this is a second edition, but no traces have been found of an earlier edition by Van Homberch. In the form of a dialogue between Man and the Scripture, the book relates the story of the life of Christ, occasionally interrupted for a short meditation or a prayer. The title-page woodcut, which depicts the Salvator Mundi, is also found in other works by the same printer.

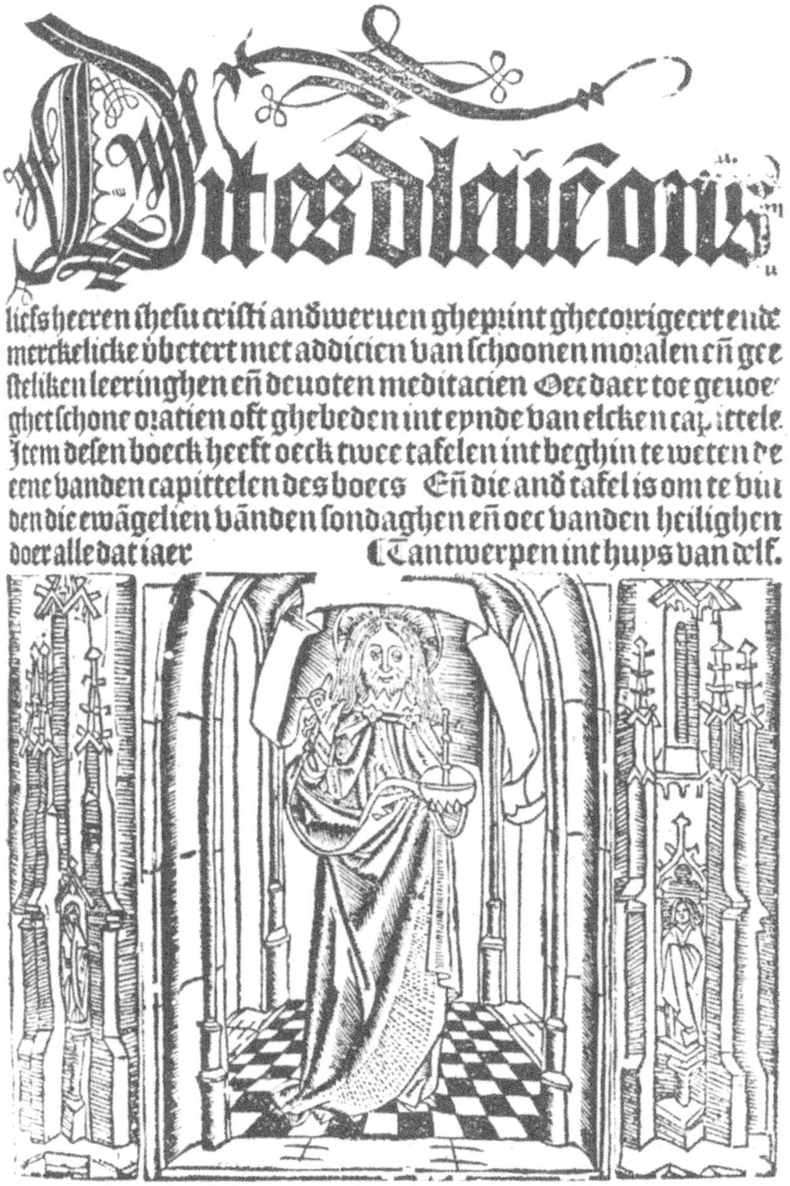

Dit es dleuē ons
liefs heeren ihesu cristi andwerpen gheprint ghecorrigeert ende
merckelicke vbetert met addicien van schoonen moralen eñ gee
stelike leeringhen eñ deuoten meditacien Oec daer toe gevoe
ghet schone oratien oft ghebeden int eynde van elcken capittele.
Item desen boeck heeft oeck twee tafelen int beghin te weten de
eene vanden capittelen des boecs Eñ die andẽ tafel is om te vin
den die ewāgelien vanden sondaghen eñ oec vanden heilighen
doer alle dat iaer ¶ Tantwerpen int huys van delf.

verkleind / reduced

DER ZIELEN TROOST

ANTWERPEN, ADRIAEN VAN BERGHEN, 1509

[NK 2084–NAT II, 2]

Adriaen van Berghen drukte van 1500 tot omstreeks 1540, eerst te Antwerpen, na 1536 op diverse plaatsen in de noordelijke Nederlanden. Hij publiceerde vooral werken met een godsdienstige inhoud; vanaf 1522 wordt daarin zijn gereformeerde, meer bepaald Lutherse gezindheid duidelijk. Omwille van die strekking had hij verschillende malen moeilijkheden met het gerecht; in 1536 werd hij daarom uit Antwerpen verbannen, zes jaar later werd hij ter dood veroordeeld en onthoofd. Hij was goed bevriend met Henrick Eckert van Homberch – na diens dood werd hij trouwens voogd van de kinderen – en het ziet ernaar uit dat ze af en toe hebben samengewerkt; zeker is dat ze meer dan eens houtblokken hebben uitgewisseld. In 1509 verscheen bij ieder van hen *Der zielen troost* en beide uitgaven vertonen heel wat punten van gelijkenis. Die van Adriaen van Berghen onderscheidt zich ondermeer door een mooie houtsnede op het titelblad, het werk van een onbekend maar talentvol kunstenaar: vanuit de hemel ziet God neer op Maria en Christus die, omgeven door vrome vrouwen en mannen, hun melk en bloed geven dat door een engel wordt opgevangen en weer uitgestort tot lafenis van de zielen in het vagevuur.

L. V. D. B.

Adriaen van Berghen was active as a printer from 1500 until about 1540, first at Antwerp, after 1536 at various places in the northern Netherlands. The works which he published were for the most part of a religious nature: from 1522 onwards his reformed and more particularly Lutheran inclinations become increasingly evident. On account of his convictions he found himself in trouble with the courts on more than one occasion; and it was for the same reason that he was banished from Antwerp in 1536 and six years later condemned to death and beheaded. He was a close friend of Henrick Eckert van Homberch – after whose death, incidentally, he became guardian to Van Homberch's children – and it looks as though they occasionally collaborated on jobs; it is certain that on more than one occasion they exchanged woodcuts. In 1509 both men published editions of *Der zielen troost*, and the two editions are very similar in many respects. That by Adriaen van Berghen distinguishes itself by, among other things, a beautiful woodcut on the title-page, the work of an unknown but talented artist: God looks down from Heaven onto the Virgin and Christ, who, surrounded by pious women and men, are giving of their milk and blood which is caught by an angel and poured out again for the comfort of the souls in purgatory.

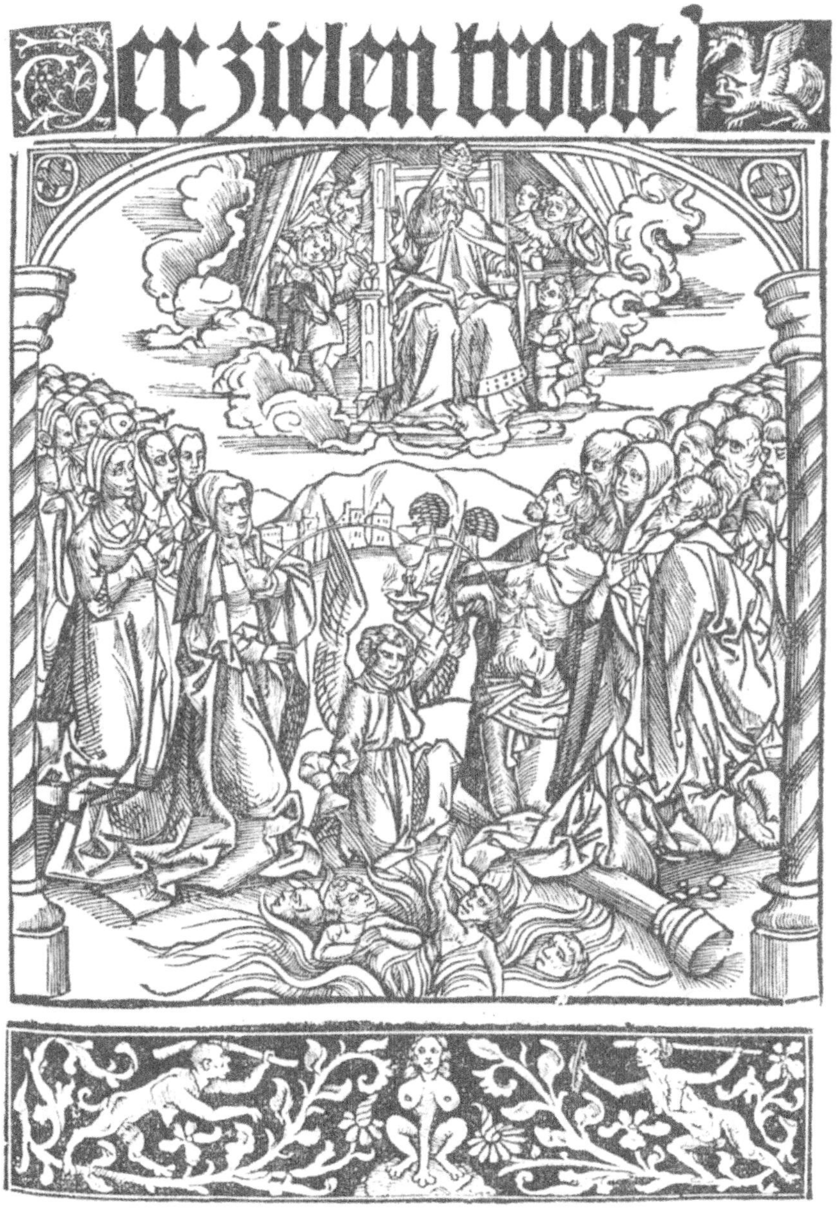

verkleind/reduced

HEYNRIC HERP, GROOTE ENDE NIEUWE SPIEGHEL DER VOLCOMENHEIT

ANTWERPEN, WEDUWE ROELANT VAN DEN DORPE, 1501

[NK 1062–NAT I, 4]

Na de dood van Roelant van den Dorpe omstreeks 1500 zette zijn weduwe de drukkerij voort; echter niet voor lang, want in of kort na 1501 zou het atelier overgaan in de handen van Jan van Doesborch. In de loop van dat éne jaar kwamen er bij haar een drietal werken van de pers, waaronder de *Spieghel der volcomenheit*. Dit traktaat over het bereiken van de volmaaktheid was in het Nederlands geschreven door de minderbroeder Heynric Herp en zou nadien meermaals worden herdrukt en dank zij vertalingen in het Latijn, het Italiaans, het Frans en het Duits een vrij grote verspreiding kennen. Het ligt voor de hand dat zij voor haar uitgave het typografisch materiaal gebruikte dat haar man had nagelaten en ook een van zijn drukkersmerken, een afbeelding van Roeland die de hoorn blaast.

L. V. D. B.

After the death of Roelant van den Dorpe in about 1500 his widow continued the business: not for long, however, because in or shortly after 1501 the workshop was to pass into the control of Jan van Doesborch. During the course of that one year three books were printed on her presses, including the *Spieghel der volcomenheit*. This treatise about the achievement of perfection had been written in Dutch by the Minorite friar Heynric Herp. Later it was to be reprinted several times and thanks to translations into Latin, Italian, French and German was to reach a very wide public. Not surprisingly, the widow used the typographic material left by her husband, including one of his printer's marks, a picture of Roland blowing his horn.

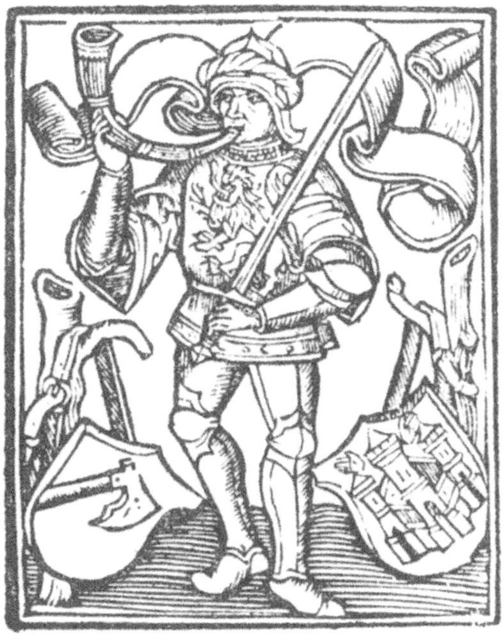

CRONIKE VAN BRABANT

ANTWERPEN, JAN VAN DOESBORCH, 1530

[NK 654–NAT IX, 27]

In of kort na 1501 had Jan van Doesborch het atelier van de weduwe van Roelant van den Dorpe overgenomen, met het typografisch materiaal, de houtblokken en twee drukkersmerken. Van een aantal werken die zijn voorganger had gepubliceerd, bezorgde hij nieuwe uitgaven. Dit was ondermeer het geval met de *Cronike van Brabant*, die in 1497 bij Van den Dorpe van de pers was gekomen; in 1512, 1518 en 1530 liet hij ze opnieuw verschijnen, telkens aangevuld met het relaas van de meest recente gebeurtenissen en even overvloedig geïllustreerd als het werk van zijn voorganger. In de uitgave van 1530, die hij deels voor eigen rekening en deels voor die van Michiel Hillen van Hoochstraten en van Henrick Peeters van Middelburch uitgaf, is het deel gewijd aan de regering van Karel V, uitgegroeid tot een omvangrijk boekdeel; daarin is dit fraaie portret van de keizer opgenomen.

L. V. D. B.

In or shortly after 1501 Jan van Doesborch took over the workshop of the widow of Roelant van den Dorpe, including the typographic material, woodcuts and two printer's marks. He produced new editions of several works which Van den Dorpe had published, including the *Cronike van Brabant*, originally printed in 1497. The new editions of this work appeared in 1512, 1518 and 1530, each time with supplementary material relating the most recent events and just as copiously illustrated as Van den Dorpe's work had been. In the edition of 1530, which he published partly on his own account and partly on the account of Michiel Hillen van Hoochstraten and Henrick Peeters van Middelburch, the section devoted to the rule of Charles V had grown into a volume of considerable size; it is here that this fine portrait of the emperor is printed.

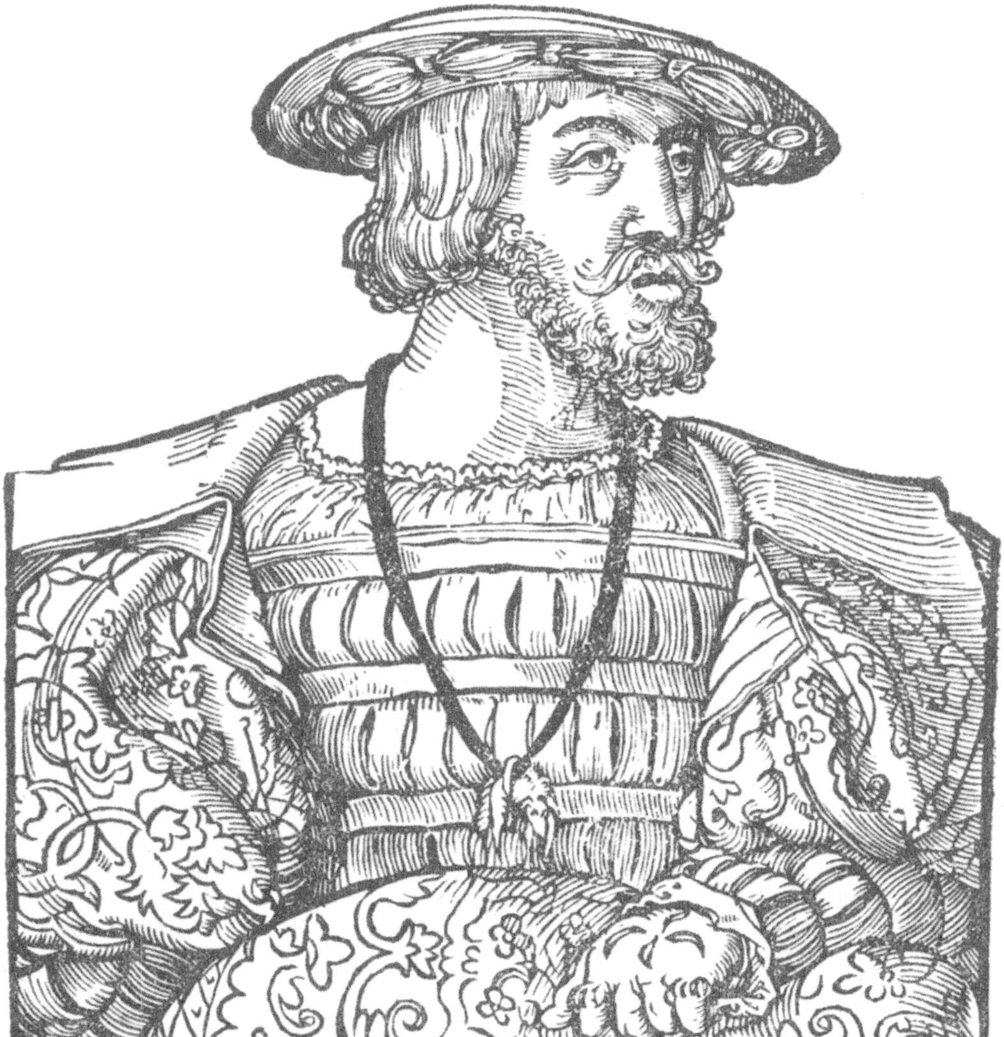

verkleind/reduced

HET NIEUW TESTAMENT

ANTWERPEN, WILLEM VORSTERMAN, 20 SEPT. 1529

[NK 396–NAT V, 11]

Willem Vorsterman en Michiel Hillen van Hoochstraten zijn, wat het aantal drukken betreft, de belangrijkste drukkers uit de door ons behandelde periode. Willem Vorsterman, als drukker, boekhandelaar en uitgever zeer aktief tussen 1505/6–1543, is een man met internationale betrekkingen. Doorlopen wij de lijst van de circa vierhonderd van hem bekende drukken dan stelt men vast dat hij zo ongeveer alles drukte in de toen voornaamste talen: godsdienstige literatuur naast volksboeken, schoolboeken naast verheven teksten, officiële drukken naast verdachte boekjes, zelfs muziek. In de ogen van de wereld een goed zakenman en een voorzichtig katholiek, drukte hij slechts ogenschijnlijk ordonnanties en schriften tegen Luther, en waagde hij zich zelden aan de dubbelzinnige Erasmus. Nochtans drukte hij in het geheim talrijke Lutherse teksten.

Het is bekend dat in 1526 bij Jacob van Liesveldt te Antwerpen de eerste volledige Bijbel in het Nederlands verscheen. Deze vertaling was naar Luther's Duitse uitgave voor zover die toen klaar was en de rest naar de Vulgata. Het is deze belangrijke uitgave die later de reformatorische Bijbel zal worden en die de drukker in 1545 het hoofd zal kosten. Vorsterman, die het financiële voordeel inzag van de groeiende vraag naar Bijbels, was voorzichtiger en wellicht beter zakenman. Hij vermeldt uitdrukkelijk op zijn uitgaven van 1528 en 1529: *ghecorrigeert nae den Latijnschen text, soe die heylighe Roomsche Kercke dat houdt*... Geen twijfel nopens de Vulgata-inspiratie; maar de werkelijkheid van deze Bijbel is echter ingewikkelder. In 1546 komt hij, door de niet steeds orthodoxe vertaling, op de lijst van verboden boeken te staan. Wat de Vorsterman-Bijbels zo aantrekkelijk maakt, wellicht de mooiste uit de 16de eeuw, zijn de houtsneden van Jan Swart en Lucas van Leyden. Alhoewel voor het grootste gedeelte weinig origineel – zij gaan terug op de Liesveldt en dus op de Wittenberger Bijbel van 1523 – munten deze toch uit door soepelheid van lijn en spontaniteit.

J. M.

As far as the number of editions they printed is concerned, Willem Vorsterman and Michiel Hillen van Hoochstraten are the most important printers of the period being considered here. Vorsterman, extremely active between 1505/6–1543 as a printer, book-dealer and publisher, was a man with international connections. From a cursory examination of the list of some four hundred known printed editions by him it is apparent that he printed a bit of everything in all the most important languages of his time: religious literature alongside chapbooks, school books and elevated tracts, official communications and suspect literature; even music. For if in the eyes of the world he was a good business man and cautious Catholic – printing as it seemed nothing but decrees and anti-Luther writings, and seldom venturing to print such ambiguous authors as Erasmus – in secret he printed numerous Lutheran texts.

The first complete Bible in Dutch was published by Jacob van Liesveldt at Antwerp in 1526. The translation was based on Luther's German text as far as it was ready, the rest being a translation of the Vulgate. It was this important edition which was to become the Reformation Bible and which would cost its printer his head in 1545. Vorsterman, who perceived the financial benefit to be gained from the growing demand for Bibles, was both more careful and, perhaps, a better businessman: in his editions of 1528 and 1529 he states explicitly that they are *corrected against the Latin text, as observed by the Roman Church*. The part played by the Vulgate is not in question, but the truth about this Bible is more complex, and because of its not uniformly orthodox translation it eventually found itself on the Index of proscribed books in 1546. What makes the Vorsterman Bibles so attractive – possibly the most beautiful to be produced during the 16th century – is the woodcuts by Jan Swart and Lucas van Leyden. Although they show little in the way of originality – they have their roots in the Van Liesveldt edition and hence in the Wittenberg Bible of 1523 – they nevertheless excel in their flowing lines and spontaneity.

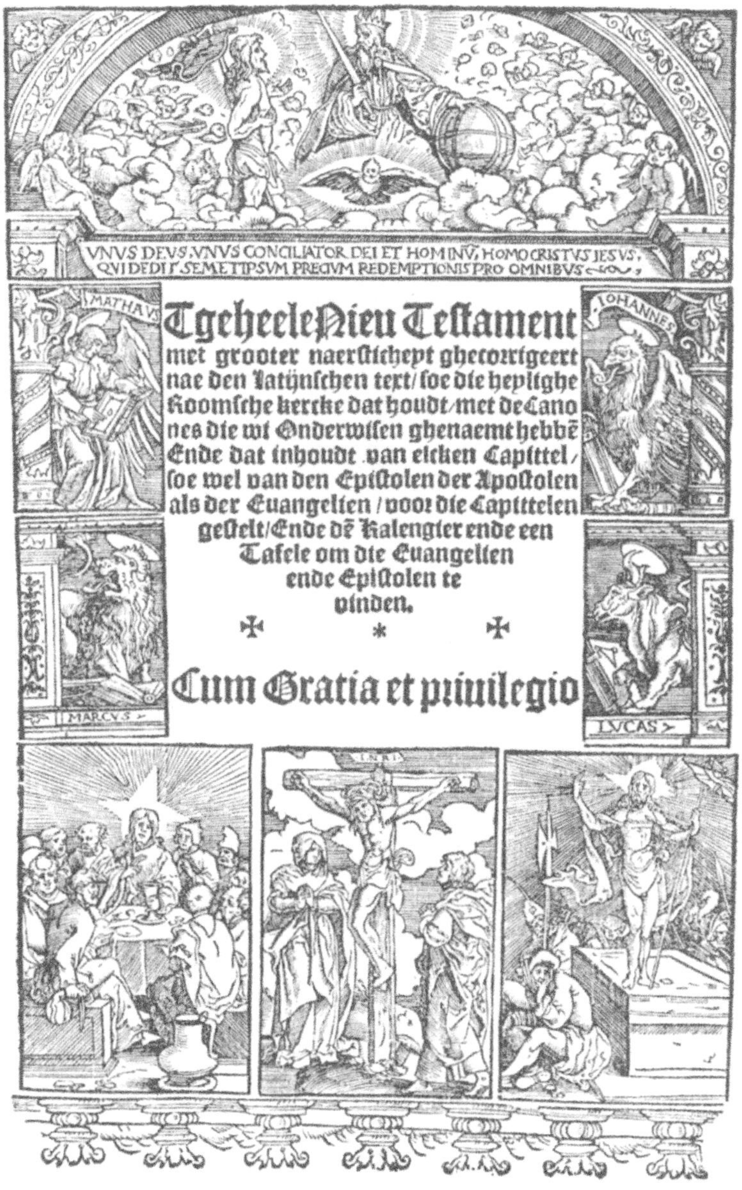

VNVS DEVS. VNVS CONCILIATOR DEI ET HOMINV. HOMO CRISTVS JESVS.
QVI DEDIT SEMETIPSVM PRECIVM REDEMPTIONIS PRO OMNIBVS

MATHAVS

IOHANNES

Tgeheele Nieu Testament
met grooter naersticheyt ghecorrigeert
nae den Latijnschen text/ soe die heylighe
Roomsche kercke dat houdt/ met de Cano
nes die wi Onderwisen ghenaemt hebbē
Ende dat inhoudt van elcken Capittel/
soe wel van den Epistolen der Apostolen
als der Euangelien/ voor die Capittelen
gestelt/ Ende dē Kalengier ende een
Tafele om die Euangelien
ende Epistolen te
vinden.

Cum Gratia et priuilegio

MARCVS

LVCAS

I.N.R.I.

verkleind / reduced

DET NY TESTAMENTE

ANTWERPEN, WILLEM VORSTERMAN, 1529

[NK 412–NAT, IMPRESSIONS DANOISES, II, 5]

Tussen 1529 en 1531 verschenen te Antwerpen een elftal boeken in het Deens. Zij zijn gedrukt in een typografisch materiaal, dat verwantschap vertoont met dat van Vorsterman en worden bijgevolg aan hem toegeschreven. Onder deze boeken is een Nieuw Testament, een Psalmenbundel en wat Lutherteksten, alles vertaald door de Deense schrijver Christiern Pedersen. Deze laatste waagde zich ook aan de drukkunst, liet reeds te Parijs in 1518 een deeltje uit de Bijbel in het Deens drukken en richtte tenslotte, vermoedelijk met de hulp van Vorsterman, in Malmö een drukkerij op.

J. M.

Between 1529 and 1531 eleven books in Danish were printed in Antwerp. They are printed in types reminiscent of those used by Vorsterman and are for that reason attributed to him. Among them are a New Testament, a collection of Psalms and a number of texts by Luther, all translated by the Danish writer Christiern Pedersen. Pedersen also ventured into the field of printing, had a short section of the Bible printed in Danish in Paris as early as 1518, and finally, probably with help from Vorsterman, set up a printing house in Malmö.

Gudz ord bliffuer til ewigh tid Esaie xl capittel

Jeg er en god hyrde / oc kender mine faar / och mine faar kende mig Joan x

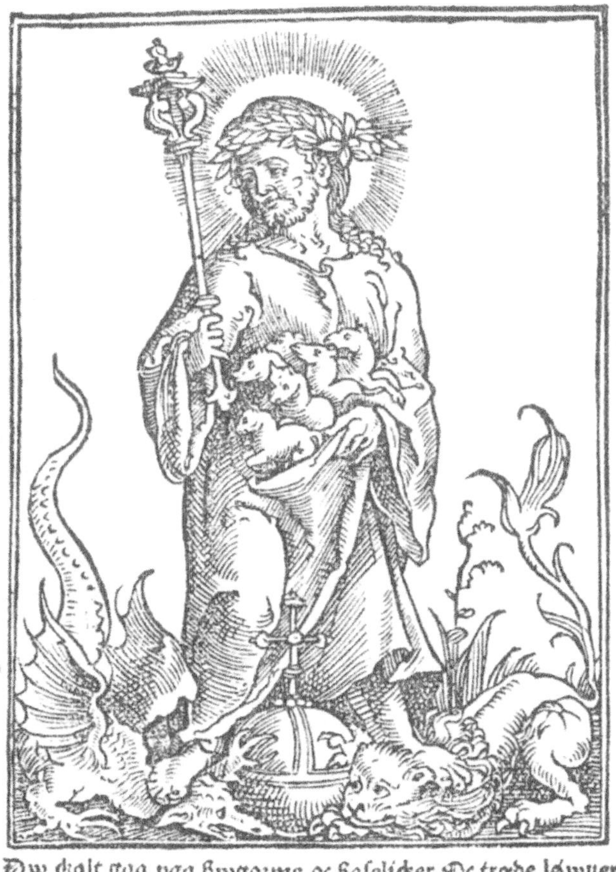

Jeg er en god hyrde / En god hyrdd udsetter sit liff faar sine faar Joan x

Dw skalt gaa paa hwgorme oc baselisker De trede løwuer
och drager vnder dine føder Psalm xci capittel

DIE WONDERLIJCKE OORLOGHEN VAN MAXIMILIAEN

ANTWERPEN, WILLEM VORSTERMAN, CA. 1531

[NK 1626–NAT XXXV, 215]

De geschiedenis van de oorlogen van Maximiliaan is een goed historisch werk en geenszins, zoals het woordje wonderlijk zou doen vermoeden, een gefingeerd verhaal. De auteur is onbekend, maar volgens de berichtgeving moet het iemand geweest zijn die goed op de hoogte was van de gebeurtenissen. Het werk kwam tot stand tussen 1519 en 1531, de vermoedelijke datum van het drukken. Het moet ongeveer gelijktijdig verschenen zijn met *Die excellente Cronike van Vlaenderen* van 11 juli 1531, waar het verwantschap mee heeft, o.m. door enkele gemeenschappelijke illustraties. De afbeelding toont duidelijk aan hoe uitvoerig en aardig het boek geïllustreerd is. Zoals Johanna Maria van Winter het zo uitstekend schrijft in de heruitgave van 1957: *Het is een bloemlezing van houtsneden uit bijna alle geïllustreerde geschiedverhalen die als incunabelen of postincunabelen in de Nederlanden zijn verschenen.* Voegt men daarbij nog de kopieën naar de Theuerdank en naar enkele Franse platen, dan heeft men een goed idee van de variëteit en de aantrekkelijkheid van dit zeldzame werk.

J. M.

The story of the wars of Maximilian is a piece of historical writing and not at all, as the word "wonderlijcke" (marvellous, wonderful) might suggest, a work of fiction. The identity of the author is not known, but to judge by his reporting he must have been someone well informed about what happened. The work was written sometime between 1519 and 1531, the probable year of printing, and must have appeared more or less at the same time as *Die excellente Cronike van Vlaenderen* of 11 July 1531, to which it is in some ways similar (the two works have some illustrations in common, for example). The reproduction shows well how copiously and attractively the book is illustrated. As Johanna Maria van Winter so well described it in the reissue of 1957: "It is an anthology of woodcuts from virtually every illustrated history to have appeared in the Netherlands as an incunabulum or post-incunabulum." If we add the copies of the Theuerdank and various French plates, we have a good idea of the variety and attraction of this rare work.

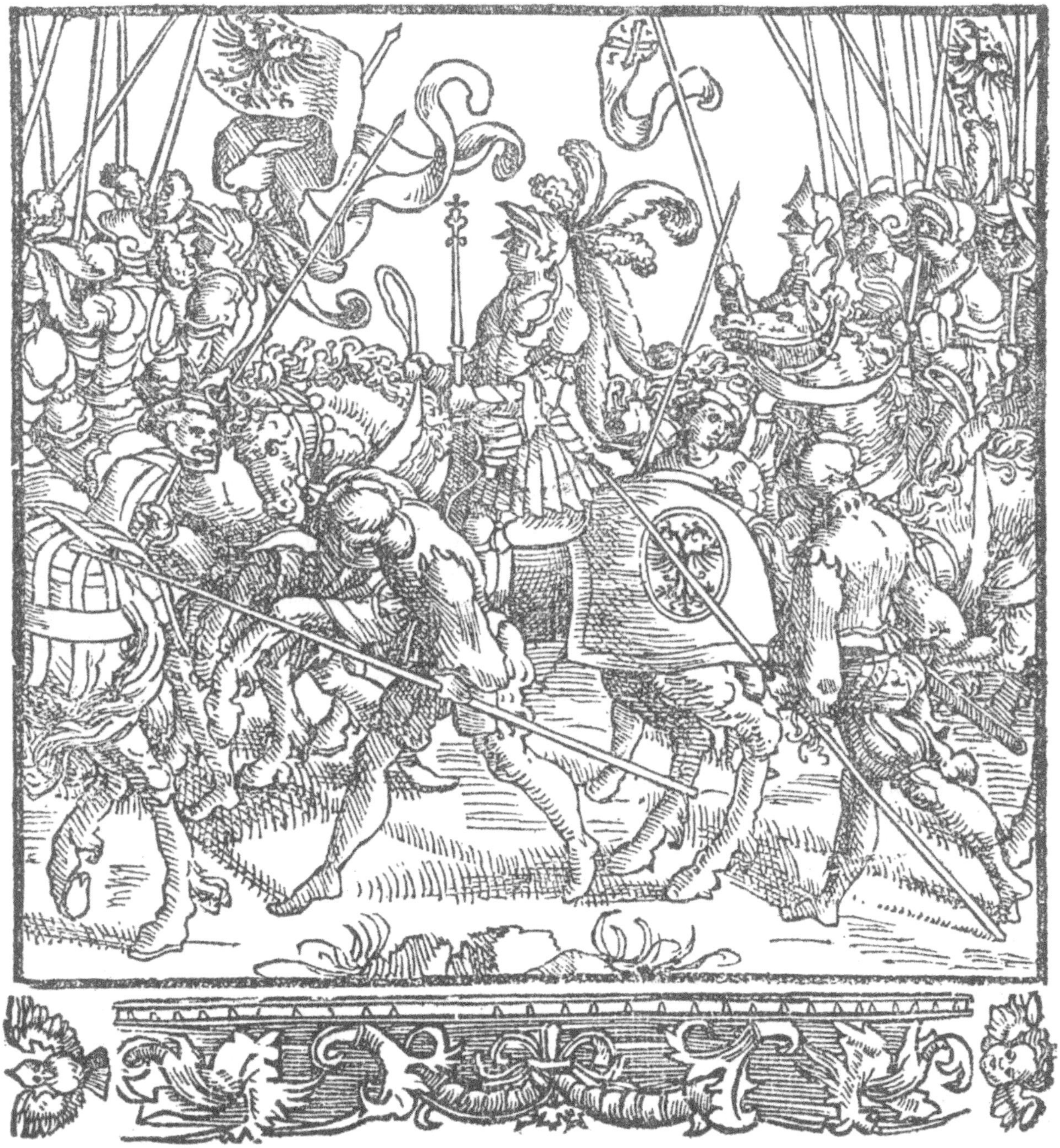

ULENSPIEGHEL

ANTWERPEN, MICHIEL HILLEN VAN HOOCHSTRATEN, CA. 1519

[NK 2088–NAT XXIV, 102]

Als drukker, boekhandelaar, uitgever en boekbinder was Michiel Hillen van Hoochstraten werkzaam te Antwerpen van 1506 tot 1546. Hij publiceerde meer dan 500 werken. Zijn produktie is van een grote verscheidenheid: werken van humanisten, zoals van Latomus, Barlandus, Erasmus, worden afgewisseld met almanakken, met verzamelingen van costumen met keizerlijke edicten, met het eerste boek dat in de Nederlanden verscheen tegen Luther en, paradoxaal genoeg, met Lutherse uitgaven onder zijn eigen naam of onder dekmantel. Een groot aantal van deze boeken zijn geïllustreerd met houtgravures door Jan Swart en Dirk Vellert of ontleend aan de illustraties van de incunabelen, of nog gekopieerd van Holbein of van Franse graveurs. Na 1519 drukte Michiel Hillen, op het adres "In de Rape," een volksboek dat ondertussen uiterst zeldzaam geworden is, de *Ulenspieghel*. Het enige exemplaar dat op dit ogenblik bekend is, behoort aan de Koninklijke Bibliotheek van Kopenhagen. De avonturen van deze geestige en ondeugende Duitse boerenzoon, die misschien geleefd heeft in de 14e eeuw, werd geschreven in het Nederduits, tussen 1483 en 1500, in de omgeving van Braunschweig, een Hanzestad die rechtstreekse handelsrelaties met onze streken onderhield. De oudste Nederlandse druk van Uilenspiegel verscheen te Antwerpen, enkele jaren na de Duitse editie door Johann Grüninger van Straatsburg in 1515 en vóór de Keulse uitgave van Servas Kruffter (circa 1531?). De drukker schijnt een op dit ogenblik verloren Duitse handschrift of druk, ouder dan de Grüninger uitgave, gebruikt te hebben voor zijn vertaling in het Nederlands. De houtsneden van de Hillen uitgave doen smakelijk volks aan; ze zijn gegraveerd in een ietwat rustieke stijl, maar blijven pittoresk en levendig. Het frontispies stelt de vader van Uilenspiegel voor, samen met zijn zoon rijdend op een muilezel. Op de halster ziet men een spiegel en een uil. De uil en de spiegel, die men ook onder het colophon op de laatste bladzijde terugvindt zijn natuurlijk een allusie op de naam van de held van het verhaal. A. R.

Printer, bookseller, publisher and bookbinder, Michiel Hillen van Hoochstraten was active in Antwerp from 1506 until 1546 and published over five hundred works, on his own account and for other publishers both at home and abroad. His list of titles is one of extreme diversity: writings by humanists such as Latomus, Barlandus and Erasmus appeared alongside almanacs, anthologies of customs, imperial ordinances, the first anti-Luther book to be printed in the Low Countries and, paradoxically, heretical works published either under his own name or under the cover of anonymity or fictitious addresses. A large number of these books are illustrated with woodcuts engraved by Jan Swart and Dirk Vellert, borrowed from incunabula, or copied by Holbein and French engravers. Sometime after 1519 Michiel Hillen van Hoochstraten printed "In de Rape," (At the sign of the turnip) a popular illustrated book which is now extremely rare (the only copy known to have been preserved belongs to the Royal Library at Copenhagen). This was *Ulenspieghel*, the account of the adventures of a facetious and wily German peasant who may have lived in the fourteenth century. At some time between 1483 and 1500 the story was put into Low German somewhere in the region of Braunschweig, a Hanseatic city with commercial connections with the Low Countries. So it was that the earliest known Dutch version of Owlglass appeared at Antwerp, not long after the German edition by Johann Grüninger, published at Strasburg in 1515, and before the Cologne edition by Servas Kruffter (about 1531?). It would seem that for his translation the printer used a German text, manuscript or printed but now lost, which antedated the Grüninger edition. The woodcuts which illustrate Michiel Hillen's edition have a popular and racy verve and are engraved in a slightly unpolished but attractive and lively style. The frontispiece shows Owlglass's father riding a mule with his son perched on its buttocks. The animal carries a looking-glass with an owl sitting on it, clearly an allusion to the hero's name. This also appears in the colophon.

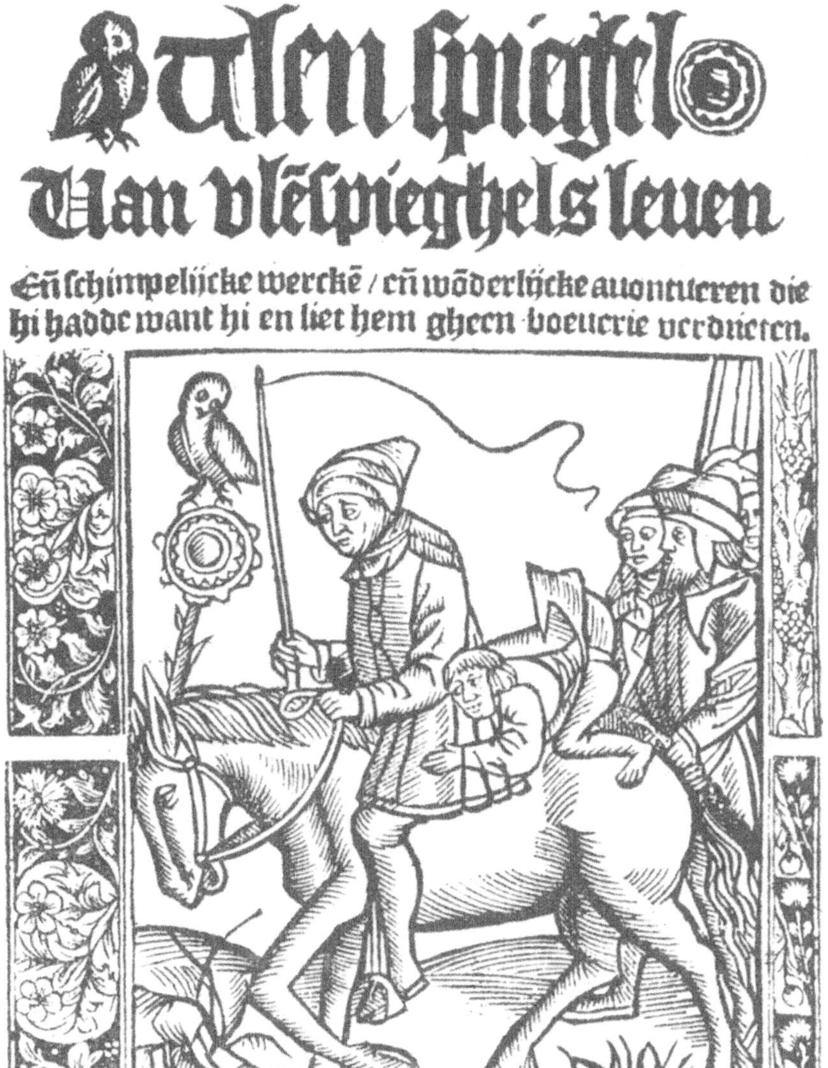

Ulen spieghel
Van vlẽspieghels leuen
Eñ schimpelijcke werckẽ / eñ wõderlijcke auontueren die hi hadde want hi en liet hem gheen boeuerie verdrieten.

JOANNES LUDOVICUS VIVES, DE CONCORDIA & DISCORDIA IN HUMANO GENERE AD CAROLUM V CAESAREM LIBRI QUATTUOR

ANTWERPEN, MICHIEL HILLEN VAN HOOCHSTRATEN, 1529

[NK 2163–NAT XIII, 49]

De Spaanse humanist Johannes Luis Vives (Valencia 1492–Brugge 1540) studeerde te Parijs, doceerde te Leuven en daarna van 1523 tot 1527, te Oxford waar hij koningin Katharina van Aragon en prinses Mary onderwees. Toen hij, tegen Hendrik VIII, de verdediging van de koningin opnam naar aanleiding van hun echtscheiding, werd hij ontslagen. Hij verliet Engeland en vestigde zich te Brugge. Als opvoedkundige, als psycholoog en als christelijk filoloog, verdiepte Vives zich in de sociale problemen van zijn tijd. Aldus verscheen bij Michiel Hillen te Antwerpen, de eerste editie van zijn geschrift over *De eendracht en tweedracht van het menselijk geslacht.* Dit werk werd opgedragen aan Keizer Karel. Een frontispies bestaande uit vier houtsneden verlucht de titelpagina. De Vrede wordt gesymboliseerd door paren die in een rustig door de zon en de maan verlicht landschap wandelen. De Oorlog wordt weergegeven door strijdtaferelen te land en ter zee, evenals door brandende gebouwen, oplichtend tegen een achtergrond van een donkere onweerachtige hemel. Aan de buitenzijde van de titelomlijsting bemerkt men, op twee voetstukken, de allegorische figuren van Mars en van de Naastenliefde. Deze harmonische en verbeeldingsrijke titelprent wordt toegeschreven aan de voortreffelijke Nederlandse graveur Jan Swart.

A. R.

The Spanish humanist Juan Luis Vives (b. Valencia 1492, d. Bruges 1540), having completed his studies in Paris, taught for a time in Louvain before going to Oxford in 1523. He remained there until 1527, becoming lector to the queen, Catherine of Aragon, and tutor to Princess Mary; disgraced for having taken up the defence of the queen against Henry VIII at the time of their divorce, he left England to settle in Bruges. A Christian educationalist, psychologist and philosopher, Vives took an interest in the social problems of his day. It was at Antwerp, by Michiel Hillen van Hoochstraten, that the first edition of his treatise *De concordia & discordia in humano genere*, dedicated to Charles V, was published. A frontispiece composed of four woodcuts decorates the title-page. Concord is symbolized by couples strolling in a serene landscape lit by the sun and the moon. Discord is represented by battles on land and at sea, with raging fires blazing under a stormy sky. The allegorical figures of Mars and Charity stand on pedestals in the vertical sections of the border. This decoration, as harmonious as it is evocative, has been attributed to the excellent Dutch engraver Jan Swart.

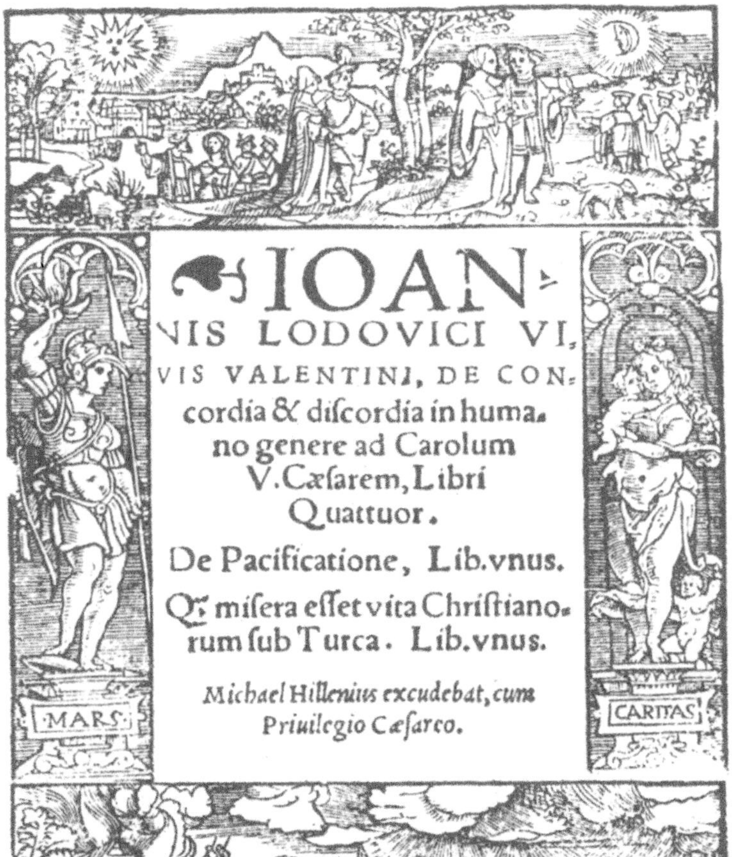
IOAN-
NIS LODOVICI VI-
VIS VALENTINI, DE CON-
cordia & diſcordia in huma-
no genere ad Carolum
V. Cæſarem, Libri
Quattuor.
De Pacificatione, Lib. vnus.
Q̃ miſera eſſet vita Chriſtiano-
rum ſub Turca. Lib. vnus.
Michael Hillenius excudebat, cum
Priuilegio Cæſareo.

DE TRIUMPHELICKE GHEREESCHAPPEN ENDE ORDINANCIE VANDER INCOMSTE DER KEYSERLIKER MAIESTEYT CAROLO V IN DE STADT VAN NAPELS...

ANTWERPEN, MICHIEL HILLEN VAN HOOCHSTRATEN, 1536

[NK 1163–NAT XIX, 85 (= 84)]

Na zijn succesvolle expeditie in Tunis, ontscheepte Keizer Karel in het Koninkrijk Napels en Sicilië, dat hij geerfd had van zijn moeder, Johanna de Waanzinnige. Hij bezocht deze landsgedeelten voor de eerste maal. Op 25 november 1535 hield hij zijn blijde inkomst in Napels. Het jaar daarop volgend, in 1536, publiceerde Michiel Hillen in het Nederlands het relaas van de stoet en van de triomfbogen en van de allegorische, mythologische, en historische standbeelden die opgesteld werden langs de weg die de keizer en zijn gevolg volgden. De publikatie wordt geïllustreerd door een frontispies, in hout gesneden, dat een triomf uit de oudheid weergeeft. In een bebost landschap rijden een jonge gekroonde vrouw en een meisje, dat door haar bij de schouder wordt genomen, op een paraderijtuig getrokken door een mythologische vogel. Beiden brengen een groet met de rechterarm. Zij worden vergezeld door in het lang geklede vrouwen. Het juiste perspectief, de duidelijke compositie, de vlotte tekening, de bevallige slanke vrouwenfiguren, gekleed in renaissancedracht, maken van deze bekoorlijke houtsnede een waardige tegenhanger van de beroemde Italiaanse illustraties van het Quattrocento en van het eerste kwart van de 16e eeuw.

A. R.

Not long after the triumphant expedition to Tunis, Emperor Charles V embarked for the kingdom of Naples and Sicily, which he had inherited from his mother Joan the Mad and was visiting for the first time. He made his Joyous Entry into the city of Naples on 25 November 1535. In 1536 Michiel Hillen published in Dutch a description of the procession and the triumphal arches and allegorical, mythological and historical figures which were erected along the route taken by the sovereign and his entourage. The tract is illustrated with a frontispiece cut in wood depicting a triumph in classical style. In a wooded place a young woman, crowned and with her hand resting on the shoulder of a girl, is being pulled along on a ceremonial chariot by a fabulous bird. Both woman and girl acknowledge the crowd with their right hands raised. They are escorted by women in long gowns. By its perspective, the clarity of its composition and the flexibility of its design, coupled with the grace and slenderness of the feminine figures underlined by the Renaissance costume, this charming engraving reminds one of the Italian illustrations of the Quattrocento and the first quarter of the sixteenth century.

¶ De Triumphelicke gheree-
schapen ende ordinancie vander incomste der Key-
serliker Maiesteyt Carolo. V. inde stadt van Na-
pels met alle costelijcke sonderlingheyt van
triumphelicke boghen eñ antijckschen
beelden/ dWelck een seer schoon din-
ghen is om hooren.

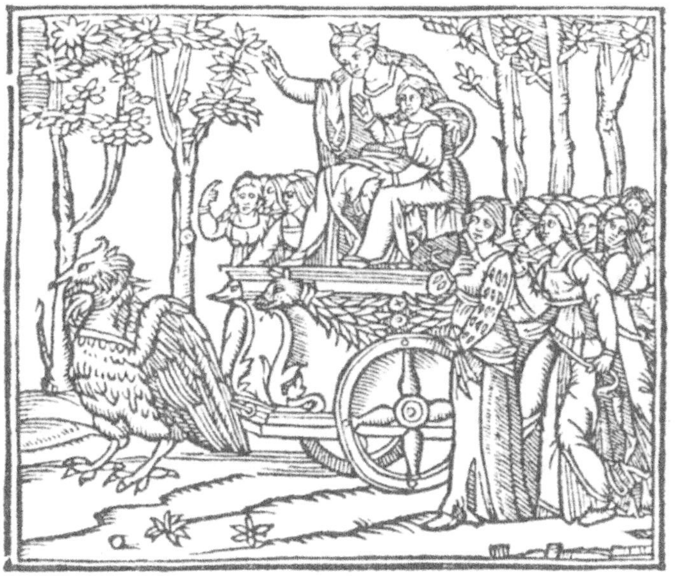

¶ Gheprint Thantwerpen in die Rape/ bi my
Michiel van hoochstraten. Anno.
M.D. ende. XXXVI.

verkleind/reduced

JASON PRATENSIS, DE TUENDA SANITATE LIBRI QUATUOR

ANTWERPEN, MICHIEL HILLEN VAN HOOCHSTRATEN, 1538

[NK 1753–NAT XII, 45]

Jason Pratensis, (of De Praet, Desprez, Van de Velde, Van der Weyden), leefde van 1486 tot 1558. Hij was de zoon van een geneesheer van Zierikzee, in Zeeland. Eerst was hij leerling, te Antwerpen, van de chirurg Martinus Hessels; daarna, in 1514, installeerde hij zich als geneesheer in zijn geboortestad. In 1538 werkte hij te Veere waar hij de hofchirurg was van Maximiliaan van Bourgondië, heer van Veere. Aan deze laatste droeg hij zijn geneeskundig tractaat *De tuenda sanitate*... op. De voorrede van dit werk werd geschreven door de broer van de auteur, Lievinus Pratensis, ook een geneesheer. De druk werd toevertrouwd aan Michiel Hillen van Antwerpen die reeds andere teksten van Jason Pratensis had gepubliceerd, o.m. zijn tractaat *De uteris* in 1524 en in 1530 een dichtbundel, opgedragen aan zijn vader Thomas Pratensis. De titelpagina van dit medisch werk is versierd met een merkwaardig portret van Jason Pratensis, gegraveerd op hout door een onbekend gebleven kunstenaar. In een architecturale titelomlijsting in renaissance-stijl, die de datum van 1538 draagt, poseert de geneesheer, weergegeven als een buste, terwijl zijn handen rusten op de kant van de vensterbank. Zijn krulharen verschijnen van onder zijn baret. Een machtige nek, een gelaat zonder veel schoonheid, zeer breed, met zwaar geaccentueerde vlakken kenmerken dit portret; zonder de ernstige uitdrukking van de mond en de scherpe blik zou het bijna een karikatuur zijn.

A. R.

Jason Pratensis (or De Praet, Desprez, Van de Velde, Van der Weyden) lived from 1486 to 1558; he was the son of a physician of Zierikzee in Zeeland. Having been a pupil in Antwerp of the chirurgeon Martinus Hessels, in 1514 he established himself as a physician in his native town. In 1538 he was working at Veere, where he was the official doctor to Maximilian of Burgundy, Lord of Veere, to whom he dedicated his medical treatise *De tuenda sanitate* ... The preface to this book had been written by the author's brother Lievinus Pratensis, who was also a doctor. The printing was entrusted to Michiel Hillen of Antwerp, who had already printed other texts by Jason Pratensis: his treatise *De uteris* in 1524 and in 1530 a collection of poems dedicated to his father Thomas Pratensis. The title-page of this medical manual is embellished with a remarkable portrait of Jason Pratensis engraved in wood by an artist who has remained anonymous. In an architectural border in the Renaissance style with the date 1538, the doctor poses with his head and shoulders visible in the window and his hands resting on the sill. His curly hair appears from under a toque. A bull-necked figure, he has a face devoid of beauty, extremely broad and with a pronounced double chin. These features would be almost a caricature without the grave expression of the mouth and the piercing gaze.

D·IASONIS
PRATENSIS MEDICI
DE TVENDA SANITATE
Libri quatuor.

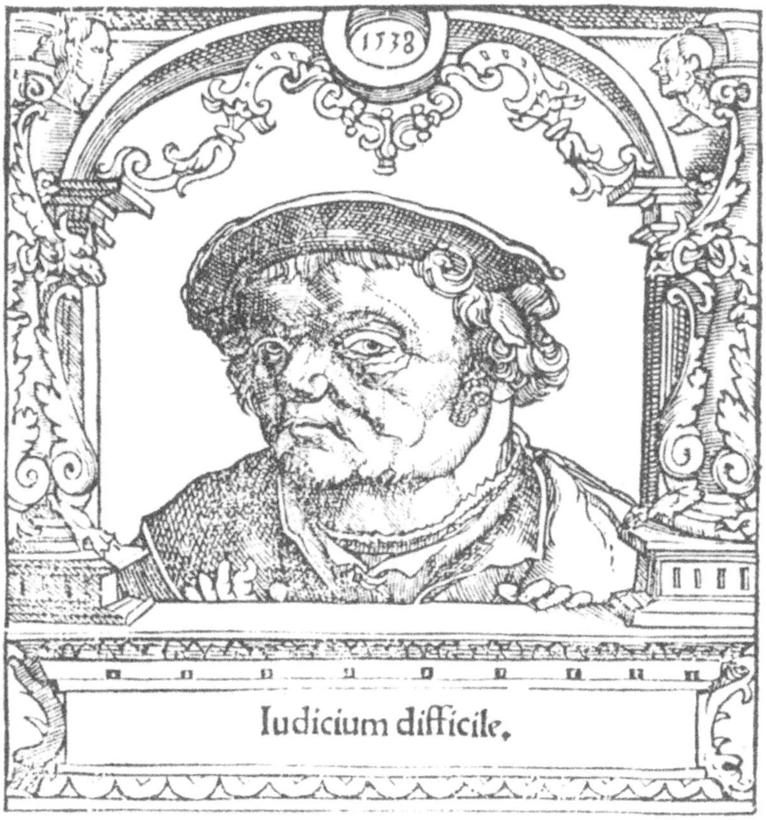

Antuerpiæ ex officina Michaelis Hillenij,
Anno M. D. XXXVIII.
Mense Octobri.

COUSTUMES & USAIGES DE ... VALLENCHIENNES

ANTWERPEN, MICHIEL HILLEN VAN HOOCHSTRATEN VOOR JEHAN PISSART, BERGEN, 1540

[NK 633–NAT VI, 23]

Bij edict van 7 oktober 1531, beval Keizer Karel het gewoonterecht der gemeenten van de Nederlanden, die tot dan toe niet zelden slechts mondeling waren overgeleverd, schriftelijk vast te leggen en aan de goedkeuring van de regering te onderwerpen. Het was de eerste stap naar de eenmaking van het gewoonterecht in de Nederlanden. De costumen van Valenciennes werden goedgekeurd op 12 april 1534. Zij werden voor Jehan Pissart, uitgever en boekhandelaar te Bergen van 1525 tot 1544, gedrukt door Michiel Hillen. In 1535 had hij reeds de costumen van Ieper, van Mechelen, van Bergen en van Henegouwen gepubliceerd. Over de volle bladzijde van het verso van de titel komt een houtgravure voor, met veel smaak en zorg gegraveerd, waarin Keizer Karel en zijn raad afgebeeld staan in een medaillon samengesteld uit de keizerlijke wapens en die van de Henegouwse gemeenten. Onder een baldakijn, bekleed met de attributen van de macht, troont de keizer; twaalf raadsheren in rijke renaissance gewaden met een gevarieerde doch steeds ernstige uitdrukking, omringen hem; op het voorplan is een griffier afgebeeld. De houtsnede draagt de datum van 1535. Zij komt inderdaad reeds voor in de frontispiesen van de costumen van Bergen en die van Henegouwen die precies in dat jaar de persen van Hillen verlieten.

A. R.

As the first step towards the standardization of customary law in the Low Countries, Emperor Charles V ordered by an edict of 7 October 1531 that the local customs of the towns be put into writing (they had hitherto been an oral tradition) and submitted to the government for approval. The customs of Valenciennes were homologated on 12 April 1534. It was for Jehan Pissart, a publisher and bookseller at Mons from 1525 to 1544, that Michiel Hillen printed the *Coustumes et usaiges de Vallenchiennes*. He had already published, in 1535, the customs of Ypres, Malines, Mons and Hainaut. The verso of the title-page is illustrated with a full-page woodcut executed with great finesse and competence. Within a medallion composed of the arms of the emperor and those of the towns of Hainaut, we see Charles V presiding over a meeting of his council. The emperor is seated on a throne under a canopy, holding the symbols of his power. He is surrounded by twelve councillors in rich Renaissance costume, seated in various expressive attitudes. In the foreground, a clerk is at his work. The engraving bears the date 1535; and indeed it is to be found in the editions of the customs of Mons and Hainaut which left Michiel Hillen's presses in that year.

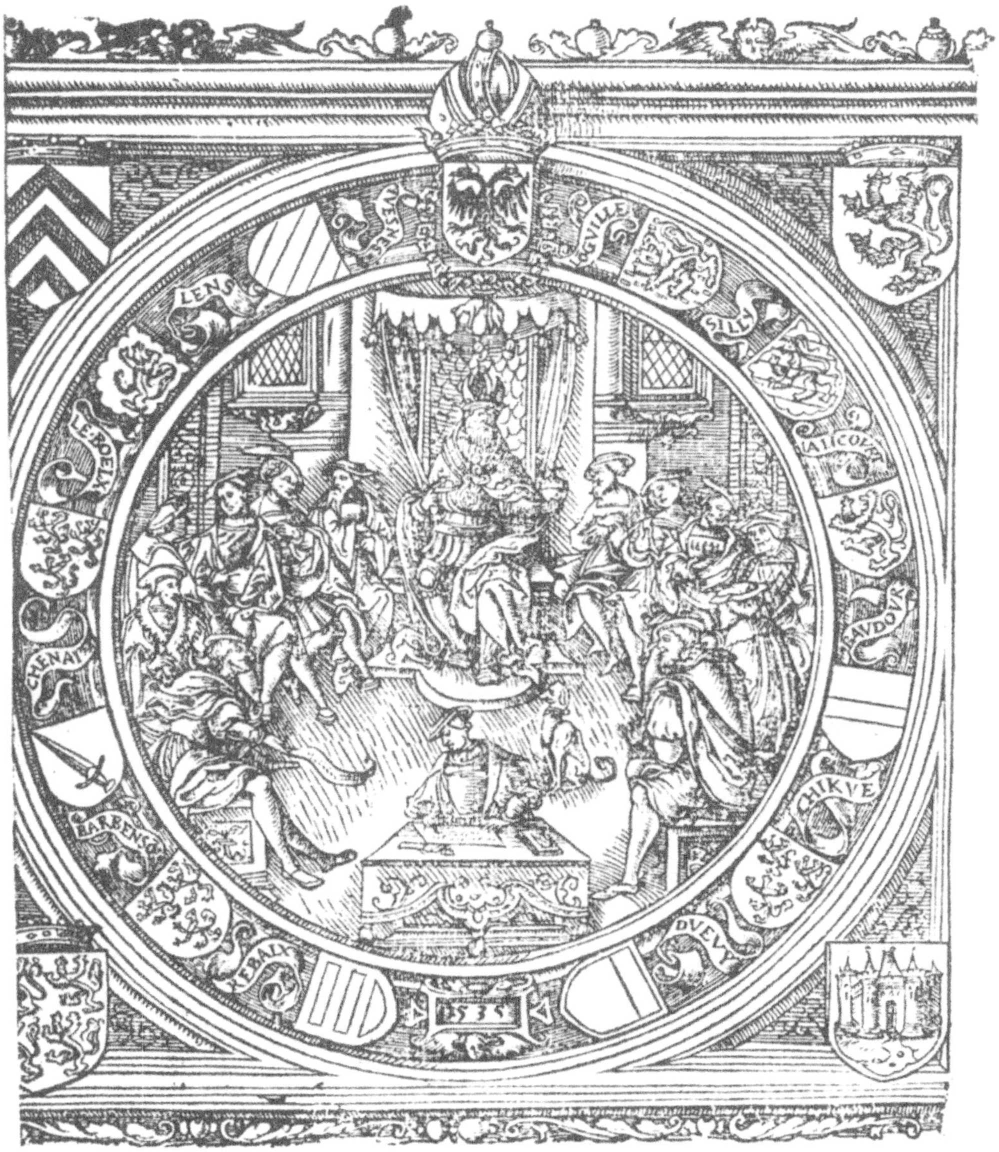
LENS
LE ROELX
CHIKVE
DVEVY
BAVDOVR
1535

BERNARDUS LUTZENBURGENSIS, COMPENDIUM SERMOCIONATORIUM IN PRECONIO DIVE ANNE GENITRICIS MARIE...

ANTWERPEN, JAN LETTERSNIJDER, CA. 1506

[NK 296–NAT II, 6]

Jan Lettersnijder was blijkens zijn bijnaam "Dingelsche" Engelsman van oorsprong; hij werkte te Antwerpen als drukker en lettersnijder van ongeveer 1500 tot 1529. Hij publiceerde een 20-tal gebedenboeken en muntevaluaties. Waarschijnlijk heeft hij niet alleen zijn letters gesneden maar ook de houtsneden die zijn uitgaven versieren; althans indien men zich laat leiden door het monogram ID, dat voorkomt in de bovenste omraming van de illustratie van het *Compendium*, dat de Heilige Maagd voorstelt met Sint Anna en het Kindje Jesus. De illustratie, voorkomend op het verso van de laatste bladzijde, toont ons de Heilige Maagd staand op de maansikkel en de duivel vertrappend; in haar armen het Kindje Jesus die zij ter aanbidding toont aan geestelijke en wereldlijke dignitarissen. Jesus is gekeerd naar de geknielde Heilige Bernardus aan wie hij een rozenkrans aanbiedt. De houtsnede herinnert ons aan het werk van de beroemde meester van de Delbecq-Schreiber Passie door zijn directe en aaneengesloten snit die de vormen omschrijft in een contrast tussen licht en donker, door het gedrongen karakter van de compositie, door de intensiteit van de gelaatsuitdrukking en door vlotheid van de houdingen.

A. R.

Jan Lettersnijder, *of English extraction* as his sobriquet Dingelsche indicates, worked at Antwerp as a printer and punch-cutter from about 1500 until 1529. He published some twenty books of devotion and valuta books. It would seem that he not only cut his own types but also engraved the woodcuts which adorn his editions, if we are to place any reliance on the monogram ID which appears three times in the upper border of the illustration in the *Compendium* of the Virgin, St. Anne and the infant Jesus. The illustration decorating the verso of the last leaf shows the Virgin with the crescent moon at her feet, treading Satan underfoot. In her arms she holds the infant Jesus for the adoration of ecclesiastical dignitaries and laics. Jesus leans towards St. Bernard, kneeling, and gives him a chaplet. The piece is reminiscent of the work of the celebrated Master of the Passion of Delbecq-Schreiber in the bold and close hatching which gives the figures roundness by creating oppositions of light and shade, in the somewhat elaborate nature of the composition, and in the intense expression of the faces and eloquence of the attitudes.

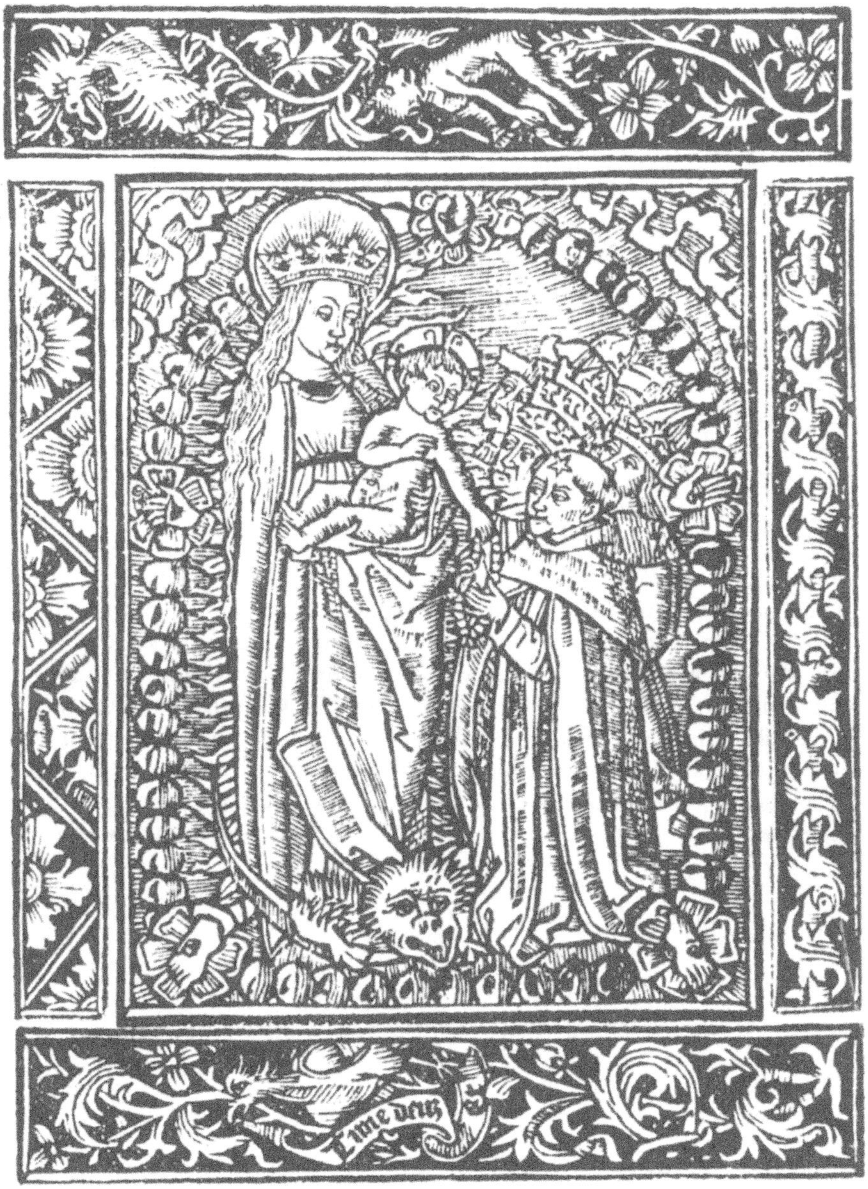

verkleind / reduced

JOHANNES DE KETHAM, FASCICULUS MEDICINE
ANTWERPEN, CLAES DE GRAVE, 1512
[NK 1223–NAT V, II]

Op 5 januari 1512 ontving Claes de Grave van de Raad van Brabant een privilege om als enige in Brabant gedurende 6 jaar een aantal niet bij name genoemde werken te drukken; het was het eerste privilege dat in de Nederlanden werd toegekend. Een van de werken die hierdoor tegen nadruk beschermd werden, is de *Fasciculus medicine*, waarvan hij de druk beëindigde op 26 mei 1512; in de colofon wordt uitdrukkelijk naar dit privilege verwezen. Dit werk is blijkbaar uit twee uitgaven samengesteld: het bibliografisch adres komt namelijk voor op het laatste blad van de voorlaatste katern.

Het is een verzameling van geneeskundige traktaten over zeer uiteenlopende onderwerpen: de "humores," het aderlaten, vrouwenziekten, heelkunde en de pest. Volgens de proloog werd het door Petrus Antonianus uit het Latijn in het Nederlands vertaald ter ere van de stad Antwerpen en ten gerieve van de gewone man. Het is het eerste geneeskundige handboek met een eigenlijke vakillustratie. In elk tractaat komt een grote houtsnede voor die het behandelde onderwerp aanschouwelijk voorstelt. Zo wordt op de hier gereproduceerde afbeelding duidelijk gemaakt onder welk teken van de dierenriem bepaalde aderlatingen of andere ingrepen al dan niet mochten worden uitgevoerd.

L. V. D. B.

On 5 January 1512 the Council of Brabant granted Claes de Grave a privilege whereby he was to be the only person in Brabant allowed to print certain unnamed works for the following six years. This was the first privilege ever to be granted in the Low Countries. One of the works which were thereby protected against unauthorized copying was the *Fasciculus medicine*, the printing of which De Grave finished on 26 May 1512; the colophon makes express reference to the privilege. This work has evidently been compiled from two editions: the colophon appears on the last leaf of the penultimate gathering.

The *Fasciculus medicine* is a collection of medical treatises on a wide range of subjects: the humours, blood-letting, women's diseases, surgery and the plague. According to the prologue it was translated into Dutch from Latin by Petrus Antonianus in honour of the city of Antwerp and for the benefit of the man in the street. It is the first medical handbook to have proper specialist illustrations. Each treatise includes a large woodcut which graphically presents the subject under discussion. In the illustration reproduced here, for example, it is made clear under which sign of the zodiac certain bleedings and other treatments may or may not be carried out.

Die tabule van die .xij. tekenẽ Zodiaci.

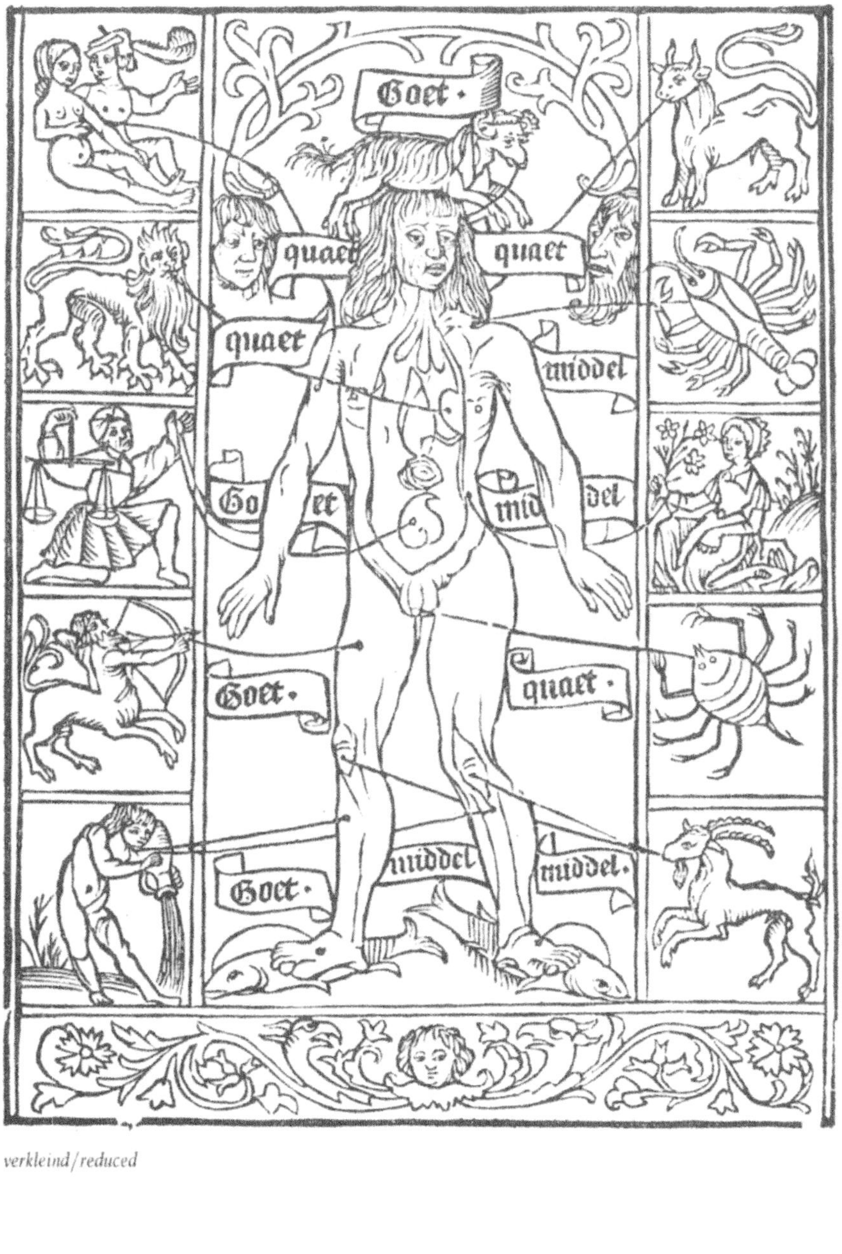

verkleind / reduced

MAXIMILIAAN I, HOUTSNEDEN

ANTWERPEN, JAN DE GHEET, 1515

[NK 1505 EN 3509–NAT IV, 4]

In februari 1515 deed prins Karel, de latere Karel V, zijn blijde intrede in Antwerpen. Om die gebeurtenis te gedenken liet Jan de Gheet in augustus van dat zelfde jaar een merkwaardig boek verschijnen. Hoewel we hem tussen 1509 en 1529 in archiefstukken meermaals als drukker vermeld vinden, is dit het enige werk dat ons van zijn produktie is overgebleven. Er bestaan twee uitgaven van, de ene met alle teksten in het Latijn, de andere met het eerste en het laatste blad in het Nederlands. Geen van beide heeft een eigenlijk titelblad.

Het werk is bedoeld als een hulde aan Maximiliaan en zijn kleinzoon. Het bevat een paar lofzangen, getoonzet door Benedictus de Opitiis met de vierstemmige muziek en de tekst in houtsnede, verder een ode aan Maximiliaan en vier fraaie houtsneden, twee met Maximiliaan, een met de jonge Karel en als vierde dit prachtige gezicht op Antwerpen. We zien hier de stad vanaf de andere oever; in het midden staat de nog onvoltooide toren van de kathedraal, daarrond ligt de stad met haar vele torens en merkwaardige gebouwen, op de voorgrond de Schelde met zijn drukke activiteit en boven dit alles twee engelen die een groet brengen aan de stad.

L. V. D. B.

In February 1515 Prince Charles, later to become Emperor Charles V, made his state entry into Antwerp. To commemorate this event Jan de Gheet published a rather remarkable book in August of that year. Although he is mentioned several times as a printer in archives between 1509 and 1529, this is the only known extant work printed by him. There are two editions, one with all the texts in Latin, the other with the first and last leaf in Dutch. Neither has a proper title-page.

The work is intended as a tribute to Maximilian and his grandson. It contains a few hymns of praise, set to music by Benedictus de Opitiis for four voices, with the music and text as woodcuts; and an ode to Maximilian and four fine woodcuts, two of Maximilian, one of the young Charles, and the fourth the magnificent view of Antwerp reproduced here. The city is seen from the other side of the river: in the middle stands the still unfinished cathedral tower, around it lies the city with its many towers and other remarkable edifices, and in the foreground the Scheldt flows by with all its bustle; and above all this fly two angels bringing a greeting to the city.

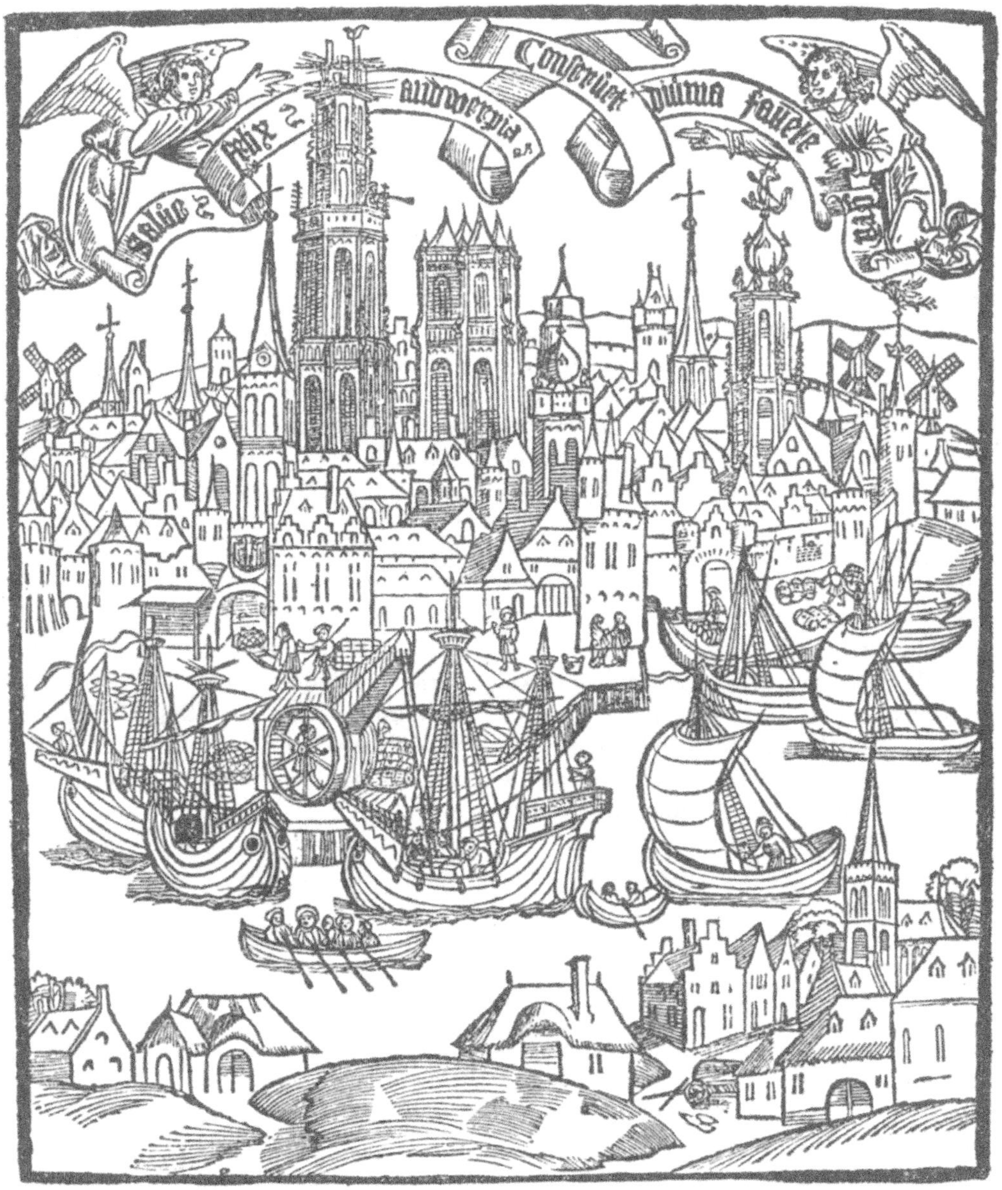

verkleind/reduced

NOVUM TESTAMENTUM

ANTWERPEN, JAN THIBAULT, 1525

[NK 341–NAT III, 10–13]

Deze uitgave van het Nieuwe Testament in de Latijnse vertaling van Hieronymus heeft op zichzelf weinig speciaals; het is de eerste (Gutenberg) en ook de meest gedrukte vertaling geweest. De reden waarom we het boek toch opnemen in deze bloemlezing is omwille van het lettertype waarin het gedrukt werd. Dit *zeer elegante type*, zoals Byrckman, Thibault's boekverkoper in Keulen, dit beschrijft, is inderdaad niet alleen elegant maar bovendien de eerste italic hier in onze gewesten ontstaan. Deze nieuwe letter, de italic of littera Aldina genoemd omdat zij eerst gebruikt werd door de voornaamste Venetiaanse drukker Aldus Manutius rond 1500/1501, is ook als een *zinnebeeld en kenmerk van nieuwe ideeën* te beschouwen. Vergeleken met de gotische letter, die nog de middeleeuwse geest weerspiegelt en waarin toen het grootste aantal boeken gedrukt werd, brengt de italic de Italiaanse renaissance tot uitdrukking. Een nieuwe geest die, zoals in de kunst, dus ook haar uitdrukking vindt in het gedrukte. Deze letter verspreidde zich snel over Europa en reeds in 1522 gebruikte Dirk Martens hem voor de eerste maal. Maar de twee varianten van de italic die men bij hem vindt zijn wellicht ingevoerd. Aan Jan Thibault komt de eer toe als eerste in de Nederlanden, in 1525, een italic ontworpen en gesneden te hebben.

J. M.

In itself there is nothing particularly special about this edition of the New Testament in St. Jerome's Latin translation, since the translation was not only the first (Gutenberg) but also the most frequently printed. The reason for its inclusion here is its type. A "very elegant type," as Thibault's bookseller in Cologne, Byrckman, describes it, it is indeed not merely elegant but also the first italic type to come from the Netherlands. This new type, called italic or littera Aldina because it was first used by the greatest of the Venetian printers Aldus Manutius in about 1500–1501, may also be regarded as an "emblem and blazon of new ideas." Compared with the gothic type, which still reflected the spirit of the Middle Ages and in which the majority of books were still printed, this italic type is the very expression of the Italian Renaissance: a new mind which thus found expression, as in art, so also in the printed page. This particular type spread rapidly through Europe: Dirk Martens used it as early as 1522. But the two varieties of italic to be found in his work may have been imported, and it is to Jan Thibault that credit is due for being the first person in the Netherlands, in 1525, to design and punch an italic fount.

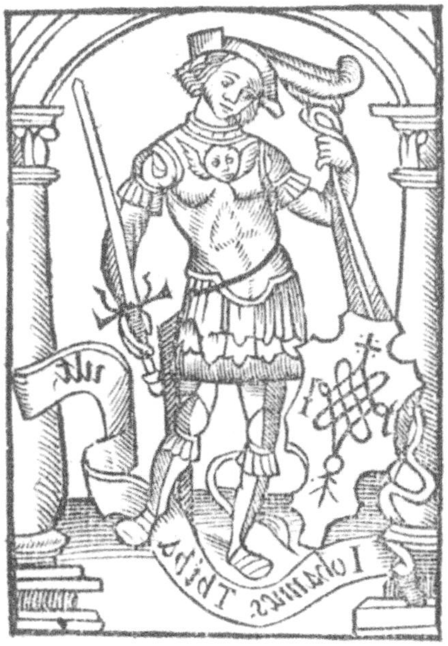

INDEX

gnum cælorum decem uirginibus, Sicut enim homo, Math 25 a

¶ In dedicatione ecclesiæ

Epist, Et ego Ioannes uidi sanctam ciuitatem, Et dixit mihi, Apoc, 21, a

Euã, Et ingressus, perambulabat, Hæc illis audientibus, Luc 19 a

¶ In sponsalibus

Epist, Nescitis quoniam corpora uestra &c. usq; ad finem capitis. 1. Corin 6 d

Euang. Et accedentes pharisæi, Et in domo, Marc. 10. a

FINIS INDICIS.

EXCVSVM HOC NOVVM Testamentum apud Io. Thibaldeum, qui & ipse huiusmodi Typos formauit.

AN. M. D. XXV.

DAT NIEUWE TESTAMENT

ANTWERPEN, JAN VAN GHELEN, 1525

[NK 383–NAT III, 22]

Jan van Ghelen, de stamvader van de verschillende drukkers van die naam, wordt reeds in 1517 "boeckprenter" genoemd. Toch dateert het eerste boek dat we van hem kennen pas uit 1519. Hij is dan te Antwerpen gevestigd in de Begijnenstraat in het huis Mathusalem en daar zal hij blijven wonen tot aan zijn dood in 1550. Zijn drukkersmateriaal had hij, tenminste voor een deel, gekocht van Henrick Eckert van Homberch; begin 1549 zal hij zijn hele atelier verkopen aan zijn gelijknamige zoon. Zijn weinig omvangrijke produktie was blijkbaar bestemd voor de gewone man en bevat haast uitsluitend Nederlandstalige godsdienstige werken, waaronder de in 1525 verschenen uitgave van *Dat Nieuwe Testament*, naar een vertaling van Erasmus. Een jaar later bezorgde hij een nieuwe druk, ditmaal naar een vertaling van Luther.

L. V. D. B.

Jan van Ghelen, the founder of a family of printers of that name, is mentioned as a "boeckprenter" (book printer) as early as 1517. The first book of his to have survived, however, dates from 1519, by which time he had a business in the Begijnenstraat in the house called Mathusalem. He was to live there until his death in 1550. He bought his equipment and materials, at least in part, from Henrick Eckert van Homberch; early in 1549 he sold his entire workshop to his son Jan. The relatively few works which he printed were evidently intended for the man in the street, and consist almost exclusively of Dutch vernacular religious works. Among these is the edition of the New Testament, based on a translation by Erasmus, which he published in 1525. A year later he produced a new edition, this time based on a translation by Luther.

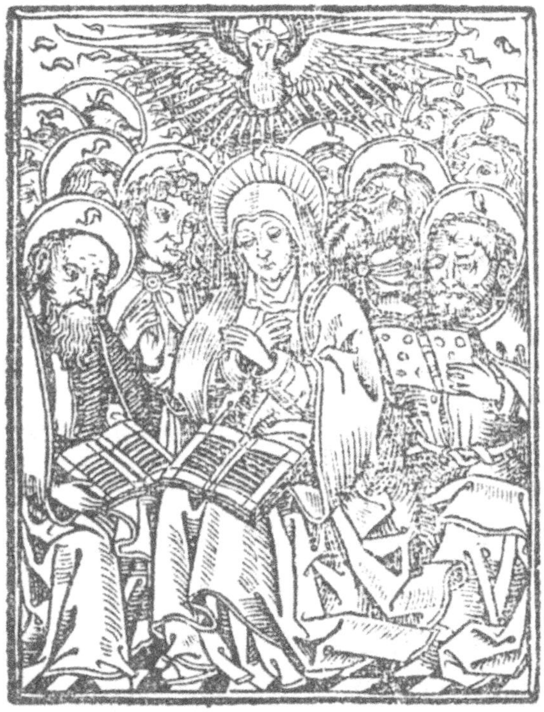

SOUTERLIEDEKENS

ANTWERPEN, SYMON COCK, 1540

[NK 1918–NAT IX, 34]

Symon Cock ontving op 15 september 1539, als eerste in de Nederlanden, van de Raad van Brabant een octrooi om muziek te drukken, meer bepaald "die psalmen van david by forme van liedekens met annotacie vanden thoone of voix." Een paar weken later verscheen zijn bundel *Ghestelijcke Liedekens ende Leysenen*, het eerste werk dat hij op grond van dit privilege in het licht gaf. Nauwelijks een jaar later volgde een tweede, dat zowel vanuit muzikaal en godsdienstig als typografisch oogpunt veel belangrijker is, de *Souterliedekens*. Het werk is in twee keer gedrukt: eerst de tekst en de noten in het zwart, nadien in het rood de notenbalken; die hebben hier vijf lijnen in tegenstelling met het eerstgenoemde waarin hij er vier gebruikte. De muziek zou van de hand zijn van Clemens non papa en Tielman Susato. In het totaal bezorgde hij van dit werk, voor zover bekend, negen uitgaven, alle gedateerd 12 juni 1540. Het is uitgesloten dat ze tegelijk gedrukt zijn; wel zal de eerste op die datum verschenen zijn en in de andere eenvoudig dezelfde datum zijn overgenomen.

L. V. D. B.

On 15 September 1539 Symon Cock became the first person in the Netherlands ever to receive a patent for the printing of music. It was granted him by the Council of Brabant, more specifically, for "die psalmen van david by forme van liedekens met annotacie vanden thoone of voix" (the Psalms of David in the form of songs, with annotation of the note or voice [i.e. the melody]). A few weeks later his album of *Ghestelijcke Liedekens ende Leysenen* appeared, the first work that he published with the protection of this privilege. Scarcely a year later there followed a second volume which is far more important both from musical and religious and from typographical points of view – the *Souterliedekens*. The work was printed in two goes: first the text and notes in black, then the staves in red; here these last are five-lined, unlike the earlier work, in which he used four. The music is supposed to be by Clemens non papa and Tielman Susato. In all Cock produced nine editions of this work, as far as is known. All of them are dated 12 June 1540, but it is out of the question that they were all printed at the same time: presumably the first edition appeared on that date and Cock simply never bothered to alter the date for subsequent editions.

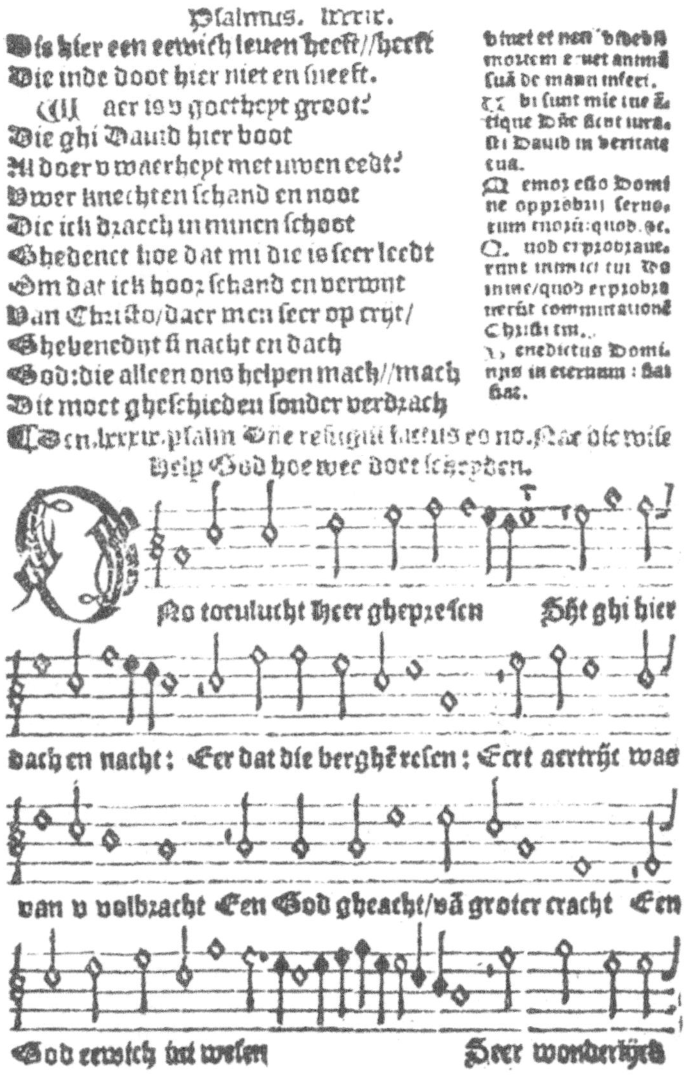

Psalmus. lxxxix.

Dis hier een eewich leuen heeft//heeft
Die inde doot hier niet en sneeft.
Waer is v goetheyt groot:
Die ghi Dauid hier boot
Al doer v waerheyt met uwen eedt:
Vwer knechten schand en noot
Die ick draech in mijnen schoot
Ghedenct hoe dat mi die is seer leedt
Om dat ick hoor schand en verwijt
Van Christo/daer men seer op crijt/
Ghebenedijt si nacht en dach
God: die alleen ons helpen mach//mach
Dit moet gheschieden sonder verdrach

bi[illegible] et non videbit mortem e[illegible]uet animã suã de manu inferi.
Ubi sunt mie tue Antique Dñe sicut iurasti Dauid in veritate tua.
Memor esto Domine opprobrij seruorum tuorum: quod. &c.
Quod exprobrauerunt inimici tui Domine/quod exprobrauerũt commutationẽ Christi tui.
Benedictus Dominus in eternum: fiat fiat.

Den .lxxxix. psalm One refugiũ factus es no. Nae die wise Help God hoe wee doet scheyden.

Als toruluchte heer ghepresen Sijt ghi hier dach en nacht: Eer dat die berghẽ resen: Eert aertrijc was van v volbracht Een God gheacht/vã groter cracht Een God eewich int wesen Heer wonderlijck

DEN BIJBEL

ANTWERPEN, JACOB VAN LIESVELT, 6 SEPTEMBER 1526

[NK 386–NAT IV, 20]

Zoon van de Antwerpse incunabelen-drukker Adriaen van Liesvelt, werkte Jacob van Liesvelt te Antwerpen van 1513 tot 1544, als drukker, uitgever en boekhandelaar. Verschillende malen werd hij voor het gerecht gedaagd wegens publikatie van Lutherse drukken. Steeds wist hij vrij te komen tot hij na zijn laatste veroordeling, op 25 november 1545, onthoofd werd. Zijn weduwe, Maria Ancxt, en zijn zoon Hans zetten de activiteit van zijn drukkerij voort. Jacob van Liesvelt zelf liet ongeveer 70 werken verschijnen, zowel orthodoxe als uitgesproken ketterse publikaties. In 1526 publiceerde hij de eerste Lutherse bijbel in het Nederlands, wat betreft het Nieuwe Testament steunend op de vertaling van Luther, verschenen te Wittenberg in 1521. Voor het Oude Testament volgde hij in hoofdzaak de uitgave in het Nederduits, verschenen te Keulen circa 1478. Deze Lutherse bijbel in het Nederlands werd door Jacob van Liesvelt heruitgegeven in 1532, 1534, 1535 en 1542. Voortdurend hield hij rekening met de voortgang van de vertaling van Luther zelf, die pas volledig verscheen in 1534.

De bijbel van Liesvelt van 1526 wordt geïllustreerd door houtsneden waarvan er vele worden toegeschreven aan de Hollandse houtsnijder Jan Swart, werkend te Antwerpen waarschijnlijk van 1523 tot 1535. Liesvelt gebruikte ook kopieën van Duitse houtsneden. De houtsnijder werd geïnspireerd door de illustraties van de Pentateuch uitgegeven door Luther en verschenen te Wittenberg te 1523. Het is geen slaafs kopiëren: de figuren worden omgekeerd en verkleind weergegeven. Een architecturaal kader in renaissance-stijl vormt het frontispies. Majestueus worden de bijbelse personages voorgesteld: de profeten Mozes, Jozua, David en verder Sint Marcus en Sint Johannes. Onderaan de pagina ziet men het merk van de drukker, met zijn monogram in een door engeltjes ondersteund schild.

The son of Adriaen van Liesvelt, the Antwerp printer of incunabula, Jacob, followed his father's example and became a printer, publisher and bookseller in the city, working from 1513 until 1544. Several times implicated in trials for publishing Lutheran books, he succeeded in obtaining acquittals until the conviction in 1545 which cost him his life: he was beheaded on 25 November. His widow Maria Ancxt and his son Hans continued the activities of his publishing house. Jacob van Liesvelt published some seventy works, some perfectly orthodox – and even official such as an anti-heresy decree – and others resolutely heterodox. In 1526 he printed the first Bible in Dutch, using Luther's German translation published in Wittenberg in 1521, for the New Testament, and those Old Testament passages which the Reformer had already translated; the rest was adapted from the Bible published at Cologne in Low German in about 1478. The Lutheran Bible in Dutch was republished in 1532, 1534, 1535 and 1542, with Van Liesvelt taking account of the progress made by Luther's own translation, of which a complete edition was not published until 1534.

Van Liesvelt's 1526 Bible is illustrated with woodcuts of which several are attributed to the Dutch engraver Jan Swart, who worked in Antwerp probably from 1523 until 1535; it also has copies of German woodcuts. The artist has drawn his inspiration from the illustrations in Luther's Pentateuch which appeared at Wittenberg in 1523, which he has copied freely, reversing them and reducing them. In an architectural border in the Renaissance style the title-page shows several biblical and evangelical figures of majestic stature: the prophets Moses, Joshua and David, and St. Mark and St. John. At the bottom of the page we see the printer's device, his monogram on an escutcheon supported by two putti.

A. R.

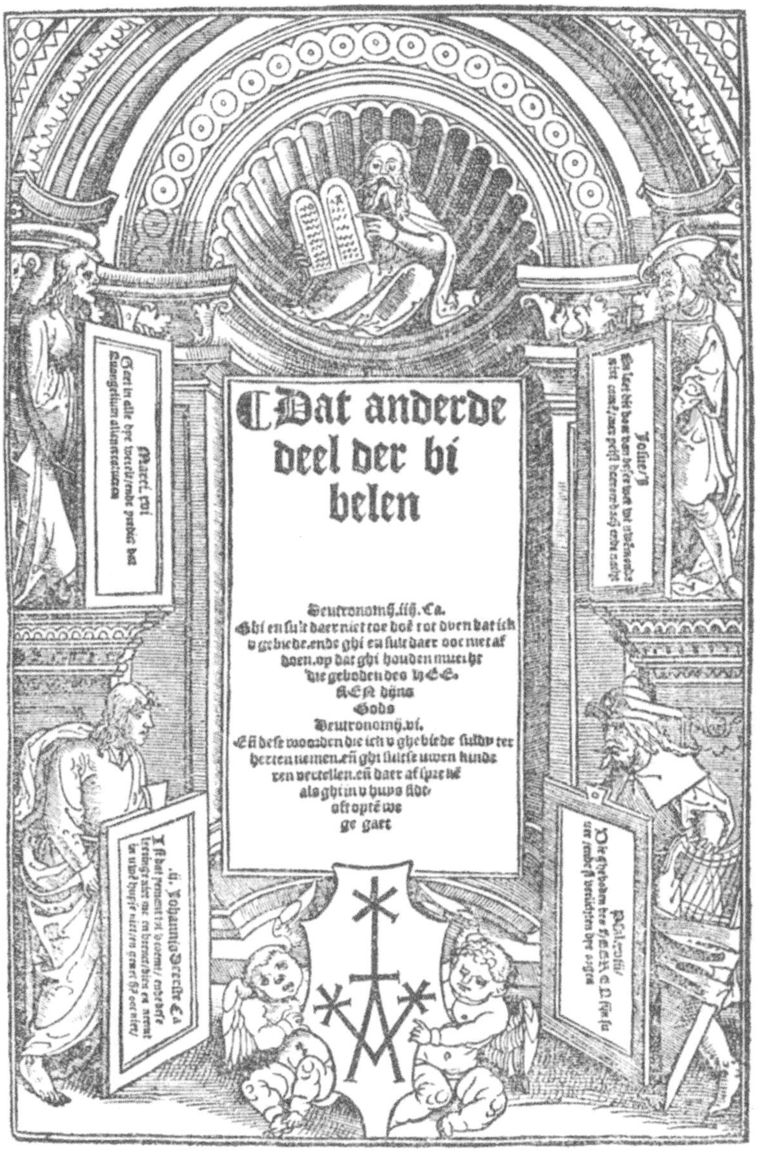

verkleind/reduced

ANNA BIJNS, DIT IS EEN SCHOON ENDE SUUVERLIJC BOECXKEN INHOUDENDE VEEL SCOONE CONSTIGE REFEREINEN...

ANTWERPEN, JACOB VAN LIESVELT, 1528

[NK 423–NAT VIII, 44]

Anna Bijns (1493–1575), schoolmeesteres te Antwerpen, was tevens een begaafd dichteres. Tussen 1522 en 1530 ongeveer schreef zij in het Nederlands liefdes- en strijdgedichten, waarbij zij zich met vuur verzette tegen de verbreiding van het Lutheranisme in de Nederlanden. Een eerste bundel gedichten werd gedrukt te Antwerpen in 1528 door Jacob van Liesvelt, alhoewel deze bekend stond als uitgever van ketterse geschriften. De uitgave van de bundel werd bezorgd door Anna Bijns samen met een minderbroeder. Haar naam gaat schuil achter een acrostichon (in de inleiding). Het is de oudste bundel refereinen in de Nederlanden verschenen; bovendien is dit exemplaar een unicum. De tekst werd in 1529 in het Latijn vertaald door Eligius Eucharius, priester te Gent en gedrukt door Willem Vorsterman te Antwerpen. Een tweede bundel in het Nederlands kwam bij Martinus Nutius te Antwerpen in 1548 van de pers. Vanaf dat jaar werd het werk van Anna Bijns geregeld heruitgegeven. De titelpagina van de eerste uitgave, in zwart en rood afgedrukt, is versierd met een eenvoudige houtsnede, met brede en hoekige lijnvoering. Zij stelt Sint-Anna-ten-Drieën voor, gevat in een renaissance sierlijst.

A. R.

Anna Bijns (1493–1575), a schoolmistress in Antwerp, was also a rhetorician of real talent. Between 1520 and about 1530 she composed poems, alternately polemical and amorous, in which she made fervent attacks in Dutch upon the spread of Lutheranism in the Low Countries. A first collection in Dutch was printed at Antwerp in 1528 by Jacob van Liesvelt – a printer, for all that, of heretical writings. Anna Bijns was almost certainly its publisher herself, in collaboration with a Minorite friar. The work contains a number of acrostics, notably that in the introduction which divulges the poetess's name to the reader. This precious volume is the earliest collection of "refereinen" to have appeared in the Netherlands; it is, moreover, unique. The text was translated into Latin in 1529 by a clergyman of Ghent, Eligius Eucharius, and was published in that form in Antwerp by Willem Vorsterman. In 1548 Martinus Nutius published a second collection at Antwerp, in Dutch. After this, Anna Bijns's work continued to be published for many years. The title-page of the *editio princeps*, printed in red and black characters, is embellished by a woodcut executed quite simply with broad cuts and angular lines. Surrounded by an ornamental border in the Renaissance style, it shows the Virgin and St. Anne seated on a bench, holding the infant Jesus aloft between them.

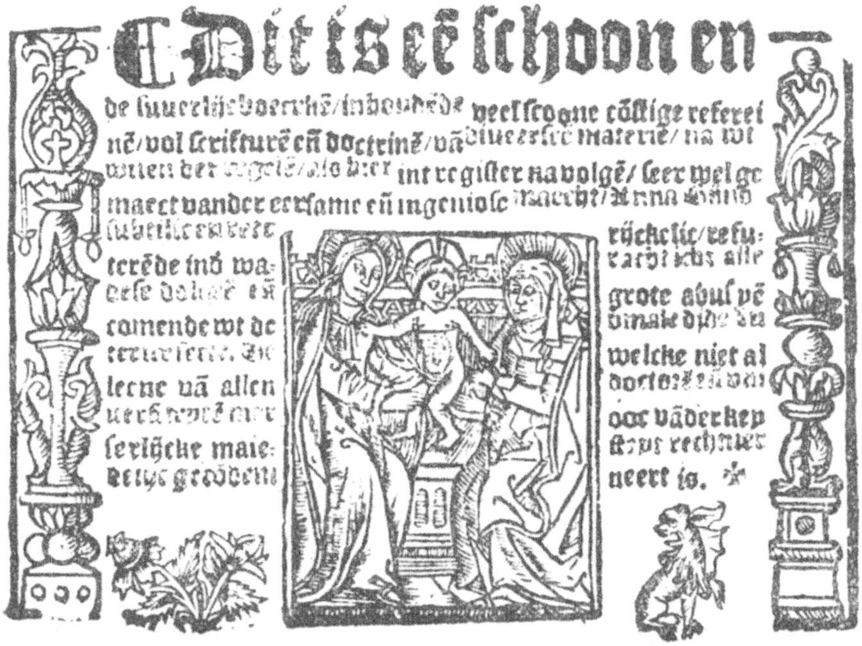
¶ Dit is eē schoon en
veel scoone cōstige referei
nē/vol scriftuerē eñ doctrinē/vā
int register na volgē/ seer wel ge
maect vander eersame eñ ingeniose
terēde ind wa:
comende wt de
leene vā allen
serlijcke maie:
rijckelic/ refu:
grote abul ye
welcke niet al
oor vāderkep
neert is.

DEN BIJBEL

ANTWERPEN, HANSKEN VAN LIESVELT, 1538

[NK 409]

De Antwerpse drukker Hansken van Liesvelt is een raadselachtige persoonlijkheid. Waarschijnlijk is hij nauw verwant met de drukker Jacob van Liesvelt, wiens tijdgenoot hij was. Evenals Jacob werkte Hansken op hetzelfde adres "In den Schilt van Artoys." Ook hij gaf protestantse werken uit. Hij mag niet verward worden met de zoon van Jacob, de drukker Hans II, die in 1547 nog minderjarig was, terwijl Hansken slechts van 1537 tot 1539 werkzaam was. In 1538 liet hij een Lutherse Bijbel in het Nederlands verschijnen, die Jacob in 1542 met dezelfde lange titel opnieuw uitgaf. De houtsneden die het Oude Testament en de Apocalyps illustreren zijn precies dezelfde als die welke in de meeste bijbeluitgaven van Jacob van Liesvelt, tot in 1535, voorkomen. Een nieuwe reeks houtsneden verschijnt evenwel in de Evangeliën; het ontwerp ervan wordt toegeschreven aan de graveur Lieven de Witte. Vanaf 1535 worden ze bij Antwerpse drukkers aangetroffen, evenals in de Bijbel van Jacob van Liesvelt in 1542.

De titelhoutsnede is prachtig. De bladspiegel is even harmonieus als origineel, de taferelen zijn levendig, de techniek is beheerst. De titel is afgedrukt in zwart en rood op een paneel dat op een boom bevestigd zit en waarvan de takken zich over de gehele achtergrond uitspreiden. Aan de voet van de boom prediken enkele profeten. Daaromheen spelen zich taferelen af uit het Oude en het Nieuwe Testament: Mozes die de Tafelen der Wet ontvangt, de Kruisiging en de Verrijzenis. Bovenaan rechts wordt de christelijke ziel in het Paradijs door het kind Jezus, de goddelijke liefde, ontvangen.

A. R.

The Antwerp printer Hansken van Liesvelt is something of an enigma. Undoubtedly a close relative of Jacob van Liesvelt, he was his contemporary, worked at the same address "In den Schilt van Artoys" (At the Artois Arms), and like him published Protestant books. He must not be confused with Jacob's son Hans II, who was still a minor in 1547, whereas Hansken's brief career lasted only from 1537 to 1539. In 1538 he published a Lutheran Bible in Dutch, the text of whose long title was to be used by Jacob van Liesvelt in his reissue of the same Bible in 1542. The woodcuts illustrating the Old Testament and the Apocalypse are identical to those found in the majority of Jacob van Liesvelt's editions of the Bible before 1535. A new series of illustrations, however, appears in the Gospels: their design is attributed to the engraver Lieven de Witte and they are found in the work of other Antwerp printers after 1535 and in Jacob van Liesvelt's Bible of 1542.

The woodcut embellishing the title-page is superb. The print is as harmonious as it is original, the scenes represented are full of animation, and the technique is assured. The title is printed in black and red on a panel fixed to a tree whose branches form the background to the composition. At the foot of the tree some prophets are preaching. All about them episodes from the Old and New Testaments are unfolding: Moses receiving the Tables of the Law, the Temptation of Adam and Eve, the Crucifixion, and the Resurrection. At the top right, the Christian Soul is received into Paradise by the infant Jesus, Divine Love.

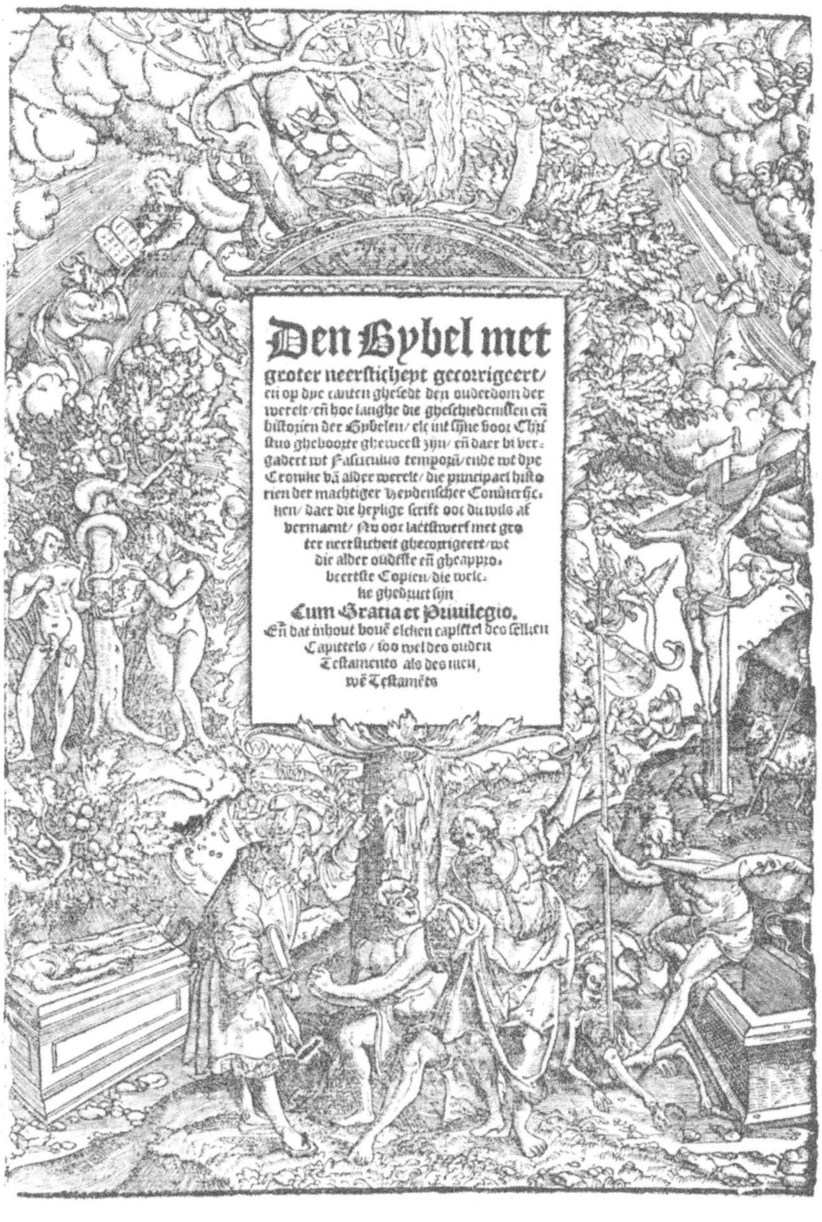
Den Bybel met
groter neersticheyt gecorrigeert/
ende op dye canten ghesedt den ouderdom der
werelt/ ende hoe langhe die gheschiedenissen ende
historien der Bybelen/ elc int sijne voor Chri-
stus gheboorte gheweest zijn/ ende daer bi ver-
gadert wt Fasciculus temporum/ ende wt dye
Cronike van alder werelt/ die principael histo-
rien der machtiger heydenscher Coninckrijc-
ken/ daer die heylige scrift ooc dickwils af
vermaent/ Nu ooc laetstwerf met gro-
ter neersticheit ghecorrigeert/ wt
die alder oudste ende gheappro-
beertste Copien/ die welc-
ke ghedruct sijn
Cum Gratia et Privilegio.
Ende dat inhout boven elcken capittel des selven
Capittels/ soo wel des ouden
Testaments als des nieu-
wen Testaments

verkleind/reduced

MISSALE TRAIECTENSE

ANTWERPEN, CHRISTOFFEL VAN RUREMUND VOOR WILLEM VORSTERMAN EN GOVAART VAN DER HAGHEN, 1527

[NK 1530–NAT C.V.R.I.]

Overziet men de lijst van de boeken door Christoffel van Ruremund gedrukt dan vallen onmiddellijk een paar merkwaardigheden op. Van de ongeveer achtendertig drukken die wij van hem kennen en die hij van 1523 tot 1531 te Antwerpen drukte zijn een zeer groot aantal voor Engeland bestemd; een vijftal zijn bovendien door een Engelse auteur geschreven en een paar in het Engels gedrukt. Het belangrijkste deel, tweeëntwintig in aantal, is bestemd voor het liturgisch en godsdienstig gebruik in het bisdom Salisbury. De uitdrukking *ad usum Sarum* vindt men in acht *Horae*, vijf *Processionalia*, twee *Manualia*, drie *Hymni*, twee *Missalae*, één *Psalterium* en één *Brevarium*. Al zijn drukken zijn van godsdienstige aard en ook dit is typerend voor de man die in 1531 in de gevangenis werd geworpen te Westminster en daar overleed. Inderdaad, niettegenstaande een verbod van de Engelse overheid, trachtte Christoffel van Ruremund, ofwel door tussenkomst van zijn Londense boekhandelaren Kaetz, Byrckman en Renis, ofwel zelf rechtstreeks ter plaatse, zijn ketterse boeken van de hand te doen. Was hij in de Nederlanden niet de eerste drukker geweest van Engelse boeken – reeds Gerard Leeu drukte in 1491/92 voor Salisbury, – dan was hij toch wel de eerste om ketterse boeken voor Engeland te drukken. Hier denkt men vooral aan de lange reeks van Nieuwe Testamenten door Tyndale vertaald, die bij hem een aanvang neemt.

Onder de talrijke ons overgebleven missalen bestemd voor bisdommen uit de Nederlanden nemen die voor Luik de voornaamste plaats in; maar ook die voor Doornik en Utrecht zijn niet te onderschatten; Christoffel van Ruremund drukte er een voor elk van deze bisdommen. De missalen voor Utrecht vindt men gedrukt te Keulen, Delft, Parijs, Leiden en Antwerpen. Speciale eisen werden aan de drukker hiervan gesteld. Gezien de ingewikkelde voorstelling – gebruik van diverse lettersoorten, druk in kleuren, muziek, vergaande hoofdstukindelingen, illustraties, en de moeilijke inhoud, voor het nazien waarvan

A cursory glance at a list of the books printed by Christoffel van Ruremund is sufficient to reveal certain peculiarities. Of the almost forty known extant editions printed by him at Antwerp between 1523 and 1531, a veryl arge proportion were intended for England; five, moreover, are by English authors; and two are printed in English. The most important of these, twenty-two in number, are intended for liturgical and religious use by the diocese of Salisbury. The expression *ad usum Sarum* occurs in eight *Horae*, five *Processionalia*, two *Manualia*, three *Hymni*, two missals, one Psalter, and one breviary. All Van Ruremund's editions are of a religious nature, and this too is characteristic of a man who was thrown into prison in Westminster in 1531 and there died. The fact is that despite the prohibition by the English authorities he attempted, either through the medium of his London stationers Kaetz, Byrckman and Renis or by going there in person, to dispose of his books of heresy. Though he may not have been the first printer in the Netherlands to print English books – Gerard Leeu had printed for Salisbury as early as 1491–92 – he was the first to print Reformation books for England. A case in point is the long series of editions of Tyndale's translation of the New Testament, which began with him.

Of the numerous extant missals intended for dioceses within the Netherlands, those for Liège are the most important; but those for Tournai and Utrecht must not be underestimated, and Christoffel van Ruremund printed one for each of these three. Missals for Utrecht were printed at Cologne, Delft, Paris, Leiden and Antwerp, but not at Utrecht itself: after all, special demands were made on the printers of missals. Because of the complicated composition of such works – different sorts of type, printing in colour, music, a multiplicity of chapter subdivisions, illustrations – and because of the difficult contents, a qualified clergyman or priest was required for checking and correcting the text and they tended increasingly

Passio secũdũ lucam. Fo. lxv.

Domine exaudi orationem meã: et clamor meus ad te veniat. v. Ne avertas faciem tuam a me: in quacunq; die tribulor / inclina ad me aurem tuam. v. In quacũq; die invocavero te velociter exaudi me. v. Quia defecerũt sicut fumus dies mei: & ossa mea sicut in frixorio cõfrixa sunt. v. Percussus sum sicut fenum et aruit cor meum: quia oblitus sum comedere panem meũ. v. Tu exurgens domine misereberis syon: q̃a venit tempus miserendi eius.

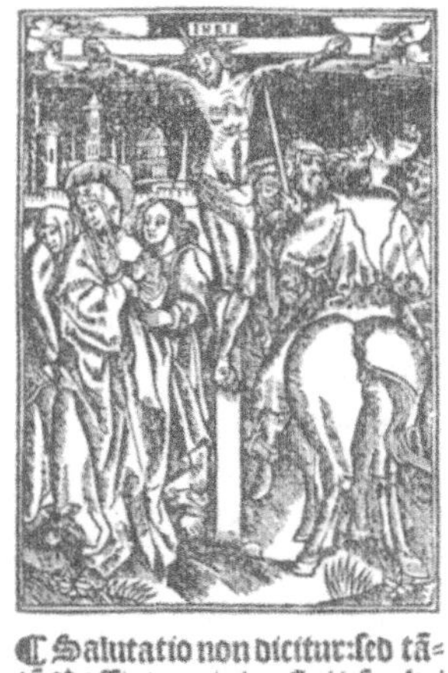

¶ Salutatio non dicitur: sed tãtũ Passio domini nostri iesu christi. Secundum Lucam. xxij.

In illo tempore. m. Appropinquabat dies festus azimorũ: qui dicitur pascha. Et querebant principes sacerdotũ & scribe: quomodo iesum interficerẽt. Timebãt vero plebẽ. Intravit autem sathanas in iudã qui cognominabatur scarioth: unũ de duodecim. Et abijt et locutus est

Tra.

cum principibus sacerdotũ et magistratibus / quẽadmodũ illũ traderet illis. Et gavisi sunt: & pacti sũt pecuniã illi dare. Et spopõdit Et querebat oportunitatẽ ut traderet illũ sine turbis. Venit autẽ dies azimorũ: in qua necesse erat occidi pascha: & misit petrum & iohannem dicens. v. Euntes parate nobis pascha: ut mãducemus. At illi dixerunt. Ubi vis: paremus? Et dixit ad eos. Ecce introeũtibus vobis in civitatẽ occurret vobis homo quidã amphoram aque portans. Sequimini eum in domũ in quam intrat: & dicetis patrifamilias domus. Dicit tibi magister. Ubi est diversorium ubi pascha cũ discipulis meis manducẽ? Et ipse ostendet vobis cenaculũ magnum stratum: et ibi parate. m. Euntes autem invenerunt sicut dixit illis: et paraverunt pascha. Et cum facta esset hora discubuit: et duodecim apostoli cũ eo. Et ait illis. v. Desiderio desideravi hoc pascha mãducare vobiscũ antequã patiar. Dico enim vobis: quia ex hoc nõ manducabo illud donec impleat in regno dei. m. Et accepto calice: gratias egit et dixit. v. Accipite & dividite inter vos Dico enim vobis: q nõ bibam de generatione vitis / donec regnũ dei veniat. m. Et accepto pane: gratias egit: et fregit / & dedit eis dicẽs. v. Hoc est corpus quod pro vobis datur. Hoc facite in meam cõmemorationem. m. Similiter & calicem: postquã cenavit dicens. v. Hic est calix novũ testamẽtum in sanguine meo qui pro vobis fun-

i.j.

verkleind / reduced

een bevoegd geestelijke vereist werd –, kwamen de missalen meer en meer uit gespecialiseerde drukkerijen. De reproductie van een blad uit het Evangelie van Lucas, spijtig genoeg zonder een voorbeeld van muziekdruk uit dezelfde missaal, bewijst voldoende de technische mogelijkheden van Christoffel van Ruremund. J. M.

to come from specialized printing houses. The reproduction of a page from St. Luke's Gospel, unfortunately without an example of the music printing in the same missal, is sufficient proof of Christoffel van Ruremunde's technical qualifications for such work.

NIEUW TESTAMENT

ANTWERPEN, HANS VAN RUREMUND, 1525

[NK 381–NAT, II, 8 EN III, 19]

Slechts één druk is met voldoende zekerheid aan Hans van Ruremund toe te schrijven. In de ogen van de buitenwereld was hij nauwelijks een jaar actief maar achter de schermen moet hij wel meer gedrukt hebben. In verschillende deeltjes, klein, in een handig formaat om ongemerkt op zak te hebben, verscheen in de loop van 1525 bij hem de volledige Nederlandse vertaling van de Bijbel. Een schijnbaar onschuldige uitgave, helemaal orthodox, die voor het grootste gedeelte, hier en daar wat verbeterd naar de Vulgata, teruggaat op de eerste Nederlandstalige verschenen Bijbel uit Delft in 1477. De Pentateuch, de Psalmen en het ganse Nieuwe Testament gaan echter terug naar de Luther-vertaling. Ietwat gevaarlijker waren de kanttekeningen waar het plakkaat van 17 juli 1526 speciaal de aandacht op vestigde.

De afgebeelde titel is omringd door een boord in metaalgravure. Onderaan een landsknecht getroffen door een pijl afgeschoten door de dood; rondom diverse allegorische figuren. Dit alles heeft weinig of niets met het Nieuwe Testament te maken. Deze door Johan Faber gesneden plaat gaat terug naar een tekening van Hans Holbein de Jongere en verscheen voor het eerst in druk in een boekje van Erasmus (maart 1522). Van toen af kende deze passe-partout borduur een grote verspreiding, ook in de Nederlanden. Het is echter niet alleen een deel van de Bijbeltekst die betrekking heeft op Luther, ook de illustratie wijst naar hem. In de Apocalyps of Johannes' Openbaring, liet Hans van Ruremund een reeks houtsneden inlassen. Deze zijn getrouwe kopieën, hersnijdingen, van de illustraties die Hans Holbein de Jongere ontwierp voor de in begin 1523 te Bazel verschenen uitgave van het Nieuwe Testament. Voor deze uitgave had de drukker Th. Wolff aan Holbein gevraagd de in sept. 1522 te Wittenberg verschenen geïllustreerde Lutherse Bijbelvertaling getrouw na te bootsen. Dit deed Holbein, daarbij rekening houdende met zijn persoonlijke visie. Zo wijzen tenslotte én tekst én illustratie naar Wittenberg.

J. M.

There is only one known printed work which may be attributed with reasonable certainty to Hans van Ruremund. For the outside world he was active for barely a year, but behind the scenes he must certainly have printed more than this one work. During the course of 1525 he published a complete Dutch translation of the Bible in several small volumes, handy enough to be carried in one's pocket. Apparently a perfectly innocent publication, completely orthodox, it was based almost entirely on the first Dutch-language Bible (Delft, 1477) except for the occasional correction made after reference to the Vulgate. In fact its Pentateuch, Psalms, and entire New Testament were based on Luther's translation. More dangerous even were the marginal notes to which the poster of 17 July 1526 drew particular attention.

The title illustrated here is surrounded by a border done in metal engraving. At the bottom left a landsknecht has been hit by an arrow let fly by Death; all around are allegorical figures. Now all this has little or nothing to do with the New Testament. This plate, engraved by Johan Faber, has its origins in a drawing by Hans Holbein the younger, and appeared for the first time in print in a little book by Erasmus (March 1522). From then on this passe-partout border became increasingly widespread in the Netherlands as elsewhere. But it is not only part of the Bible text that has a connection with Luther: the illustrations point to him too. In the Book of Revelations Hans van Ruremund had a number of woodcuts inserted. These are close copies, recuts, of the illustrations which Hans Holbein the younger designed for the edition of the New Testament which appeared in Basle at the beginning of 1523. For that edition the printer Thomas Wolff had asked Holbein to imitate as closely as possible the illustrated Lutheran Bible translation which had been published in September 1522 at Wittenberg. Holbein did so, though he did allow his own personal ideas to influence his copies. So in the final analysis text and illustrations point to Wittenberg.

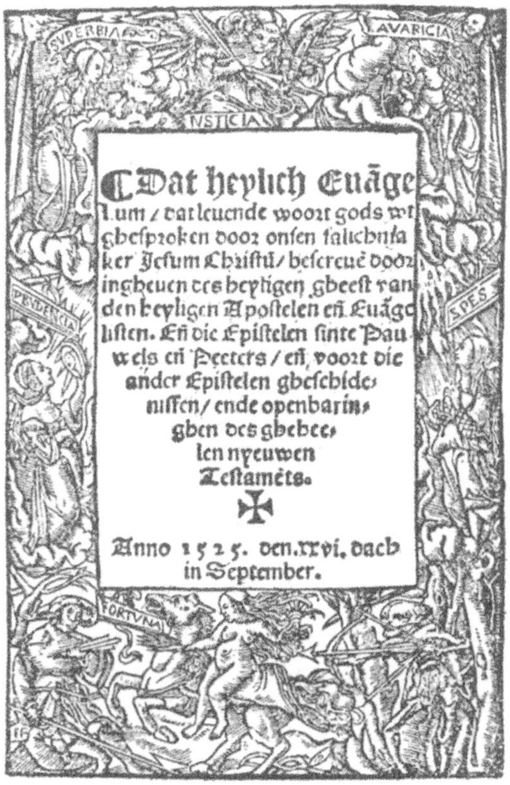

Dat heylich Euãgelium / dat leuende woort gods wt ghesproken door onsen salichmaker Jesum Christũ / bescreuẽ door ingheuen des heylighen gheest van den heylighen Apostelen eñ Euãgelisten. Eñ die Epistelen sinte Pauwels eñ Peeters / eñ voort die ander Epistelen gheschidenissen / ende openbaringhen des gheheelen nyeuwen Testamẽts.

Anno 1525. den .xxvi. dach in September.

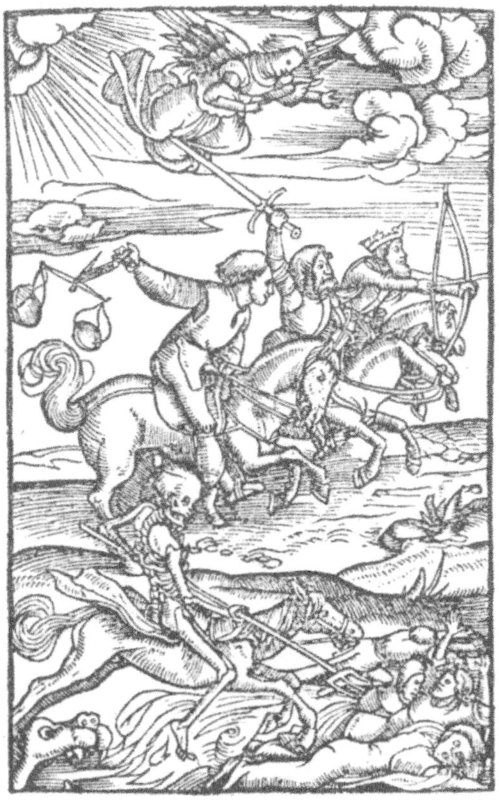

verkleind / reduced

LA SAINCTE BIBLE EN FRANCOYS TRANSLATEE SELON LA PURE & ENTIÈRE TRADUCTION DE SAINCT HIEROME ...

ANTWERPEN, MARTEN DE KEYSER, 1534

[NK 419–NAT XI, 54]

Marten de Keyser, of Lempereur, of Caesar (ca. 1500–1536) is een Fransman, getrouwd met Françoise Le Rouge, dochter van de drukker Guillaume Le Rouge. De Keyser heeft in de drukkerij van zijn schoonvader in Parijs gewerkt, vooraleer zich in Antwerpen als drukker, stempelsnijder en stempelgieter te vestigen. Van 1525 tot 1536 geeft hij voor eigen rekening of voor collega's meer dan tweehonderd werken uit van godsdienstige en geleerde aard, grotendeels in het Frans en het Latijn. Hij drukte Lutherse teksten en Engelse hervormde geschriften; toch is hij nooit door de Inquisitie lastig gevallen, misschien wel dankzij de verschillende schijnadressen waarvan hij zich bediende.

Bij Marten de Keyser verscheen in 1530 de eerste uitgave van de Franse bijbelvertaling van Jacques Lefèvre d'Etaples; in 1534 kwam een heruitgave uit. Lefèvre d'Etaples (Etaples ca. 1450–Nérac 1537) was een humanistisch theoloog met veel invloed op de Hervorming in Frankrijk en Duitsland. Deze vertaling van de Bijbel maakte hij in het kasteel van Blois, waar hij gouverneur was van de kinderen van Frans I. In Frankrijk mocht zijn vertaling niet gedrukt worden; in 1546 werd de uitgave in de Nederlanden op de Index geplaatst en zelfs verbrand.

Deze Bijbel is met talrijke houtsneden geïllustreerd die van een dusdanig gehalte zijn dat men verwonderd is geen naam van een kunstenaar aan te treffen. Zij zijn Duits van inspiratie en doen denken aan de illustraties van Hans Sebald Beham voor de Bijbel, gedrukt door Christian Egenolff in Frankfort in 1534; de naam Jan Swart wordt genoemd evenwel zonder zekerheid. De tekst op de titelpagina, in zwart en rood, is gevat in een figuratieve omlijsting bestaande uit vier houtsneden. In de opgaande lijsten ziet men de vier evangelisten in hun schrijfkamer, het vertrouwde beeld van een Middeleeuwse geleerde. Bovenaan de heiligen Petrus en Paulus rond een bevallige Geboorte. Onderaan taferelen uit het Oude en het Nieuwe Testament.

A. R.

Marten de Keyser, or Lempereur or Caesar (*c.* 1500–1536), was a Frenchman married to Françoise Le Rouge, daughter of the printer Guillaume Le Rouge. He worked in his father-in-law's printing-shop in Paris before establishing himself at Antwerp as a printer, engraver and type-founder. An extremely productive printer, he produced over two hundred religious and erudite works for his own account or for colleagues. Most of these were in French or Latin. He printed texts by Luther and the English reformers, but seems to have had hardly any trouble from the Inquisition due, perhaps, to the various fictitious addresses of which he availed himself.

It was Marten de Keyser who produced the *editio princeps* of the Bible in the French translation by Jacques Lefèvre d'Etaples, at Antwerp in 1530; he reissued it in 1534. Lefèvre d'Etaples (b. Etaples *c.* 1450, d. Nérac 1537), a humanist theologian who influenced the Reformation in France and Germany, wrote his translation in the castle at Blois, where he was tutor to King Francis I. Printing of his Bible was prohibited in France; having been put on the Index in the Low Countries in 1546, Marten de Keyser's edition was even subjected to the *auto-da-fé*.

The Bible is illustrated with numerous woodcuts of such a high quality that one is surprised to find that the artist remains anonymous. Their inspiration is German, and they recollect the illustrations by Hans Sebald Beham for the Bible which was printed at Frankfurt in 1534 by Christian Egenolph. Jan Swart's name has been put forward but without any certitude. The title-page has a text in black and red in a figurative border composed of four woodcuts. In the uprights we see the four Evangelists in their studies – the familiar picture of the medieval scholar. At the top, St. Peter and St. Paul flank a graceful Nativity. At the bottom, in a single setting, there are scenes from the Old and New Testaments: the creation of Adam, the temptation of Eve, the Crucifixion and the worshipping of the brazen serpent.

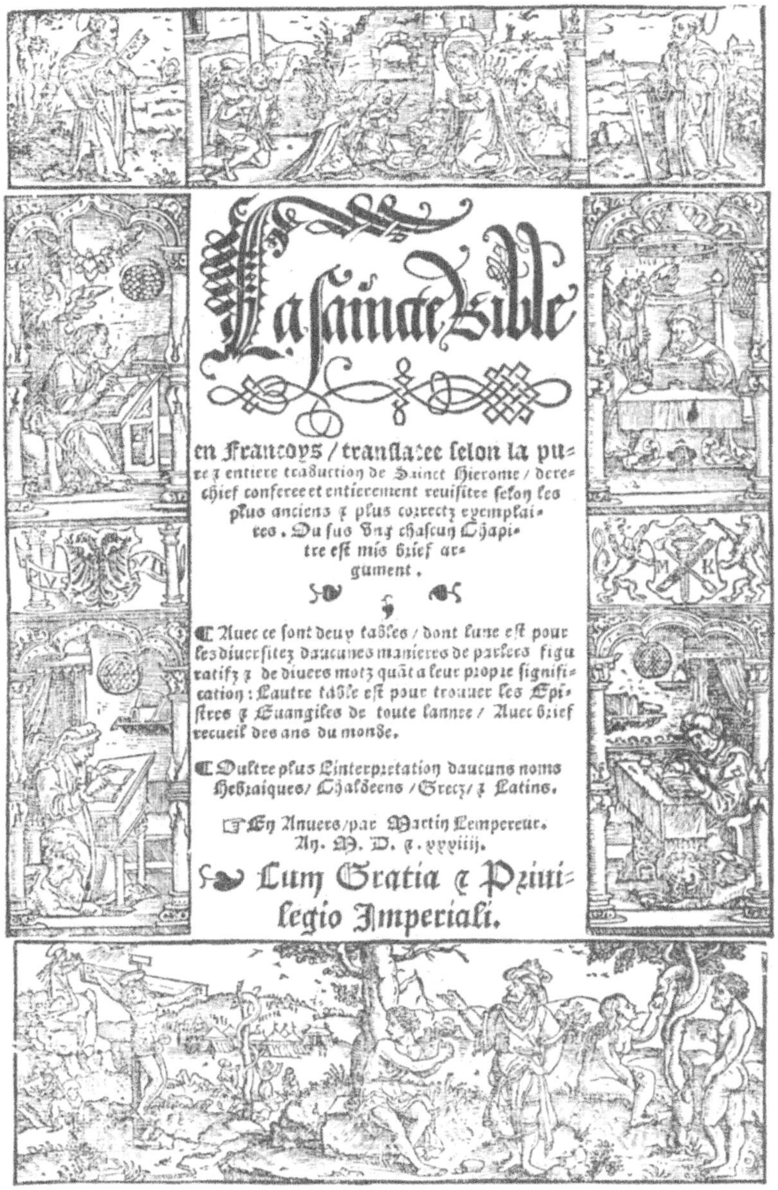

La saincte Bible

en Francoys / translatee selon la pure & entiere traduction de Sainct Hierome / derechief conferee et entierement reuisitee selon les plus anciens & plus correctz exemplaires. Ou sus vng chascun Chapitre est mis brief argument.

Auec ce sont deux tables / dont lune est pour les diuersitez daucunes manieres de parlers figuratifz & de diuers motz quāt a leur propre signification: Lautre table est pour trouuer les Epistres & Euangiles de toute lannee / Auec brief recueil des ans du monde.

Oultre plus Linterpretation daucuns noms Hebraiques / Chaldeens / Grecz / & Latins.

En Anuers / par Martin Lempereur. An. M. D. & xxxiiij.

Cum Gratia & Priuilegio Imperiali.

verkleind / reduced

LA SAINCTE BIBLE EN FRANCOYS TRANSLATEE SELON LA PURE & ENTIÈRE TRADUCTION DE SAINCT HIEROME . . .

ANTWERPEN, MARTEN DE KEYSER, 1534

[NK 419–NAT XII, 55]

In de Franse bijbelvertaling van Lefèvre d'Etaples door Marten de Keyser gedrukt staat bij de aanvang van de Genesis een illustratie over de volle bladzijde. In een fijne decoratieve renaissance-omlijsting zijn zes kleine tafereeltjes gevat die op een fraaie maar sobere wijze de zes scheppingsdagen uitbeelden. Met indrukwekkende gebaren, door de diepe plooien van zijn lang gewaad benadrukt, roept God het licht op, het firmament, het water en de aarde, de sterren, de levende wezens; uit de slapende Adam doet Hij vaderlijk een bevallige en onderworpen Eva opstaan. Deze mooie houtsnede, waar Duitse invloed duidelijk uit spreekt, doet aan Holbein denken; zij is ook aan Jan Swart toegeschreven, een Hollands kunstenaar uit de tijd dat De Keyser zijn Bijbel uitgaf.

A. R.

In the French translation of the Bible by Lefèvre d'Etaples printed by Marten de Keyser, the Book of Genesis is introduced by a full-page illustration. In a dainty ornamental border in the Renaissance style there are six little tableaux composed with skill and sobriety showing the six days of the Creation. With impressive gestures amplified by the deep folds of his long cloak, God creates light, the firmament, the waters and terra firma, the heavenly bodies and living beings and from the sleeping Adam he raises up, in fatherly fashion, a graceful and submissive Eve. German in influence, this beautiful woodcut reminds one of Holbein; it has been attributed to Jan Swart, a Dutch artist active in Antwerp at the time when De Keyser published his Bible.

❧ Dieu crea par ſix iours le ciel ⁊ la terre/ la mer ⁊ tout ce quilz contiennent. Exode.xx.

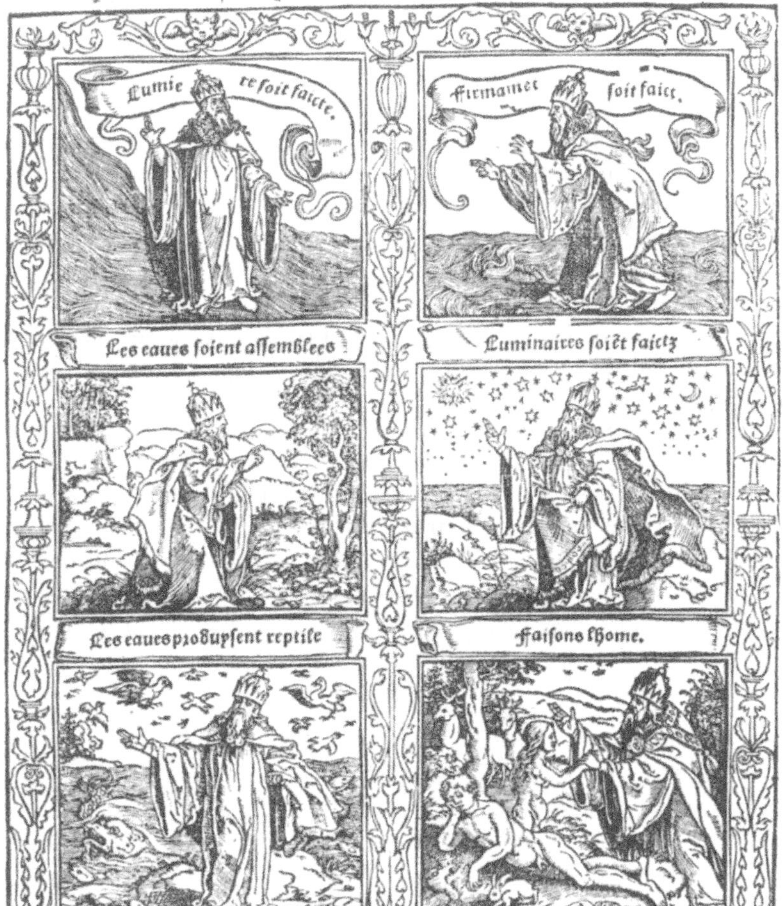

❧ Dieu veit toutes choſes quil auoit cree/ ⁊ eſtoient fort bonnes. Geneſe.j.

verkleind / reduced

OUD EN NIEUW TESTAMENT

ANTWERPEN, H. PEETERSEN VAN MIDDELBURG, 1535

[NK 407–NAT VI, 23]

Henrick Peetersen is een typisch voorbeeld van een vlijtig tweederangsdrukker. Na een kleine veroordeling in 1525 opgelopen wegens het verkopen van Lutherse en ketterse boeken begint hij in 1526 zelf te drukken. Tot aan zijn dood, rond 1549, kent men een zestigtal drukken verschenen *sub Talpa, In den Mol.* De meeste van zijn boeken hebben een geringe omvang en, bestemd voor onmiddellijke behoefte, moeten vlug verdwenen zijn. Het zijn: prognosticaties, evaluatieboekjes, wat succesvolle devotieliteratuur zoals *Die Evangelische peerle* of het *Bundelke van Myrre* en schoolboeken. De werken van enkele auteurs nochtans, zoals bv. O. Brunfels, hebben een reformatorisch karakter.

De afgebeelde titelbladzijde is afkomstig uit een Bijbel die weinig originaliteit bezit. De tekst ervan is een kopie naar de Vorsterman-editie van 1528. De diverse houtblokken rondom de titel zijn een zwakke kopie naar de Franse Bijbel van Martinus de Keyser van 1534. Het geheel met de rooddruk heeft nochtans een zekere grootsheid.

J. M.

Henrick Peetersen is a typical example of a hard-working second-rate printer. After a minor conviction in 1525 for selling Lutheran and heretical books, he started doing his own printing in 1526. From then until his death in about 1549 some sixty editions are known to have left his press *sub Talpa, In den Mol* (at the sign of the mole). Most of his books are quite short and, as they were intended to meet a topical demand, must soon have disappeared. They are prognostications, valuta booklets, some successful devotional literature such as *Die Evangelische peerle* or the *Bundelke van Myrre*, and school books. Some of his authors, such as O. Brunfels, were still of a Reformation nature.

The title-page illustrated here comes from a bible possessed of little originality. The text is a copy of the Vorsterman edition of 1528. The various woodcuts surrounding the title are weak copies of those in the French Bible which Martinus de Keyser printed in 1534. Even so, the general effect, with the red printing, is still one of a certain grandeur.

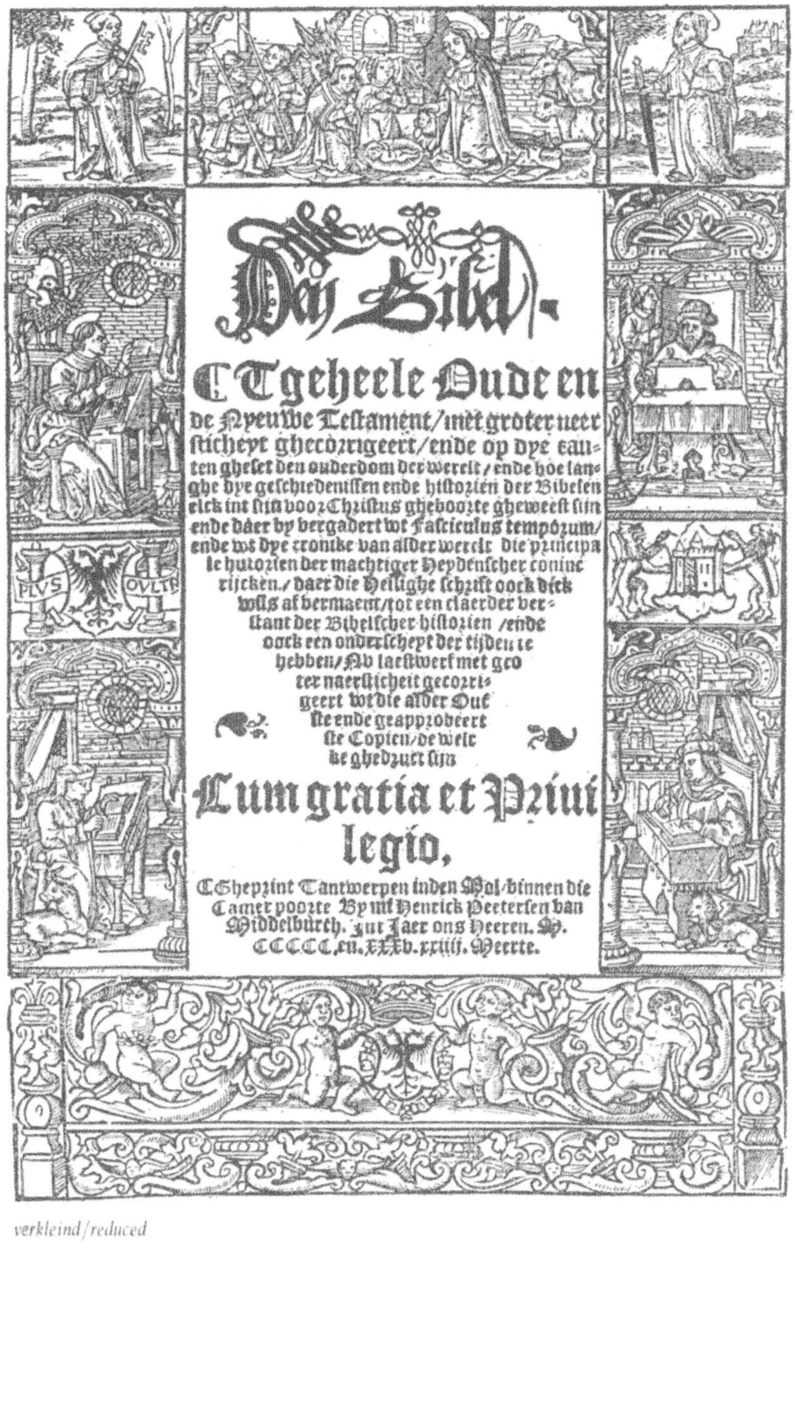

Den Bibel.

¶ Tgeheele Oude en
de Nyeuwe Testament/met groter neer
sticheyt ghecorrigeert/ende op dye can-
ten gheset den ouderdom der werelt/ende hoe lan-
ghe dye geschiedenissen ende historien der Bibelen
elck int sijn voor Christus gheboorte gheweest sijn
ende daer by vergadert wt Fasciculus temporum/
ende wt dye cronike van alder werelt die principa
le historien der machtiger Heydenscher coninc
rijcken./daer die Heilighe schrift oock dick
wils af vermaent/tot een claerder ver-
stant der Bibelscher historien/ende
oock een onderschept der tijden te
hebben/Nu laestwerf met gro
ter naersticheit gecorri-
geert wt die alder Oue
ste ende geapprobeert
ste Copien/de welc
ke ghedruct sijn

Cum gratia et Priui
legio.

¶ Gheprint Tantwerpen inden Wol/binnen die
Camer poorte By mi Henrick Peetersen van
Middelburch. Int Jaer ons Heeren. M.
CCCCC.en.XXXv.xxiiij. Meerte.

verkleind/reduced

GEMMA PHRYSIUS, DE PRINCIPIIS ASTRONOMIAE ET COSMOGRAPHIAE

ANTWERPEN, JOANNES GRAPHEUS, 1530

[NK 971–NAT II, 6]

Geboren te Aalst omstreeks 1502 was Joannes Grapheus als drukker te Antwerpen actief van omstreeks 1527 tot het einde van de jaren '60. Hij was een broer van de Antwerpse stadssecretaris en humanist Cornelius Scribonius Grapheus en verwant met de Keulse drukkers Birckman. Wanneer we zijn omvangrijke produktie overlopen, krijgen we de indruk dat ze vooral bestemd was voor intellectuelen en humanisten. Ze bestaat voor het grootste deel uit geleerde werken vooral in het Latijn; eerder zelden drukte hij Nederlandse of Franse teksten. Hij was een van de eerste drukkers in de Nederlanden die voor werken in de volkstaal Romeinse en cursieve lettertypen gebruikte. Een van zijn mooie drukkersmerken, de Charitas, zou ontworpen zijn door zijn vroegere stadgenoot, Pieter Coecke van Aelst.

L. V. D. B.

Born at Alost in about 1502, Joannes Grapheus was active as a printer in Antwerp from about 1527 until the end of the 1560s. He was a brother of the Antwerp city clerk and humanist Cornelis Scribonius Grapheus, and was also related to the Birckmans, printers of Cologne. Looking at the large number of works he produced, one gains the impression that they were chiefly meant for intellectuals and humanists. For the most part they are works of scholarship, mainly in Latin; by comparison, he seldom printed Dutch or French texts. He was one of the first printers in the Netherlands to use roman and italic types for works in the vernacular. One of his beautiful printer's devices, a representation of Charity, is reproduced here. It is thought to have been designed by Grapheus's former fellow citizen, Pieter Coecke van Aelst.

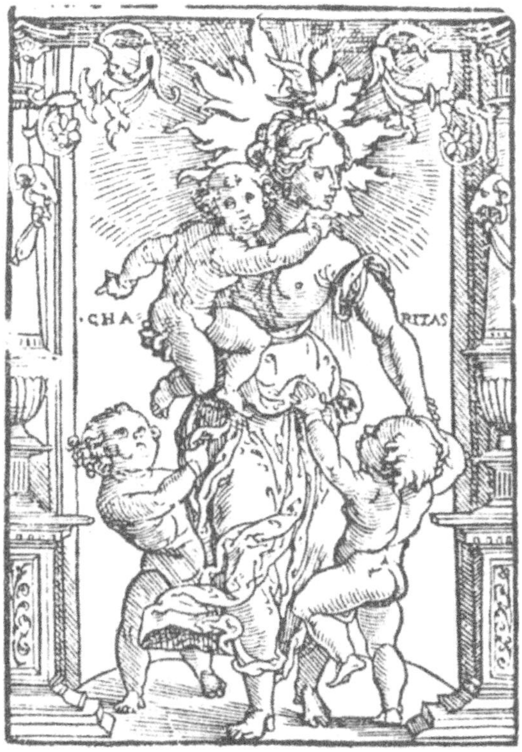
CHA
RITAS

JOHANNES SERVILIUS, LEXICON GRAECO-LATINUM

ANTWERPEN, J. GRAPHEUS VOOR J. STEELS, 1540

[NK 1900–NAT II, 6]

Johannes Steels is waarschijnlijk zelf nooit drukker geweest. Deze uiterst actieve uitgever die circa 1533 begon en werkzaam was tot 1562 heeft ongeveer driehonderdenvijftig drukken op zijn naam staan. Veel Antwerpse drukkers werkten voor hem en alhoewel het zwaartepunt na 1540 valt, komt vóór die datum Johannes Grapheus, zijn voornaamste drukker, toch in aanmerking. Interessant is hier vooral de relatie uitgever-drukker waarover helaas weinig bekend is uit deze periode. Welke rol speelde de uitgever bij de keus van de te drukken werken? Was dit slechts een louter financiële? Johannes Steels was in de eerste plaats een wetenschappelijk uitgever met vooral Latijnse werken, wat Spaans, een weinig Frans en nog minder Nederlands. Theologische uitgaven, wat voor deze periode begrijpelijk is, vormen het grootste aantal; verder Bijbels, woordenboeken, de best-seller Erasmus (de Bijbel, Luther en Erasmus werden wellicht het meest gedrukt in de 16de eeuw), en enkele klassieke auteurs zoals Prudentius en Plutarchus.

Een succesrijk boek uit deze tijd was het Grieks-Latijnse woordenboek samengesteld door Johannes Servilius of Jan Knapen, een humanist afkomstig uit Weert. De afgebeelde gracieuze titelborduur, uit diverse houtblokken samengesteld, in de stijl van Jan Swart, heeft weinig met de inhoud van het boek te maken. Merkwaardig is vooral het bovenste gedeelte, geïnspireerd door de Bijbeluitgave die in januari 1534 te Antwerpen verscheen bij Martin de Keyser. De afbeelding is in twee delen verdeeld door een boom. Naar links toe naar het Nieuw Verbond, draagt zij bladeren. Naar rechts toe, de oude Wet, is zij verdord. Voor de boom zit de zondige verloren mens. Een profeet wijst hem het kruis aan met Christus en het Lam Gods. Volgens Luther's interpretatie is Christus en het Lam Gods. Volgens Luther's interpretatie is Christus immers de enige weg tot redding. Alleen het geloof en niet de oude Wet kan de mens nog helpen. Het is opvallend hoe

Johannes Steels himself was probably never a printer. An extremely active publisher, beginning in 1533 and continuing until 1562, he was responsible for some three hundred and fifty printed editions. Many Antwerp printers did work for him, and although the peak of his output came after 1540, his chief printer, Johannes Grapheus, makes his appearance before that date. The most interesting point here is the relationship between printer and publisher, about which regrettably little is known in this period. What part did the publisher play, for example, in the choice of work to be printed? or was his role merely that of a financial intermediary? First and foremost Steels was a publisher of scholarly works, chiefly in Latin, but with some Spanish, a few French and a very few Dutch editions. Theology, understandably at this time, contributed the greatest percentage of titles, followed by the Bible, dictionaries, the best-selling author Erasmus (the Bible, Luther and Erasmus were probably the most often printed sources of texts in the sixteenth century) and a number of classical authors such as Prudentius and Plutarch.

A successful book from this time was the Greek-Latin dictionary compiled by Johannes Servilius or Jan Knapen, a humanist who came from Weert. This graceful title border composed of several woodcuts and in the style of Jan Swart has little to do with the content of the book. Most curious is the top section, inspired by the edition of the Bible which Martin de Keyser produced in Antwerp in January 1534. The picture is divided into two by a tree. On the left, towards the New Testament, it bears leaves. To the right, towards the Mosaic code, it is dry and leafless. At the foot of the tree is Man the Sinner. A prophet points to the cross and Christ and the Lamb of God. In Luther's interpretation, Christ is the only path to salvation. Faith alone, not the old Law, can help Man now. It is interesting how even the most innocent of books, even a dictionary, can remind its

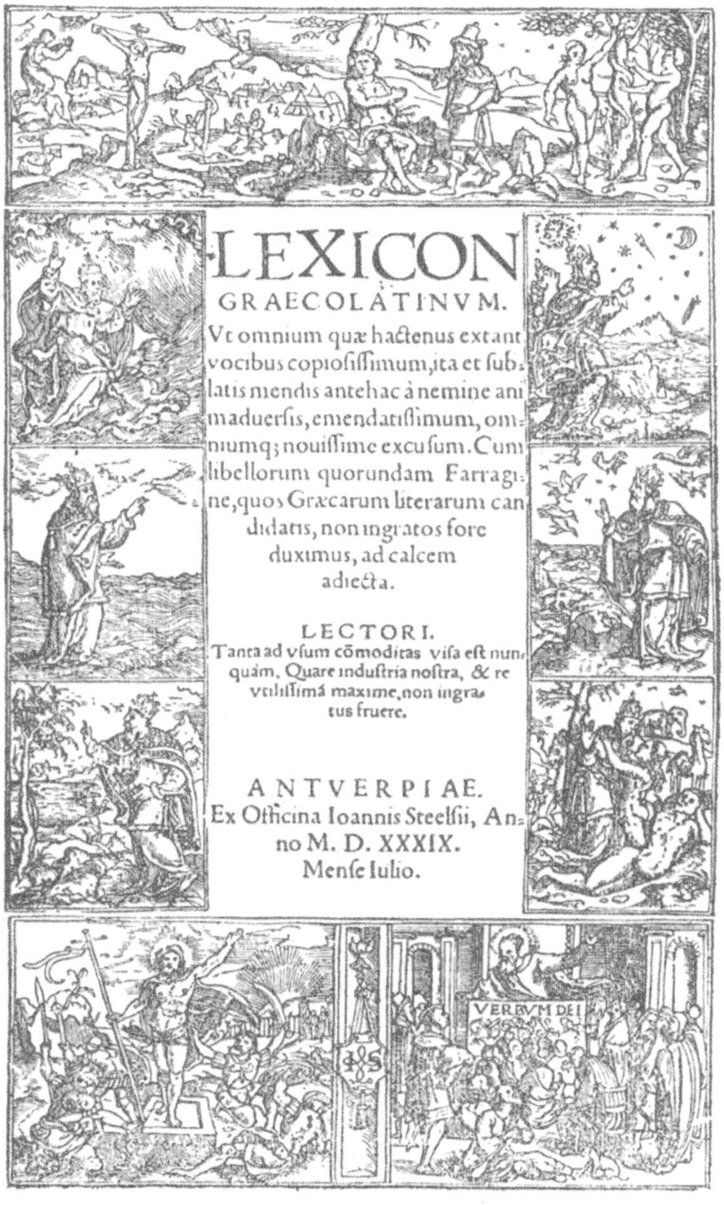

LEXICON
GRAECOLATINVM.
Vt omnium quæ hactenus extant vocibus copiosissimum, ita et sublatis mendis antehac à nemine animaduersis, emendatissimum, omniumq; nouissime excusum. Cum libellorum quorundam Farragine, quos Græcarum literarum candidatis, non ingratos fore duximus, ad calcem adiecta.

LECTORI.
Tanta ad vsum cōmoditas visa est nunquam, Quare industria nostra, & re vtilissimâ maxime, non ingratus fruere.

ANTVERPIAE.
Ex Officina Ioannis Steelsii, Anno M. D. XXXIX.
Mense Iulio.

verkleind/reduced

zelfs de meest onschuldige boeken, zoals bv. een woordenboek, door hun titelillustratie de herinnering van de reformator kunnen oproepen.

J. M.

readers of the great Reformer by an illustration on the title-page.

HANS HOLBEIN DE JONGE, HISTORIARUM VETERIS INSTRUMENTI ICONES

ANTWERPEN, J. STEELS, 1540

[NK 1103–NAT SUPP. III, 7, 8, 9]

Tweeennegentig afbeeldingen van geschiedenissen uit het Oude Testament; bovenaan de houtsnede enkele regels Latijnse tekst en onderaan de Spaanse versie. In 1538, te Lyon bij de gebroeders Trechsel, verscheen de eerste editie van dit werk naar ontwerpen van Hans Holbein de Jongere. De Antwerpse Steelsius-editie, een contrefaçon, geeft een zeer getrouwe kopie van de Trechsel-uitgave. Alle houtsneden zijn niet van dezelfde kwaliteit en worden aan diverse kunstenaars toegeschreven.

J. M.

This is a book of ninety-two illustrations of stories from the Old Testament. At the top of each woodcut there are a few lines of Latin text; at the bottom, the Spanish version. The first edition of this work was published by the Trechsel brothers in Lyon in 1538. The Antwerp edition by Steels, a pirated one, is a very faithful copy of the Trechsel edition. Not all the woodcuts are of the same quality, and they are attributed to several different artists.

IVDITH X.

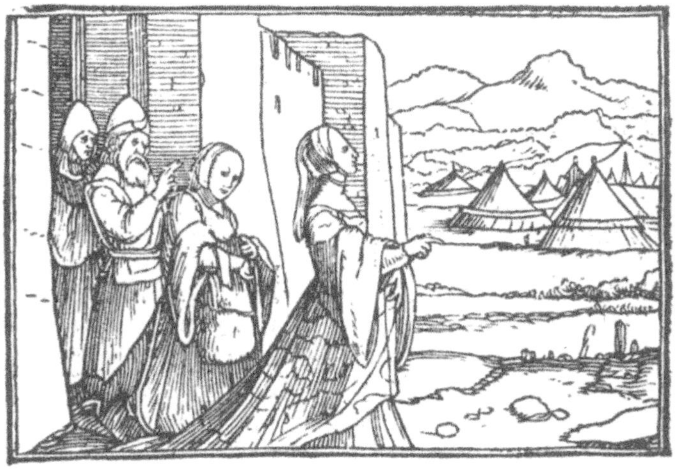

CANTICOR. I.

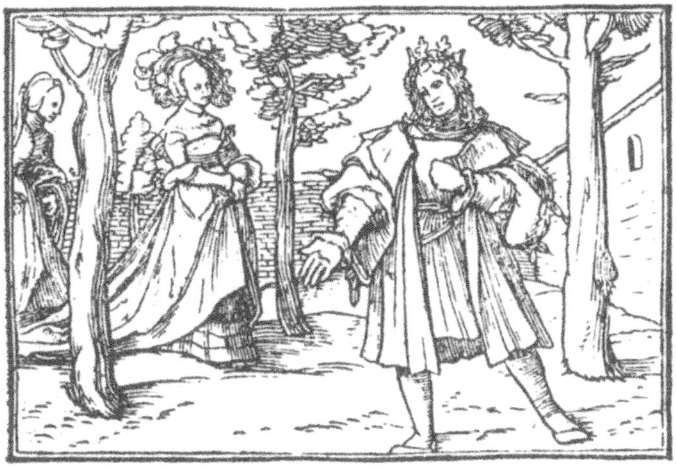

URBANUS REGIUS, DIALOGUS VAN DE PREKINGHE DIE CHRISTUS DEN TWEE DISCIPELEN DEDE, TOT EMAUS GAENDE OP DEN PAESDACH

ANTWERPEN?, NICLAES VAN OLDENBORCH, 1538

[NK 1789–NAT I, 2 EN 5]

Rondom de figuur van Niclaes van Oldenborch is alles mysterieus. Heeft hij wel bestaan? De data zijn duister, circa 1522–1557; over zijn leven is zo goed als niets bekend. Enkele drukken dragen zijn naam; ja, anders zou men zelfs die niet kennen. Geen enkel boek vermeldt zijn adres en de meeste zijn zonder datum of hebben een datum die veel te vroeg is. Zo dragen enkele vertalingen van Luther een datum die vroeger is dan het verschijnen van de oorspronkelijke Duitse tekst. Specialist als hij was in het gebruik van pseudoniemen en valse adressen weet men nog steeds niet of hij niet te vereenzelvigen valt met andere drukkers zoals bv. Mattheus Crom, Steven Mierdmans, en anderen. Eén feit is duidelijk, aan hem of zijn drukkerij worden uitsluitend hervormde boeken toegeschreven. Geen enkele drukker uit die periode heeft een dergelijk geheel van reformatorische boeken de wereld ingezonden. Uit de aard der zaak waren deze boeken klein, dun, sober gedrukt, onopvallend naar de vorm. Zij zijn nu uiterst zeldzaam geworden. Een typisch voorbeeld van een dergelijke bescheiden druk is het boekje van de Luther-aanhanger Regius waaruit een paar bladzijden afgebeeld worden.

J. M.

The figure of Niclaes van Oldenborch is shrouded in mystery. Indeed, did he really exist? His dates are obscure – about 1522–57; next to nothing is known about his life. There are a few editions bearing his name – if there were not, we should not even know it. Not a single one gives his address, and most have no date unless it is one that is much too early: some translations of Luther's works, for example, bear dates which are earlier than those of the original German text! A specialist in the use of pseudonyms and false addresses, it is still not known whether he is to be identified with one or more other printers such as Mattheus Crom, Steven Mierdmans, and so on... One fact is clear: only Protestant books are attributed to him or his printing house. No other printer of the period produced so uniformly Protestant a body of work. By their very nature these books were inclined to be small, thin, and soberly printed, generally inconspicuous, and now they have become extremely rare. A typical example of such a modest piece of printing is this little book by the Lutheran author Urbanus Regius.

Dialogus/

oft Tſamen ſpꝛekinghe.

Van de pꝛekinghe die Chꝛiſtus dē twee Diſcipelen dede, tot Emaus gaende op den Paeſdach, wt Moyſes ende alle den Pꝛopheten.

Doer Polytem Baſilium.

Luc. xxiiij.

O Ghi dwaſe ende traghe van herten/om te gheloouen alle het ghene dat de Pꝛophetē gheſpꝛoken hebben: Eñ moeſte Chꝛiſtus niet lijden/ende alſo in ſijn heerlicheyt gaen?

daerom wacht v. Anna.

God heb den eewijghen lof/ick merck nv wel/eñ wilt ooc onſen kinderē alſo inbeeldē. Lieue God/ hoe nootſakelijck iſt/dat wi die Godtheyt Chꝛiſti gheloouen/men ſoude eer alle creatueren inden hemel eñ op aerdē verloochenen/ eermen aen die Godheyt Chꝛiſti twijfele/ſo wilt toch nv voortgaen eñ bewijſt die ander gheboorte Chꝛiſti die hier inder tijt geſchiet is/doen hi een warachtich menſche geborē wert wt Maria der eewiger maecht.

Polytes.

Vander tijttelijker gheboorten Chꝛiſti / hebt ghi eensdeels daer bouen oock gehoort/ daer ick vander ſtammen ende gheſlachte Chꝛiſti/eñ van Maria die alder waerdichſte Gods Moeder gheſpꝛoken/eñ den ſpꝛueck Jeſaie aen.vij. capit.verclaert hebbe/dat die Sone Marie/Jeſus ſoude heeten/Jmmanuel dat is/God met ons .Eñ dē ſpꝛueck Michee aent.v.cap.Nv ſpꝛeect voꝛder daer van Jeſaias aent.ix.cap.

Ons is een kint gheboꝛen, een Sone is ons ghegheuen , wiens Heerſcappije op ſijne ſchouderen is.Ende hi heet wonderlijck,Raet, Cracht , God , Heldt , eewich Vader, Een vꝛeedſame Pꝛince,op dat ſijn Heerſchappije groot werde,en de des vꝛeeds gheen eynde en ſi op

P.iij. den

GUILIELMUS DE BRANTEGHEM, JESU CHRISTI VITA

ANTWERPEN, MATTHEUS CROM, 1537

[NK 486–NAT I, 2]

Het is niet geheel duidelijk wanneer Mattheus Crom met drukken begonnen is en er kan ook niet altijd met zekerheid worden uitgemaakt welke werken bij hem van de pers zijn gekomen. We kennen er een veertigtal met zijn naam en adres; maar daarnaast zijn er haast evenveel met een schijnadres of een schijndatum die aan hem worden toegeschreven. Een groot deel van zijn produktie had een reformatorische strekking en het is ongetwijfeld uit veiligheidsoverwegingen geweest dat hij omstreeks 1546 naar Engeland is uitgeweken. Nadien verliezen we zijn spoor.

De vroegste werken met zijn adres dateren uit 1537; een daarvan is *Jesu Christi vita*. Adriaen Kempe uit Boechout had daarvoor op 7 december 1537 een privilege bekomen; het boek kwam bij Crom van de pers op 24 december van dat jaar. Dit verhaal van het leven van Jesus Christus wordt op bijna elke bladzijde geïllustreerd met een kleine houtsnede; slechts één ervan, de komst van de Heilige Geest, beslaat een volle bladzijde. Ze waren alle gemaakt naar tekeningen van Lieven de Witte.

L. V. D. B.

It is not entirely clear when Mattheus Crom began his printing career, neither is it always possible to identify with certainty which editions were printed by him. There are about forty with his name and address, but there are also almost as many again with a fictitious address or date which are also attributed to him. A large proportion of the works which he printed had a Reformationist tenor and it was undoubtedly for considerations of safety that he moved to England in or about 1546. After that we lose track of him.

The earliest works with his address date from 1537. One of these is the *Jesu Christi vita*, for which Adriaen Kempe of Boechout had been granted a privilege on 7 December 1537: the book left the press in Crom's workshop on 24 December of that year. This life of Christ is illustrated on almost every page with a small woodcut; only one of these, the coming of the Holy Ghost, covers a full page. They were all cut after drawings by Lieven de Witte.

306 Replentur Spiritu

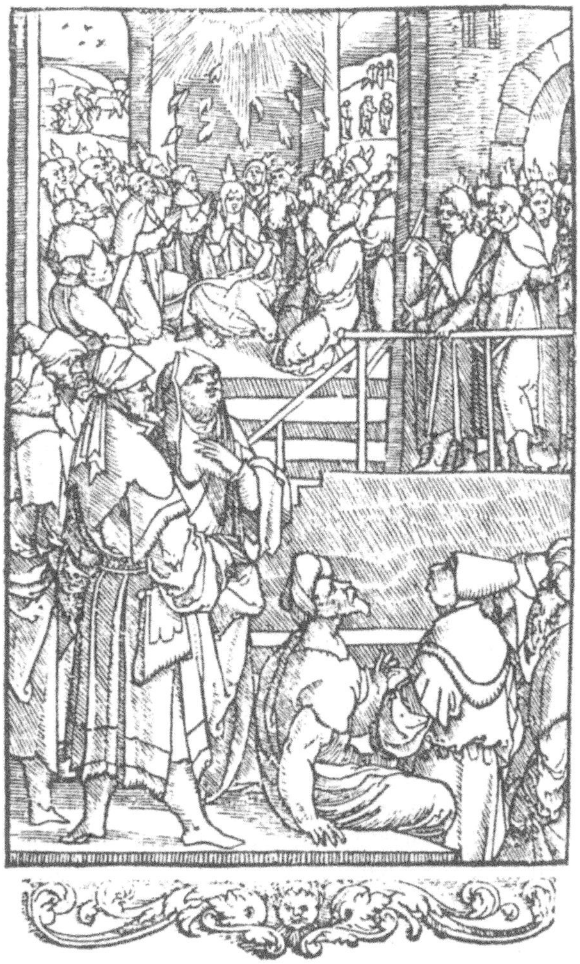

EUSEBIUS CAESARIENSIS, DIE HISTORIE DIE MEN HEET ECCLESIASTICA ...

ANTWERPEN, GOVAERT VAN DER HAGHEN, 1534

[NK 883–NAT, DERNIERS IMPRIMEURS, II, 8]

Eusebius van Cesarea (265–340), van Griekse origine, theoloog en bisschop van Cesarea in Palestina, is de auteur van een kerkgeschiedenis in tien delen, die met de dood van de Romeinse keizer C. Flavius Licinius in 324 eindigt. Dit opvallend strikt historische werk werd uit het Grieks in het Latijn vertaald door Rufinus (ca. 340–410), een Italiaans kerkelijk schrijver. De Griekse tekst verscheen in druk bij Robert Estienne te Parijs in 1544, de Latijnse vertaling te Rome in 1474, terwijl de Franse vertaling van Claude de Seyssel, bisschop van Marseille, in 1533 door Marten de Keyser te Antwerpen werd uitgegeven. De auteur van de Nederlandse vertaling is niet bekend. De eerste uitgave hiervan verscheen in 1534 te Antwerpen bij Govaert van der Haghen, alias Dumaeus, drukker, boekverkoper, uitgever en boekbinder te Antwerpen van 1518 tot 1535. Uitgever van een vijftigtal werken, drukte hijzelf er slechts een tiental waaronder Nederlandse en Engelse ketterse geschriften. De titelpagina van *Ecclesiastica*, met Gotische letters in zwart en rood, vertoont het impressum "In Onser Liever Vrouwen pant." De omlijsting, bestaande uit verschillende houtsneden in renaissance-stijl, verraadt door de weelderige decoratie tesamen met de vlotte lijnvoering Duitse inspiratie. Halverwege de opgaande lijsten staan op een voetstuk twee historische personages: M. Agrippa, schoonzoon van Octavius, en Agrippina, zijn kleindochter (waarbij misschien een toespeling gemaakt wordt op zijn geboortestad Keulen). Onderaan de bladzijde stellen vier kleine houtsneden de evangelisten met hun symbool voor.

A. R.

Eusebius of Caesarea (265–340), a theologian of Greek origin who was bishop of Caesarea in Palestine, is the author of a history of the church in ten volumes, ending at the death of the Roman emperor C. Flavius Licinius in 324. Remarkable for its strict adherence to historical fact, the work was translated from Greek into Latin by an Italian ecclesiastical writer, Rufinus (*c.* 340–410). The Greek text was printed by Robert Estienne in Paris in 1544, the Latin translation appeared in Rome as early as 1474, and the French version by Claude de Seyssel, bishop of Marseilles, was published by Marten de Keyser in Antwerp in 1533. As for the Dutch translation, its author has remained anonymous. The *editio princeps* was printed in Antwerp in 1534 by Govaert van der Haghen or Dumaeus, a printer, bookseller, publisher and bookbinder who was active in Antwerp from 1518 until 1535. The publisher of some fifty works, he himself printed only about ten, including some heterodox texts in Dutch and English. The title-page of the *Ecclesiastica*, printed in black and red in Gothic characters, bears the printer's address, "In Onser Liever Vrouwen pant" (At the house of Our Lady). The border, which is composed of several woodcuts in the Renaissance style, reveals its German inspiration in the exuberance of its decorative motifs coupled with their flowing lines. Half-way up the vertical sections stand two historical figures on pedestals: Marcus Agrippa, Octavian's son-in-law, and Agrippina, his granddaughter (an allusion, perhaps, to his birthplace Cologne). At the bottom of the page, four small woodcuts show the evangelists accompanied by their symbols.

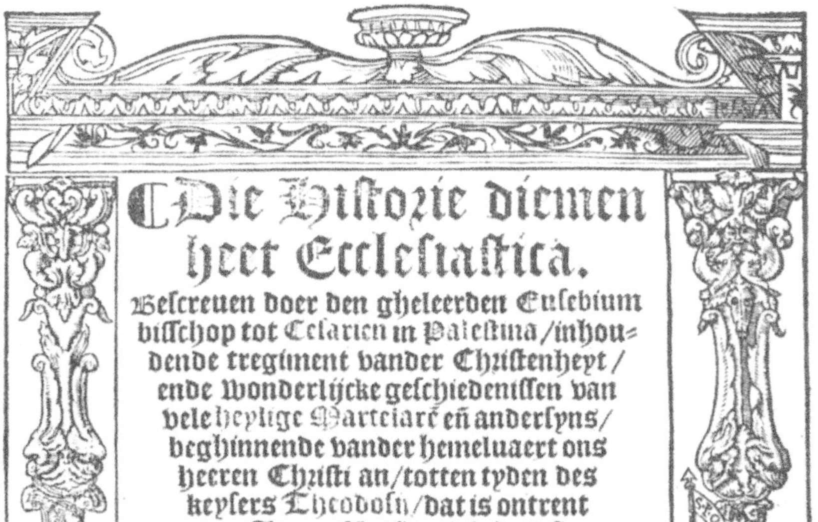
¶ Die Historie diemen
heet Ecclesiastica.
Bescreuen doer den gheleerden Eusebium
bisschop tot Cesarien in Palestina/inhou-
dende tregiment vander Christenheyt/
ende wonderlijcke geschiedenissen van
vele heylige Marteiarē eñ andersyns/
beghinnende vander hemeluaert ons
heeren Christi an/totten tyden des
keysers Theodosii/dat is ontrent
den Jaren Christi. CCC.XC.
¶ Eerst ghetranslateert wten Grierche
doer den priester Ruffinum/ Eñ nv (tot
ghemeynen oirbore) overghesedt in on-
ser duytscher spraken.

¶ Gheprent int iaer van gracien. M.D. eñ
XXXiij. Met Gracie ende Priuilegie der
Keyserlijcker Maiesteyt.
Tantwerpē in onser lieuer vrouwē pant by
my Gouaert vander haghen.

verkleind/reduced

S. BONAVENTURA, DE VERWECKINGHE DER GODLIJCKER LIEFDEN

ANTWERPEN, GORIS DE BONTE, 1535

[NK 470–NAT, DERNIERS IMPRIMEURS, I, 6]

Geboren te Lier omstreeks 1494 trad Goris de Bonte in 1520 in dienst bij Frans Birckman te Antwerpen. Een zestal jaren later begon hij voor eigen rekening te werken. Hij is voornamelijk bekend als boekverkoper maar heeft ook zelf gedrukt: boeken over aardrijkskunde en wetenschappen, maar vooral werken met een vrome inhoud. Het vroegst bekende door hem gedrukte werk, *De verweckinghe der godlijcker liefden*, is gedateerd 1 februari 1535. Daarin gebruikt hij als drukkersmerk hetzelfde merk dat hij al vroeger als uitgever had gevoerd: een griffioen die het schild van de stad Bazel vasthoudt; dit is een zinspeling op de naam van het huis waar hij jarenlang heeft gewoond en gewerkt, Den Schilt van Basel. Hij moet zijn activiteit als boekverkoper en drukker reeds geruime tijd vóór 1560 gestaakt hebben; in dat jaar treffen we hem namelijk aan als priester en kapelaan van de O.-L.-Vrouwekerk te Antwerpen.

L. V. D. B.

Born at Lierre in about 1494, Goris de Bonte entered the employment of Frans Birckman in Antwerp in 1520. Six years later he set up his own business. He is best known for his work as a bookseller, but he also printed some books himself: geography and the sciences were among his subjects, but the majority of his editions were devotional works. The earliest known work, printed by him, *De verweckinghe der godlijcker liefden*, is dated 1 February 1535. In this work he uses as his printer's mark the same mark he had already borne before as a publisher – a griffon holding the coat of arms of the city of Basle; this is an allusion to the name of the house where he lived and worked for many years, Den Schilt van Basel. He must have given up working as a bookseller and printer long before 1560: in that year we find him referred to as a priest and chaplain of the Onze-Lieve-Vrouwe church in Antwerp.

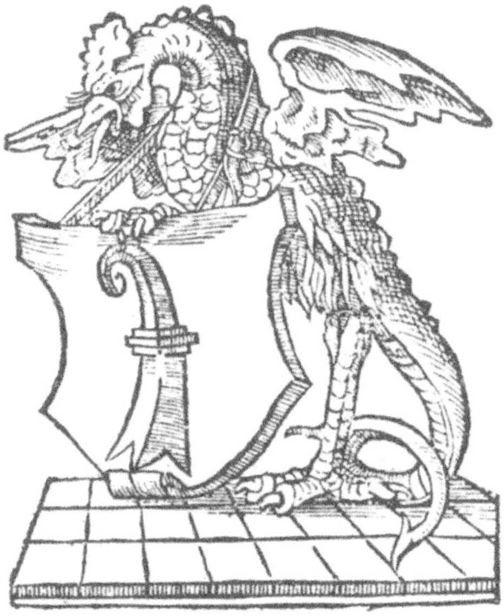

GEMMA PHRYSIUS, ARITHMETICAE PRACTICAE METHODUS FACILIS

ANTWERPEN, GILLIS COPPENS VAN DIEST, 1540

[NK 970–NAT, DERNIERS IMPRIMEURS, VI, 24]

Er is weinig bekend over het leven van Gillis Coppens van Diest. Geboren te Diest omstreeks 1496, treffen we hem in 1533 te Antwerpen aan waar hij door de Sint-Lucasgilde aanvaard wordt als vrijmeester-drukker. Voor zover bekend dateert zijn vroegste werk pas uit 1539. Van dan af is hij vrij produktief en hij blijft drukken tot zijn dood omstreeks 1572. Hij was gespecialiseerd in werken over cosmografie, rekenkunde, meetkunde, boekhouding, architectuur en astronomie. In verschillende van zijn drukken komt de hier gereproduceerde titelprent voor waarop we een geleerde aan zijn werktafel zien temidden van allerlei attributen als passer, winkelhaak, sextant, graadboog en globe.

L. V. D. B.

Little is known about the life of Gillis Coppens van Diest. He was born at Diest in about 1496, and we find him in 1533 in Antwerp, where he was accepted by the Guild of St. Luke as a master-printer. So far as is known, his earliest work dates from 1539, from which time onwards he was quite productive, continuing to print until quite soon before his death in about 1572. His specialities were works on cosmography, arithmetic, geometry, book-keeping, architecture and astronomy. In several of his editions we find the print illustrated here on the title-page. It shows a scholar at his desk, surrounded by all sorts of attributes such as compasses, a square, a sextant, a protractor and a globe.

ARITHMETICAE PRACTICAE METHODVS FACILIS, PER GEMMAM FRISIVM MEDICVM AC MATHEMATICVM.

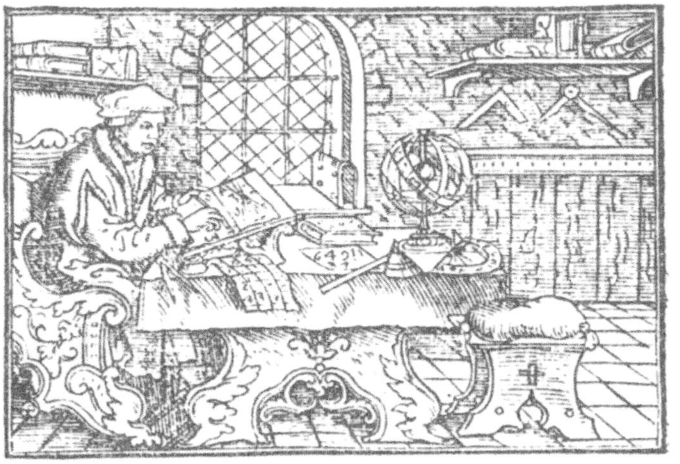

CHRISTIANUS MASSAEUS, CHRONICORUM LIBRI XX

ANTWERPEN, JOANNES CRINITUS, 1540

[NK 1500–NAT, DERNIERS IMPRIMEURS, VI, 25]

Er hangt een waas van geheimzinnigheid rond de figuur van Joannes Crinitus. In 1538 verschijnt te Antwerpen zijn eerste boek. Zijn naam lijkt wel een verlatijnste vorm maar in geen enkele bron kunnen we achterhalen wie hij was, waar hij het drukkersvak geleerd had of zelfs waar hij juist gevestigd was. Tijdens de volgende zeven jaren komen nog een dertigtal werken bij hem van de pers, alle in het Latijn en zeer verzorgd gedrukt. In 1540 geeft hij de *Chronicorum libri XX* in het licht. Twee verschillende titelbladen zijn daarvan bekend; op het eerste, dat hierbij gereproduceerd wordt, staat een allegorische voorstelling van Temperantia, op het tweede van Occasio. Door sommigen worden ze aangezien als zijn drukkersmerk; maar in zijn andere werken komt geen van beide nog voor. Op 3 januari 1547 ontvangt hij van de Raad van Brabant een octrooi als drukker. Zonder dat hij daarvan nog gebruik maakt, verdwijnt hij spoorloos.

L. V. D. B.

An air of mystery hangs over the figure of Joannes Crinitus. His first book, as far as we know, appeared at Antwerp in 1538. His name looks as though it is a Latinized form, but so far not a single source has revealed who he may have been, where he learnt the printer's trade, or even exactly where his workshop was situated. During the next seven years some thirty books came from his press, all in Latin and extremely carefully printed. In 1540 he published the *Chronicorum libri XX*. Two different title-pages are known for this edition: on the first, which is reproduced here, we see an allegorical representation of Temperance; on the second, one of Opportunity. Some have seen these as his printer's marks, but neither of them appears in his other works. On 3 January 1547 he is granted a patent as a printer by the Council of Brabant, but before once making use of it he disappears without trace.

CHRONICORVM

MVLTIPLICIS HISTORIAE
Vtriusque testamenti, Christiano
Massæo Cameracenate
authore,
LIBRI VIGINTI.

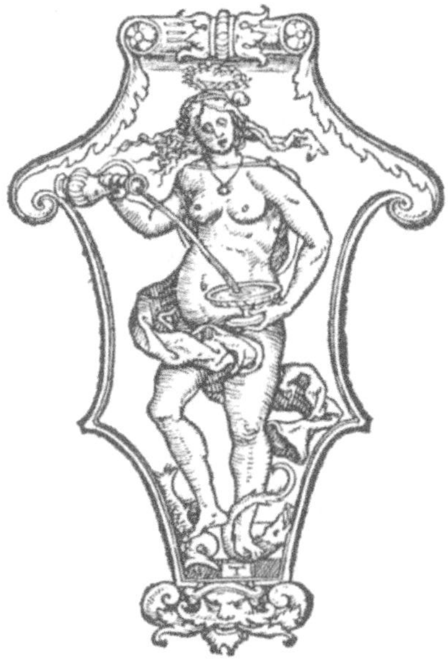

ANTVERPIAE EXCVDEBAT
IOANNES CRINITVS
ANNO M. D. XL.

Cum Priuilegio cęsareo.

verkleind/reduced

CORNELIUS SCRIBONIUS GRAPHEUS, PACIS INTER CAROLUM V ET FRANCISCUM I DESCRIPTIO

ANTWERPEN, JOANNES COCCIUS, 1540

[NK 1023–NAT, DERNIERS IMPRIMEURS, VI, 27]

Joannes Coccius was afkomstig uit Utrecht en werd begin december 1535 poorter van Antwerpen. Kort tevoren was hij getrouwd met de weduwe van Govaert van der Haghen. Uit de huwelijkse voorwaarden van 8 november 1535 weten we dat hij niets, zijn bruid daarentegen een vrij aanzienlijke bruidsschat meebracht. Hij is tussen 1536 en 1541 haast uitsluitend als uitgever actief geweest. Toch heeft hij een paar korte teksten gedrukt; een daarvan is *Pacis inter Carolum V et Franciscum I descriptio*, een verzameling lofdichten geschreven door de Antwerpse stadssecretaris Cornelis Scribonius Grapheus naar aanleiding van de door Karel V en Frans I gesloten vrede. In 1541 schijnt hij zijn activiteit te hebben gestaakt. Wellicht hangt dit samen met het feit dat hij gescheiden ging leven van zijn echtgenote; er volgde weliswaar een verzoening op 3 maart 1548 maar nergens vinden we nog sporen van enige uitgave op zijn naam.

L. V. D. B.

Joannes Coccius came from Utrecht and was made a burgess of Antwerp at the beginning of December 1535. Shortly before that he had married the widow of Govaert van der Haghen. From the marriage settlement of 8 November 1535 we know that he brought nothing, whereas his bride brought quite a considerable dowry. Between 1536 and 1541 he was active almost exclusively as a publisher. He did, however, print a few short texts. One of these is *Pacis inter Carolum V et Franciscum I descriptio*, a collection of panegyrics written by the Antwerp city clerk Cornelis Scribonius Grapheus to mark the peace concluded by Charles V and Francis I. He appears to have stopped printing in 1541. This may be connected with the fact that he separated from his wife: there was, in fact, a reconciliation on 3 March 1548, but there are no traces of any further editions published under his name.

PRO DIVI CAROLI . V. IMP. CAES. SEMPER AVG. Anno M . D . XX . ex Hiſpaniis per Britanniam in patriam reditu , Aggratulatio.

Per Corn. Scrib. Grapheum.

AEöle, quem (merito) Diuum pater, atque hominũ rex
Ventorum Regem , Indupe ratoremque potentem
Fecit, & aërias uoluit regnare per oras,
Ingentem ſceptris , & maieſtate tremendum,
Per Styga, perque tuum Ventis uenerabile numen
Te adiuro, cohibe inſanos procul æquore Ventos,
Ne attollant fluctus, tempeſtatesque ſonanteis
Marmora per moueant, uinclisque & carcere claude
Indomitos, fremitent circum ſua clauſtra, ſuperbo
Murmure, & æoliis latitet gens ſæua ſub antris,
Præcipue infeſto Boreas furibundus hiatu,
Et ſocius Carbas, Aquiloque, & Caurus, & atrox
Argeſtes, Eurusque ferox, rapidusque uolatu

Vul

EVANGELIA ET EPISTOLAE, BREVIUSCULIS QUIBUSDAM HERMANNI TORRENTINI SCHOLIIS ILLUSTRATA

ANTWERPEN, ANTHONIS VAN DER HAGHEN, 1540

[NK 897–NAT, DERNIERS IMPRIMEURS, VIII, 32–33]

Anthonis van der Haghen, alias Dumaeus, is de zoon en opvolger van Govaert van der Haghen, schoonbroer van de Antwerpse drukker Jan van der Loe en door het hertrouwen van zijn moeder in 1535 met de Antwerpse boekhandelaar Joannes Coccius, schoonzoon van deze laatste. Anthonis van der Haghen, drukker-uitgever, deed tussen 1540 en 1543 "in Onser Lieven Vrouwen Pant" te Antwerpen een twintigtal boeken verschijnen, voornamelijk godsdienstige werken en teksten van klassieke auteurs en humanisten. Bij het begin van zijn loopbaan drukte hij de Evangeliën en de Epistelen met glossen van Hermannus Torrentinus (van der Beken), een Broeder des Gemenen Levens uit de Noordelijke Nederlanden. De titelpagina is duidelijk en sober, de titel zelf omgeven door een fijne renaissance-sierlijst in houtsnede, bestaande uit ranken, kandelabers en merkwaardige canopen.

A. R.

Son and successor to Govaert van der Haghen, brother-in-law to the Antwerp printer Jan van der Loe and by the remarriage of his mother in 1535 to the Antwerp bookseller Joannes Coccius, the latter's stepson, Anthonis van der Haghen or Dumaeus, printer–publisher, produced some twenty books "in Onser Liever Vrouwen Pant" between 1540 and 1543. Most of these are religious works or texts by classical authors and humanists. It was at the beginning of his brief career that he published the Gospels and the Epistles, with glosses by Hermannus Torrentinus (van der Beken), a Brother of the Common Life from the northern Netherlands. The title-page is one of clarity and restraint, the text being bounded by a dainty ornamental border of woodcuts in the Renaissance style, composed of tendrils, candelabra and curious canopic urns.

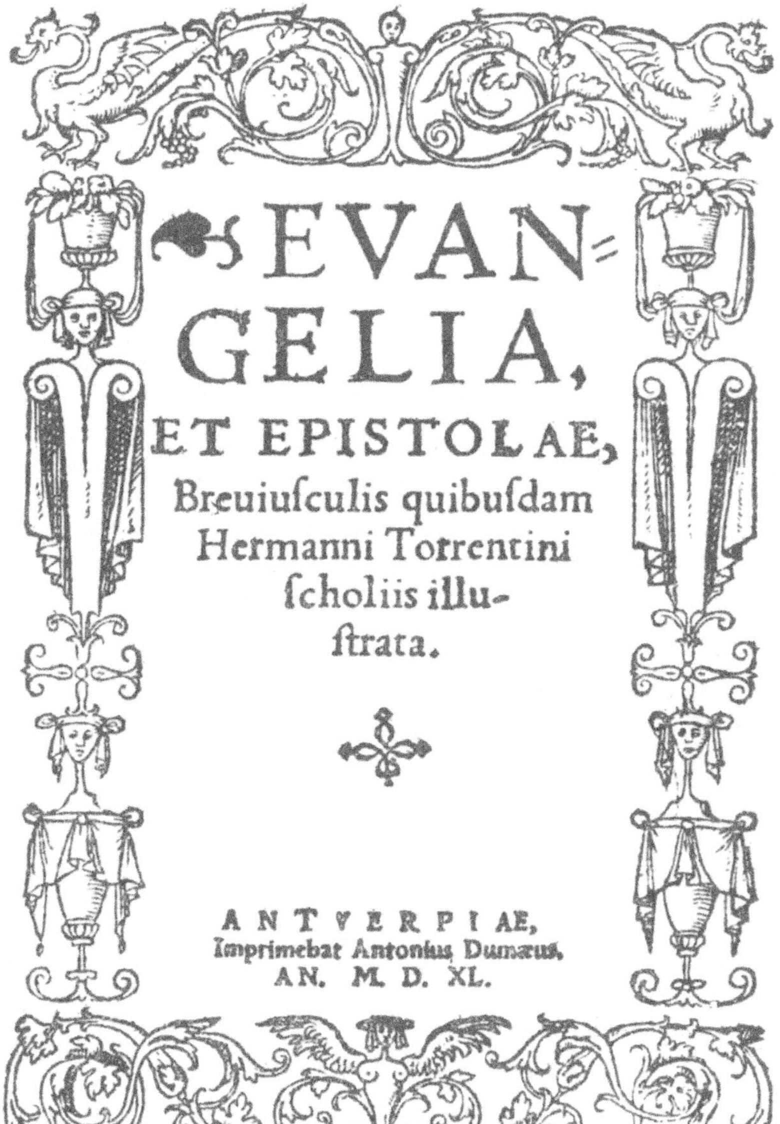

EVAN-
GELIA,
ET EPISTOLAE,
Breuiuſculis quibuſdam
Hermanni Torrentini
ſcholiis illu-
ſtrata.

ANTVERPIAE,
Imprimebat Antonius Dumæus.
AN. M. D. XL.

verkleind/reduced

ROSARIUM MYSTICUM ANIMAE FIDELIS

ANTWERPEN, MARTEN DE KEYSER & WILLEM VORSTERMAN, 1535

[NK 1807]

Deze "mystieke rozenkrans," bestaande uit vijftien tientjes, is verlucht met zesenvijftig fraaie houtsneden die het leven van Maria uitbeelden. Het boek kende ongetwijfeld veel bijval, aangezien alleen al Marten de Keyser er tussen 1533 en 1535 zes uitgaven van bezorgde, in het Latijn, het Nederlands, het Frans en het Engels. In al deze uitgaven komen dezelfde houtsneden voor; één, de Schepping van Eva, vertoont het jaartal 1530. Zij zijn niet gesigneerd maar werden toegeschreven aan de Duitse graveur Anton van Worms. Men treft ze inderdaad aan in de allereerste uitgave van dit werk, in het Duits verschenen bij Eucharius Cervicornus te Keulen omstreeks 1530–1531. Op de Latijnse uitgave van 1535, de derde bij De Keyser verschenen, komt zijn naam voor, samen met die van een van zijn collega's, Willem Vorsterman. Een van de meest verfijnde afbeeldingen is het huiselijk tafereel waar de Heilige Familie aan het werk is. In een landelijke omgeving zien wij op het erf van een boerderij Maria aan het naaien terwijl Jozef met een bijl hout klein hakt dat door het kind Jezus in een mand wordt geschikt. De vlotte tekening en een luchtige opstelling van de personages dragen bij tot de rust en het stil levensgenot dat van dit tafereeltje uitgaat.

A. R.

This "mystic rosary," prayers to the Virgin to be recited on a chaplet composed of fifteen decades of aves preceded by a paternoster, is illustrated by fifty-six charming woodcuts depicting the life of St. Mary. The book was undoubtedly a great success, for Marten de Keyser alone published six editions in Latin, Flemish, French and English between 1533 and 1535. All these editions were adorned with the same woodcuts, one of which, the Creation of Eve, bears the date 1530. They are not signed, but have been ascribed to a German engraver named Anton von Worms; and they are found in the work's *editio princeps*, which appeared in German at Cologne in about 1530–1531, published by Eucharius Cervicornus. The Latin edition of 1535, the third to be published by De Keyser, names the printer in association with one of his colleagues in Antwerp, Willem Vorsterman. One of the most delightful illustrations in the book shows a scene of family life: the Holy Family at work. In a rustic setting we see a farmyard with Mary sewing, while Joseph chops wood which the child Jesus arranges in a basket. The easy manner of execution and flexibility of the design contribute to the sense of calm and gentleness which emanates from this little tableau.

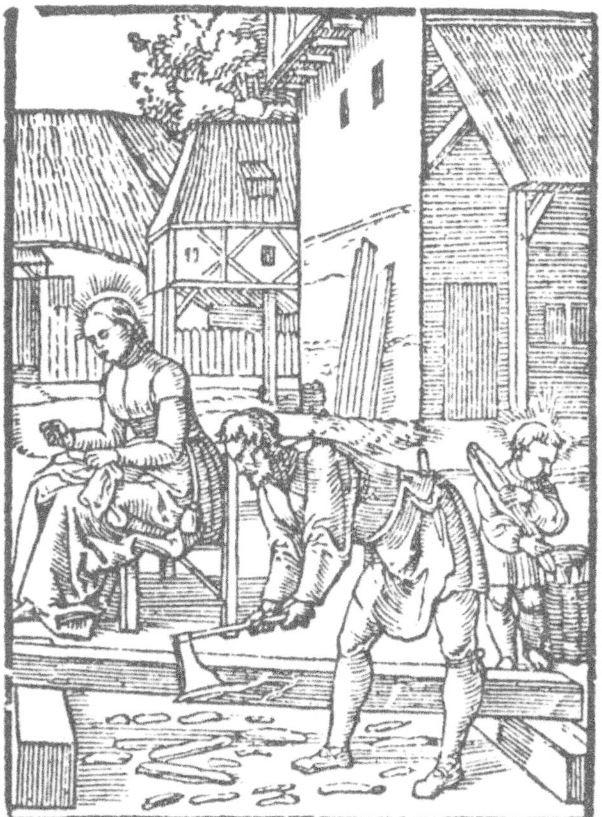

Poſtea deſcēdit Ieſus cum eis
& venit Nazareth, & erat ſubdi
tus illis. Et mater eius cōſeruabat

MARTIN LUTHER, DIE EPISTEL VAN S. PAUWELS TOT DIE GALATEN... UUTGELEYT DOOR EENEN GELEERDEN ENDE CHRISTELICKEN MAN

ANTWERPEN, JAN HILLEN VAN HOOCHSTRATEN, CA. 1526

[NK 1433–NAT I, 8]

Jan Hillen van Hoochstraten, verwant aan Michiel Hillen van Hoochstraten, heeft een bewogen, gedeeltelijk ondergrondse, drukkersloopbaan gekend. Hij gaf inderdaad, meestal onder schijnadressen, ketterse geschriften uit, te Hamburg vermoedelijk omstreeks 1522–1523, te Antwerpen van 1526 tot 1530, te Lübeck in 1531 en 1532, te Lund van 1533 tot 1535, waar hij voor de hervormde kanunnik Christiern Pedersen werkte, en opnieuw te Antwerpen van 1535 tot 1540. In 1525 en 1526, en van 1540 tot 1543 gaf hij onder zijn eigen naam te Antwerpen orthodoxe boeken uit; op het eind van zijn loopbaan gebruikte hij het drukkersmerk en de lettertypen van Michiel Hillen. Tot de hervormde auteurs wier geschriften hij op de pers legde, behoort Maarten Luther (1483–1546). Deze augustijner monnik en hoogleraar aan de universiteit van Wittenberg begon in 1515 met zijn commentaar op de brieven van Sint Paulus; hieruit distilleerde hij zijn heilsleer voor het geloof en in 1520 verkondigde hij dat alleen de Heilige Schrift gezag had. In de ban sedert 1521, wijdde hij zich verder aan het schrijven; zijn geschriften vonden snel de weg naar de Nederlanden waar zij in het Nederlands vertaald werden om voor iedereen toegankelijk te zijn. Luthers tekstverklaring op de Brief aan de Galaten verscheen in het Latijn in 1519. De Duitse vertaling van Vincentius Heydnecker zag het licht te Wittenberg in 1525, met een woord vooraf van Johann Bugenhagen. Dit woord vooraf is eveneens in de anonieme Nederlandse vertaling opgenomen; deze laatste verscheen bij Jan Hillen te Antwerpen omstreeks 1526. Luthers naam komt niet in de titel voor, maar de inleiding, gesigneerd DM, verraadt de auteur. De titel is gevat in een omlijsting bestaande uit vier houtsneden: de drie Gratiën – de "Charites" –, naakt, aanwezig bij de geboorte van Venus of dansend voor Apollo. Dezelfde vrij ruwe houtsneden komen voor in *Iocorum veterum ac recentium libri tres* van Barlandus, door Michiel Hillen in 1529 uitgegeven. Zij zijn vermoedelijk van Duitse oorsprong.

A. R.

A relative of Michiel Hillen van Hoochstraten, Jan Hillen van Hoochstraten had an eventful career as a printer, some of it clandestine. Indeed, he published a considerable number of heretical writings, chiefly under the cover of fictitious addresses. He worked at Hamburg almost certainly about 1522–1523, at Antwerp from 1526 until 1530, at Lübeck in 1531–1532, from 1533 until 1535 at Lund, where he worked for the reformed canon Christiern Pedersen, and again at Antwerp from 1535 until 1540. In 1525 and 1526 and from 1540 until 1543 he published at Antwerp orthodox books under his own name, at the end of his career using the device and types of Michiel Hillen. Martin Luther (1483–1546) was one of the Reformers whose writings he printed. An Augustinian friar and teacher at the University of Wittenberg, Luther embarked in 1515 on his commentary to the Epistles of St. Paul, from which he developed his doctrine of salvation through Faith; in 1520 he proclaimed the sole authority of the Holy Scripture. Excommunicated in 1521, he devoted himself to his writings, which rapidly reached the Low Countries where they were translated into Dutch to make them accessible to the common people. Luther's exegesis of the Epistle to the Galatians appeared in Latin in 1519; a German translation by Vincentius Heydnecker was published at Wittenberg in 1525, with a preface by Johann Bugenhagen which was also used for the Dutch translation – whose author is unknown but which was published by Jan Hillen at Antwerp in about 1526. Luther's name does not appear on the title-page but the author's identity is revealed by the initials DM at the end of the preface. The title-page is decorated by a border consisting of four woodcuts. It shows the three Graces – the Charities – nude, at the birth of Venus and dancing before Apollo. The same woodcuts, which appear to have been executed in some haste, are to be seen in a work by Barlandus, *Iocorum veterum ac recentium libri tres*, published by Jan Hillen van Hoochstraten in 1529. They are undoubtedly of German origin.

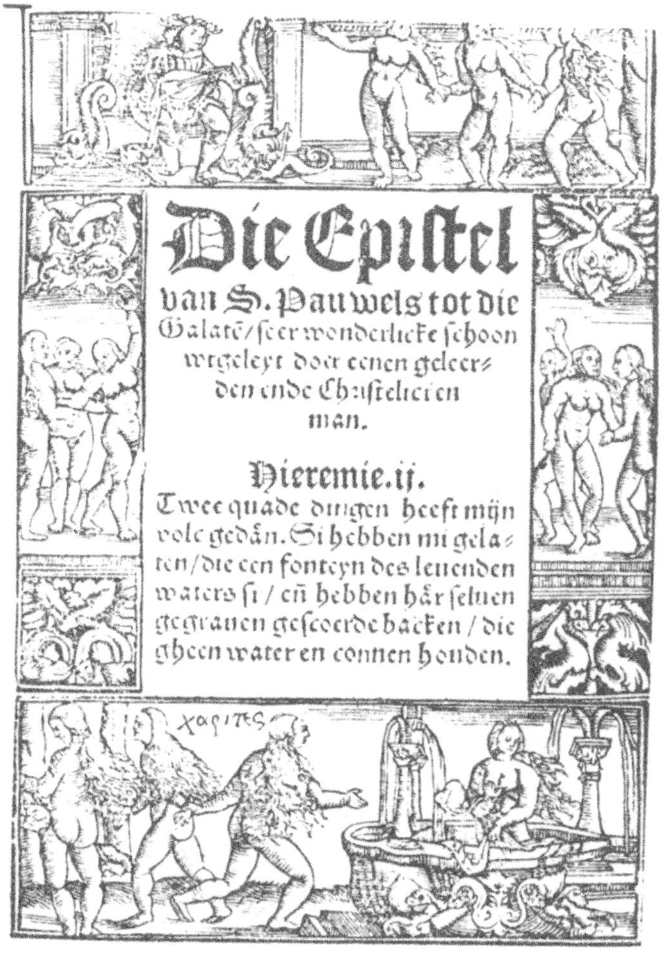

Die Epistel
van S. Pauwels tot die
Galatē / seer wonderlicke schoon
wtgeleyt door eenen geleer-
den ende Christelicken
man.

Hieremie.ij.
Twee quade dingen heeft mijn
volc gedān. Si hebben mi gela-
ten / die een fonteyn des leuenden
waters si / eñ hebben hār seluen
gegrauen gescoerde backen / die
gheen water en connen houden.

CORNELIS VAN BAERSDORP, METHODUS UNIVERSAE ARTIS MEDICAE

BRUGGE, HUBERT DE CROOCK, 1538

[NK 163–NAT IV, 17]

Brugge kende, na het vertrek van William Caxton omstreeks 1476 naar Westminster en het verdwijnen van Colard Mansion in 1484, voor een dertigtal jaren, geen enkele belangrijke drukker meer. Pas met Hubert de Croock, vanaf 1523 tot circa 1544, begint de stad weer een rol te spelen in de drukkerswereld. Hubert de Croock, van wie slechts een vijftiental drukken bekend zijn, kon daarmee moeilijk alleen in leven blijven; hij sneed en verkocht bijgevolg heel wat volksillustratie (devotieprenten, bedevaartvaantjes, merken, en dergelijken). Zo komt het dat hij niet onbekend is als figuur- of houtsnijder alhoewel geen enkele van zijn prenten een initiaal draagt. Op grond van de uiteenlopende kwaliteit van zijn houtsneden is het ook niet mogelijk alle prenten uit zijn boeken aan hem toe te schrijven (bv. die uit Joost de Damhoudere). Door een gelukkige omstandigheid, nl. zijn kontakt met de Brugse humanistenkring, kon hij werken van tal van auteurs drukken wier belang zich ver over de grenzen van zijn stad uitstrekte: zoals de Brugse rechtsgeleerde Joost de Damhoudere, of de historicus Johan de Meyer, maar vooral een zevental edities van de in Brugge verblijvende Spaanse humanist Juan Luis Vives waaronder het eerste bekende traktaat over armenzorg *De subventione pauperum* van 1526.

Het gereproduceerde titelblad is afkomstig uit het werk van Cornelis van Baersdorp, *de Methodus universae artis medicae*, een in-folio van 90 bladen, dat op 4 juli 1538 verscheen. Van Baersdorp, de officiële arts van Keizer Karel V, was een vurig aanhanger van Galenus en zijn traditionele medische opvattingen waren moeilijk met die van Vesalius in overeenstemming te brengen. Zoals uit de titel blijkt wenst de auteur een universeel systeem van geneeskunde te schrijven geconcipieerd *ex galeni traditionibus*. De betekenis van dit universele systeem wordt duidelijk geïllustreerd door de titelhoutsnede. Omgeven door spreuken uit de Bijbel en van de klassieke auteurs troont bovenaan de Creator. Galenus en Hippocrates, omringd door deugden en ondeugden, suggereren aan de lezers

After William Caxton's departure for Westminster in about 1476 and the death of Colard Mansion in 1484, there was a period of about three decades in which there was not a single printer of any importance in Bruges. It was only with the work of Hubert de Croock, between 1523 and about 1544, that the town again began to play a part in the world of printing. Only about fifteen editions printed by De Croock are known to exist: representing a level of productivity from which he could hardly have made a living. Not surprisingly, then, he also engraved and sold large numbers of popular woodcuts – devotional prints, pilgrimage banners, brand marks and the like. Thus he enjoyed something of a reputation as a carver and wood-engraver, even though none of his prints bears an initial. Because of the varying quality of his woodcuts it is not possible to attribute all the prints from his books to him (e.g. those in the works of Joost de Damhoudere). Thanks to a fortunate circumstance, viz. his connection with the circle of humanists in Bruges, he was able to print the work of many an author whose importance reached far beyond the boundaries of the town, such as De Damhoudere, a legal Bruges scholar, or the historian Johan de Meyer. Most prominent, however, are the seven editions of works by the humanist Juan Luis Vives, a Spaniard living in Bruges, including the first known treatise about poor relief, *De subventione pauperum*, dating from 1526.

The title-page reproduced here is from a work written by Cornelis van Baersdorp, the *Methodus universae artis medicae*, a folio edition of ninety leaves which appeared on 4 July 1538. Van Baersdorp, who was court physician to Charles V, was a fervent supporter of Galen, and his traditional views of medicine were difficult to reconcile with those of Vesalius. As is apparent from the title, it is the author's desire to write a universal system of medicine drawn *ex galeni traditionibus*. The meaning of this universal system is illustrated clearly by the woodcut. The Creator sits enthroned at the top

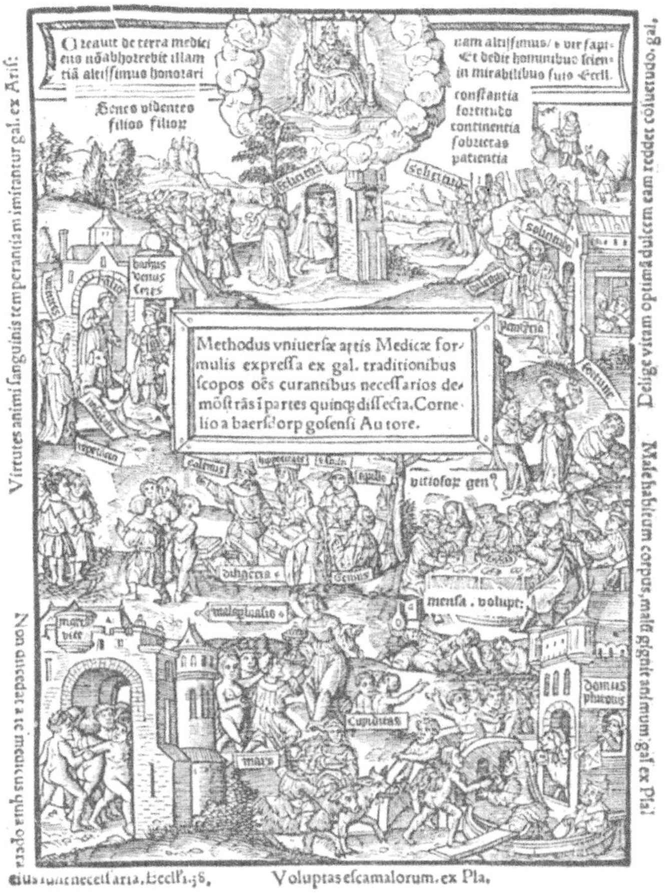

verkleind/reduced

welke de gevolgen van de gekozen levenswandel zullen zijn. Hoe ver staat deze afbeelding niet af van de titelpagina van Vesalius' *Fabrica* die nauwelijks 5 jaar later het licht zal zien.

Hubert de Croock kan naar onze mening moeilijk zelf deze plaat ontworpen en gesneden hebben; zij doet veeleer denken aan de Straatburgse boekillustraties.

J. M.

of the picture, surrounded by sayings from the Bible and the classical authors. Galen and Hippocrates, surrounded by virtues and vices, suggest to the reader what the consequences of his chosen mode of life may be. This illustration is a far cry from the title-page of Vesalius's *Fabrica*, which was to be published barely five years later.

It seems scarcely likely that Hubert de Croock designed and engraved this woodcut himself. It is far more reminiscent of the book illustrations of Strasbourg.

MAGNINUS MEDIOLANENSIS
TREGEMENT DER GHESONTHEYT

BRUSSEL, THOMAS VANDER NOOT, 1514

[NK 1453–NAT II, 4]

Hiernaast staat afgebeeld een van de zestien grote houtsneden die dit gezondheidstraktaat illustreren. *Tregement* wordt toegeschreven aan Magninus van Milaan (14de eeuw) die het zou bewerkt hebben naar het middeleeuwse *Regimen sanitatis* van Arnoldus de Villanova. Het is misschien door Thomas vander Noot zelf uit het Latijn vertaald; in elk geval heeft hij er de eerste uitgave in het Nederlands van bezorgd. Dit geschrift is uitdrukkelijk bedoeld als een vademecum voor de gezonde mens, *niet* ten behoeve van de zieke: behalve over aderlaten en laxeren, over baden en zwangerschap wordt er o.m. ook geschreven over voeding, klimaat en leefgewoonten.

Tregement is, evenals *Tscep* dat een paar maanden vroeger verscheen (zie p. 110), een folio-uitgave, 92 bladen tellend met de tekst over twee kolommen gezet. De mooie houtsneden worden door Delen aan de talentvolle Tweede Meester van Vander Noot toegeschreven. Er is een reeks van zestien grote die o.m. de badstove uitbeelden, het kraambed, de voedster, de vier elementen, een gezelschap aan de dis verenigd. Het vijfentwintigtal kleinere houtsneden stellen kruiden en vruchten voor.

E. C.-I.

A. J. J. Delen, *Histoire de la gravure dans les anciens Pays-Bas*..., II-1. Paris-Bruxelles, 1934, pp. 30–32.

L. Elaut, "De Nederlandse bewerking (1514 en 1554) van Magninus' Regimen sanitatus", in: *Het Boek*, 36, 1963–64, pp. 80–88.

The reproduction opposite is of one of the sixteen large woodcuts which illustrate this treatise on good health. *Tregement* is attributed to Magninus of Milan (14th c.), who is supposed to have adapted it from the medieval *Regimen sanitatis* by Arnald of Villanova. It may have been translated from Latin by Thomas vander Noot himself: certainly he was the first person to produce an edition in Dutch. The work itself is expressly intended as a vade-mecum for those in good health, *not* for the sick: apart from blood-letting and laxatives, bathing and pregnancy, there are also sections on diet, climate and daily habits.

Like *Tscep*, which appeared a few months earlier (see p. 110), *Tregement* is a folio edition, containing ninety-two leaves with the text divided over two columns. The fine woodcuts are ascribed by Delen to the talented Second Master of Vander Noot. There is a series of sixteen large woodcuts depicting, *inter alia*, the bath-house, childbed, the wet-nurse, the four elements, and a company at table. The twenty-five smaller ones are of herbs and fruits.

A. J. J. Delen, *Histoire de la gravure dans les anciens Pays-Bas*... II-1. Paris-Bruxelles, 1934, pp. 30–32.

L. Elaut, "De Nederlandse bewerking (1514 en 1554) van Magninus' Regimen sanitatis," in: *Het Boek* 36, 1963–64, pp. 80–88.

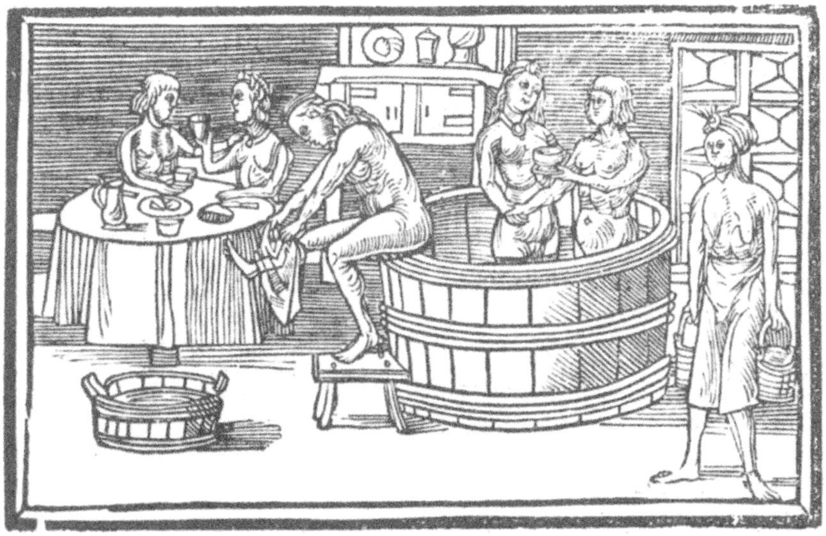

¶ Vanden baden Ca.xliij
Na die consideracien der exercicië
ende des wriuens volcht de cõsi-
deracie des badens: om dat het bat die
buitenste leden wascht ende suuert vã
die onsuuerheyt die in die wterste plaẽ
heyt der leden doer dexercicie of oefeni-
ghe ouer bleuen es Voertmeer eest sa-
ke dat onder de huyt iet achter ghelatẽ
es dat niet ghenoech ontbonden en es
van die ouervloedicheden der derder v̈
duwinghen: dat wort midts den bade
ontlost Voert meer om eenighe die nz
exerceren en moghen midts cranchhz
der leden of om eenige ander onmach-
tichept so veruult dat bat eenighe ma-
niere der exercicië. Voert meer maect
het bat de leden ghetempertlijck vocht
die bi auontueren midts dexercicie oft
wriuinghe enichsins verdroocht ende
vercout sijn Mits den welckẽ dat rede
lijck ghenoech is datmen na dexercicie
ende na de wriuinghe vande bade de-
terminere Het baden helpt den slaep
voertcomẽ Het hulpt de verstoptheđẽ
openẽ Het hulpt den buyck ontbiden/
Het hulpt dat voetsel tot de plaenheyt
der huyt trecken. Het hulpt somwijls
den buyck bedwingen ende die v̈moet
heyt verdriuen Somtijts doeget ver-
coelen ende somtijts verwermen. Sõ
tyts droghet eñ somtijts maket vocht
Het verwermt in sijn eerste ontmoeti
ghe der werckelijcker wermheden der
locht ende des waters confoerterende
die verduwinghe der couder humoren
Maer het vercoelt ontbidende de het
te ende den gheest der ghevoellijcker
couden des waters meer dãt betaemt
Waerom al eest sake dat het water bp
g ij

verkleind/reduced

UIT: TBOUCK VAN WONDRE, 1513

DRUKKERSMERK VAN THOMAS VANDER NOOT

[NK 433–CF. NAT III, 6]

Thomas vander Noot behoorde tot een oud Brussels geslacht, waarvan er misschien wel verschillende leden in dienst van de Bourgondische hertogen zijn geweest. Het familiewapen prijkt op het schild dat de helmboswuivende zeeridder, met getrokken zwaard uit een moeras stijgend, met de linkerhand naar voor houdt. Dit drukkersmerk (125 × 93 mm) gebruikt Vander Noot vanaf 1508. Zijn kenspreuk *Ick sals ghedincken* (Ik zal het mij herinneren) staat in gotische letter in een schriftwimpel.

Vander Noot was de enige drukker te Brussel in deze periode. De ongeveer veertig boeken die hij op de pers heeft gelegd, zijn voor de overgrote meerderheid slechts in één enkel exemplaar meer bekend. Zij zijn zonder uitzondering uit de zo vertrouwde gotische letter gezet, en wat ze wel bijzonder aantrekkelijk zal gemaakt hebben, is de illustratie: veruit de meeste zijn met houtsneden versierd. In enkele gevallen heeft hij bestaande blokken (o.m. uit de reeks van de z.g. Delbecq-Schreiber-passie) bij een collega-drukker geleend, maar veelal hadden zijn teksten te zeer een uitgesproken eigen aard en werden derhalve met oorspronkelijke houtsneden verlucht. Vander Noot stond open voor actuele gebeurtenissen, voor de buitenlandse boekenmarkt, voor de belangstelling van de lokale bevolking. Hij kende zijn lezerspubliek en dit verklaart niet alleen het groot aantal volksboeken van verschillende aard (romans, handboeken over rekenkunde, farmacie, geneeskunde en gynaecologie, devotieboeken, heiligenlevens, exempelen, rederijkersgeschriften) maar ook het gebruik van het Nederlands. Omdat te Brussel "veel lieden gheen Walsch en connen" (NK 1309) heeft Vander Noot zelf een vrij groot aantal belangrijke teksten in het Nederlands vertaald uit het Latijn, het Duits, het Frans en het Spaans. Voor Anthoine Membru in Valenciennes drukte Vander Noot één van de twee Franstalige werken die ons van hem bekend zijn; het is een korte tekst n.a.v. de keizerskeuze van prins Karel (Keizer Karel) in 1519 (NK 3327). Hiermede treedt

Thomas vander Noot came from a very old Brussels family, some members of which were in the service of the Dukes of Burgundy. The family coat of arms is to be seen on the shield which the crest-waving sea-knight, rising with drawn sword from a morass, holds before him in his left hand. Vander Noot used this device (125 × 93 mm) from 1508 onwards. His motto, *Ick sals ghedincken* (I shall remember it), appears in Gothic letters on a scroll.

Vander Noot was the only printer in Brussels at this time. The vast majority of some forty books printed by him now survive in only one copy. Without exception they are set in the familiar Gothic letter, and what must have made them particularly attractive to potential purchasers is their illustration: by far the most are decorated with woodcuts. In some cases Vander Noot borrowed existing blocks (e.g. some from the Delbecq-Schreiber passion series) from a colleague, but often his texts were of too particular a nature, so that they were illustrated with specially cut blocks. Always ready to take advantage of current affairs, opportunities in the foreign market, and local interests, he knew his reading public well: this explains not only the large number of popular books of various kinds (novels, manuals of arithmetic, pharmacy, medicine and gynaecology, works of devotion, lives of saints, exemplars, and rhetorical writings) but also the use of Dutch. Because in Brussels "veel lieden gheen Walsch en connen" (many people know no Walloon) (NK 1309), Vander Noot himself translated quite a number of important texts into Dutch from Latin, German, French and Spanish. For Anthoine Membru in Valenciennes Vander Noot printed one of the two works in French which he is known to have printed. It is a short text occasioned by the election of Prince Charles to the Holy Roman Emperorship in 1519 (NK 3327), and is thus a representative of a completely different category of publications which testifies to the printer's interest in the Burgundian court and the literature of France.

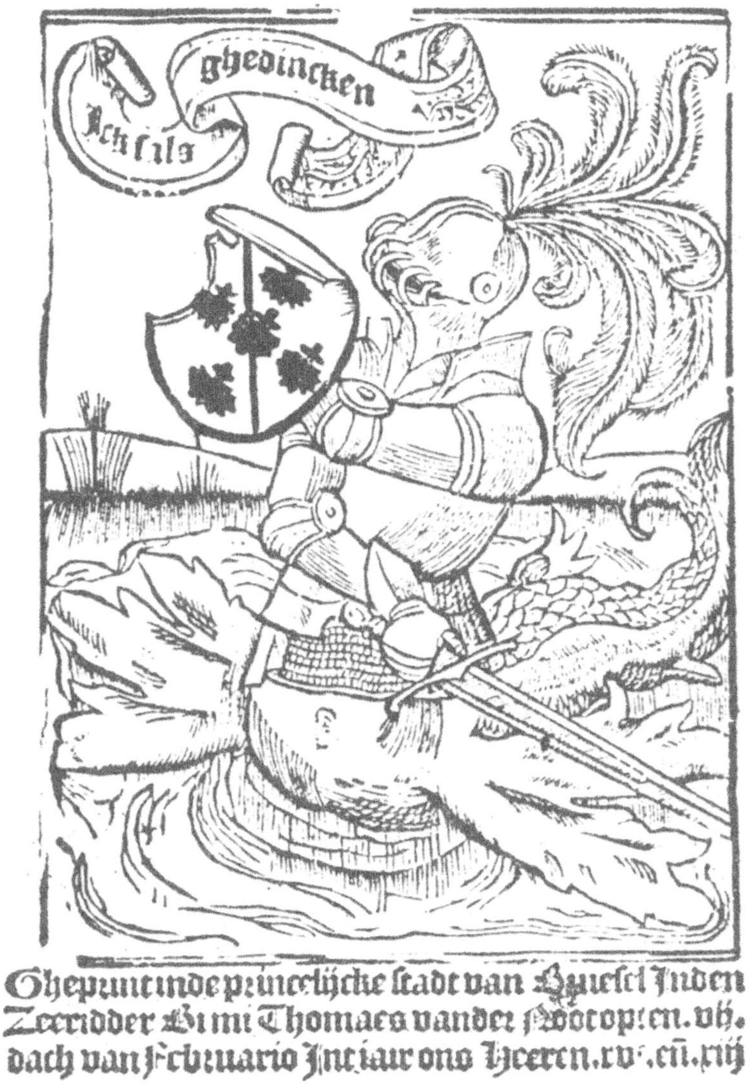

een geheel andere kategorie van uitgaven aan het licht die blijk geven van 's drukkers belangstelling voor het Bourgondische hof en de Franse literatuur.

E. C.-I.

DEN SPIEGHEL DER BEHOUDENESSEN

BRUSSEL, THOMAS VANDER NOOT, CA. 1508?

[NK 1929–NAT V, 9]

De vroegst bekende, gedateerde druk van Vander Noot dateert uit 1508; de drukker woonde toen in de Corte Ridderstrate (later verhuisde hij naar de Steenstrate en int Wermoesbroeck). In die periode moet hij *Den spieghel der behoudenessen* gedrukt hebben. Dit boek is een allegorisch dichtwerk met moraliserende strekking. Op zijn levensweg ontmoet de reiziger (de jager), met zijn drie zielekrachten, "memorie playsant, wille ende verstant" en zijn drie zintuigen, "riecken, smaken, gevoelen oft tasten" (de honden), allerlei hindernissen en gevaren; hij kan zich op het nippertje redden voor de "serpenten en de afgrijselike draecken," door in een boom te klimmen. Met de hulp van drie schone vrouwen in een tempel, "gheloove, hope ende carytate" bekeert hij zich van zonden, overweegt de Passie Ons Heren en kan, na voor de poort van de tempel zijn biecht te hebben gesproken, de staat van genade ontvangen; hierbij zal hij steeds dit voor ogen houden:

> "In desen spieghele der behouwenesse
> In God sal elck hebben betrouwenesse."

De tekst, over twee kolommen gezet, is geïllustreerd met achttien grote houtsneden. Een aantal kleine, langwerpige houtsneden met tafereeltjes uit het Oude en het Nieuwe Testament, zijn hier en daar per paar in de tekst afgedrukt; zij zijn ook gebruikt als inzet in één van de grote houtsneden. Op de hiernaast afgebeelde houtsnede, waar wij de zondaar geknield in de tempel zien, gesteund door de drie deugden, geloof, hoop en liefde, bemerken wij rechts een voorstelling van de Instelling van het H. Sacrament des Altaars. De grote houtsnede is negenmaal afgedrukt, en bevat telkens een andere inzet. De bedoeling is duidelijk: in de tempel krijgt de bekeerde zondaar de voornaamste taferelen uit de Passie ter overweging voor ogen. Thomas vander Noot heeft nog dergelijke zinnespelen uitgegeven, nl. *Vander siecten der broosscer naturen* (NK 1903), *Der Foertuynen troost* (NK 4343); ook *De wre vander doot* (NK 2744) van de

The earliest known dated work by Vander Noot dates from 1508. At that time the printer was living in the Corte Ridderstrate (he later moved to the Steenstrate and Int Wermoesbroeck). It must have been at about this time that he printed *Den spieghel der behoudenessen*, an allegorical work in verse with a moralizing tenor. On his path through life the traveller (a hunter), with his three spiritual strengths, "memorie playsant, wille ende verstant" (pleasant memory, will and wisdom) and his three senses, "riecken, smaken, gevoelen oft tasten" (smelling, tasting, feeling or touching – his dogs), encounters all kinds of hindrance and danger; he is just able to save himself from the "serpenten en de afgrijselike draecken" (serpents and the horrible dragons) by climbing a tree. With the help of three fair ladies in a temple, "gheloove, hope ende carytate," he repents of his sins, considers the Passion of Our Lord and, having made his confession before the entrance to the temple, receives grace, promising always to bear this in mind, that:

> "In desen spieghele der behouwenesse
> In God sal elck hebben betrouwenesse."
> (In this mirror of salvation
> Every man shall trust in God.)

The text, set over two columns, is illustrated with eighteen large woodcuts. A number of small rectangular woodcuts of scenes from the Old and New Testaments are printed in pairs at intervals in the text; they are also used as insets in one of the large woodcuts. In the illustration reproduced here we see the sinner kneeling in the temple, assisted by the three Virtues – Faith, Hope and Charity; on the right there is a representation of the Institution of the Eucharist. The large woodcut is printed nine times in all, each time with a different inset. The intention is clear: in the temple the repenting sinner is shown the principal scenes from the Passion for his contemplation. Thomas vander Noot published other such

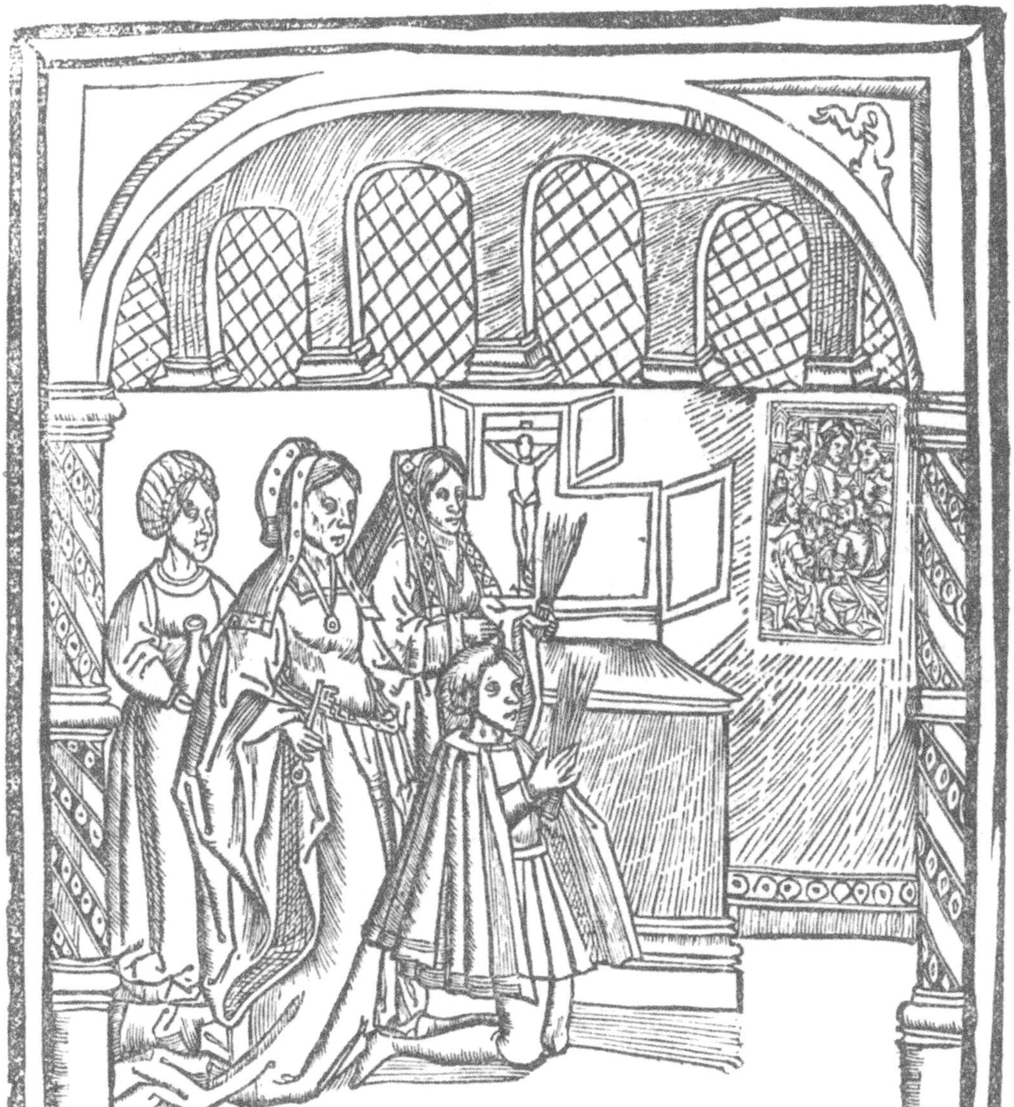

verkleind/
reduced

Brusselse rederijker Jan van den Dale ligt in deze lijn.

E. C.-I.

moralities: *Vander siecten der broosscer naturen* (NK 1903), *Der Faertuynen troost* (NK 4343); also *De wre vander doot* (NK 2744) by the Brussels rhetorician Jan van den Dale is similar in character.

TSCEP VOL WONDERS

BRUSSEL, THOMAS VANDER NOOT, 1514

[NK 1875–NAT I, 2]

De Brusselse drukker, Thomas vander Noot, was ongetwijfeld iemand met een grote belezenheid en een wijde belangstelling. Dit verklaart misschien dat hij zo uiteenlopende teksten als *La concorde du gendre humain* van Jean Lemaire de Belges en *Tscep vol wonders* in het licht zond. Dat hij voor dit laatste soort volksboeken wel een heel uitgesproken interesse had staat buiten kijf. In augustus 1513 publiceert hij (voor de tweede maal) *Tbouck van wondre* (NK 4316) en geen jaar later, op 17 juni 1514, zendt hij zijn *Scep* de haven uit. Het is een foliouitgave, 58 bladen tellend, over twee kolommen uit een kloeke gotische letter gezet en geïllustreerd met een vijfendertigtal fraaie houtsneden.

Vander Noot heeft dikwijls het goede idee gehad zijn boek aan de lezer voor te stellen in wat wij een woord vooraf zouden noemen. Zo vernemen wij in de proloog tot *Tscep* enkele bijzonderheden aangaande opzet en ontstaan van dit boek. Hij vergelijkt dit met een schip vol kostbare koopwaar, beide nog "veel ghenoechlijcker van binnen" dan langs buiten: het schip is immers volgeladen met allerlei "vruchten... uut dyverschen boomgaerden vergadert." *Tscep vol wonders* bevat, verdeeld over 180 kapittels, de essentiële gezondheidsregels, remedies tegen allerlei ziektetoestanden en ongemakken, de astronomie – lees astrologie – van Hippokrates, een bijdrage over de kwintessens, de vier elementen die de vier humeuren van het menselijk lichaam bepalen, m.a.w. de "wortel des levens."

Het schip dat hier afgebeeld staat, met als begeleiders van de "wonderlijke vracht" een piskijker en een astroloog, is de titelhoutsnede van de eerste uitgave; de gevatte titel staat in grote gotische letters bovenaan. Wie de ontwerper en de houtsnijder zijn geweest, is niet bekend. Voor zover Thomas vander Noot niet zijn toevlucht nam tot bestaande houtblokken, heeft hij aan een ons onbekende graveur (of graveurs), opdracht gegeven blokken te snijden ter illustratie van zijn boeken: de z.g. Meester van Thomas vander Noot, een noodnaam, zoals er voor de vijftiende en de

The Brussels printer Thomas vander Noot was undoubtedly a well-read man with a wide range of interests. This may explain the fact that he published such totally different texts as *La concorde du gendre humain* by Jean Lemaire de Belges, and *Tscep vol wonders*. That his interest in this sort of chapbook was something out of the ordinary is beyond dispute: in August 1513 he published (for the second time) *Tbouck van wondre* (NK 4316), and less than a year later, on 17 June 1514, he launched his *Scep*. It is a folio edition of fifty-eight leaves, set over two columns in a bold Gothic fount, illustrated with thirty-five very attractive woodcuts.

On several occasions Vander Noot had the good idea of introducing the reader to his book in what we should call a foreword or preface. In the prologue to *Tscep*, for example, we learn something about the work's purpose and planning. Vander Noot likens the book to a ship laden with costly wares, both ship and wares being "veel ghenoechlijcker van binnen" (much more pleasant on the inside) than from the outside: the ship, after all, is laden with all sorts of "vruchten... uut dyverschen boomgaerden vergadert" (fruit... gathered from divers orchards). *Tscep vol wonders* contains, spread over 180 chapters, the essential rules for good health, remedies for all sorts of sickness and disorder, the astronomy (that is, astrology) of Hippocrates, and a piece about the quintessence and the four elements which control the four humours of the human body – in other words, the "root of life."

The ship illustrated here, with an uromancer and an astrologer to accompany the "wondrous freight," is the woodcut used for the title-page of the first edition; the title is in large Gothic letters at the top. It is not known who designed and cut the block. Whenever Thomas vander Noot did not make use of existing blocks he commissioned an unknown block cutter (or cutters) to make blocks specially for his books: they are so-named the Master of Thomas vander Noot (one of

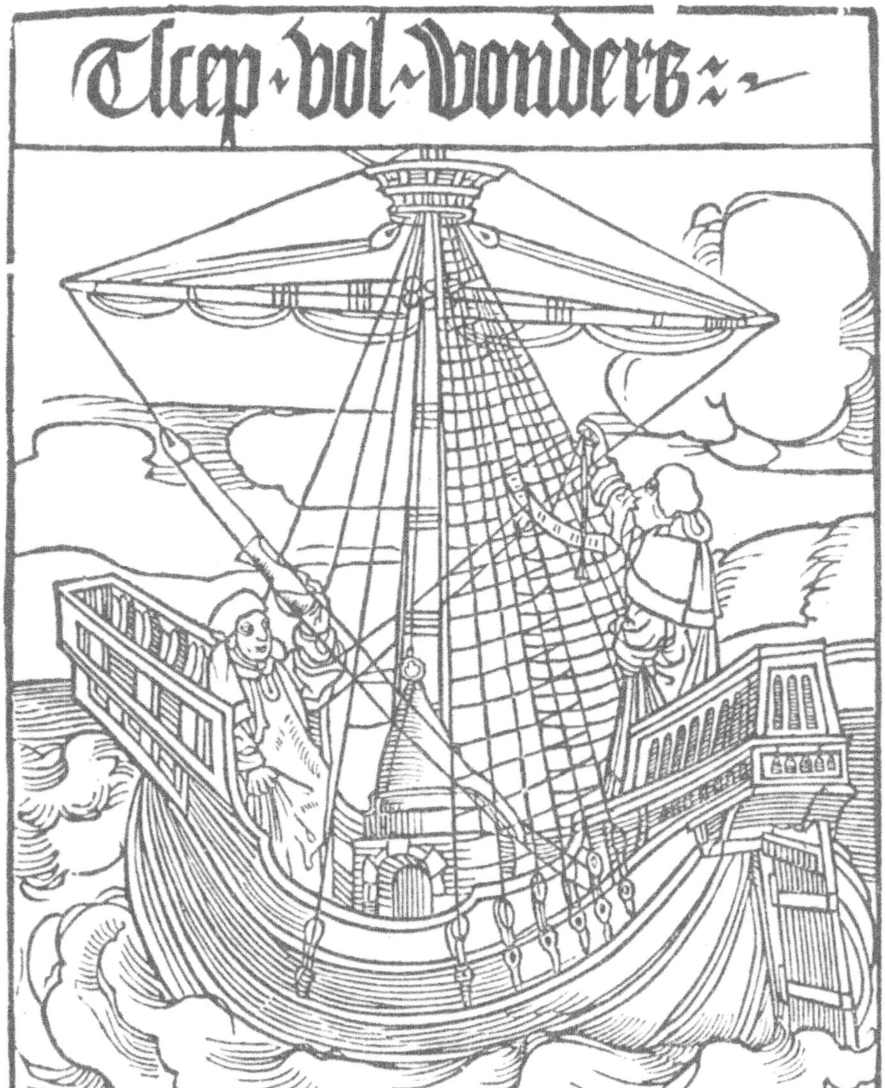

verkleind / reduced

those artificial eerste helft van de zestiende eeuw zo vaak werden toegekend.

E. C.-I.

names which so often have to be used for anonymous artists of the fifteenth and sixteenth centuries).

LITTERAE CONFRATERNITATIS AO 1516

VOLKERUS, PRIOR B. MARIE DE BETHLEEM IN WATERINGEN

[NK 4412]

De steeds toenemende vraag naar aflaatbrieven in de 15e eeuw maakt het begrijpelijk, dat men voor de vermenigvuldiging van deze stukken reeds in een zeer vroeg stadium de drukpers inschakelde. Ook in de Nederlanden zijn er vele en blijkbaar grote oplagen van gedrukt, eerst op perkament, later ook op papier. Hoeveel uitgaven er verschenen weten we zelfs bij benadering niet. De nog bewaarde exemplaren zijn merendeels unica, en dat wijst er wel op dat zeer veel verloren gegaan is.

Veel zeldzamer nog zijn de zogenaamde broederschapsbrieven: verklaringen waarbij buitenstaanders opgenomen werden in de broederschap van een klooster, wegens schenkingen of bewezen diensten. De begunstigde, en eventueel zijn gezin, werd daarmede deelachtig aan de geestelijke vruchten van het klooster of de gehele orde, verworven door gebeden, vasten, enz. In het algemeen werd hiervan een geschreven akte afgegeven, maar zij komen sporadisch ook in gedrukte vorm voor. Van dergelijke formulieren zijn er zeven uit onze streken bekend; de vroegste werd in 1484 uitgereikt, de laatste in 1524.

Het hierbij afgebeelde stuk werd op 23 Maart 1517 uitgegeven door frater Volkerus, prior van het klooster van Onze Lieve Vrouwe in Bethlehem te Wateringen. De begunstigden waren een zekere Niclaes Petersz en zijn vrouw, van beroep "tynctores" ofwel ververs, waarschijnlijk van stoffen. Deze gegevens zijn met de pen ingevuld, waardoor de gedrukte datering minder goed leesbaar is; waarschijnlijk staat er 1516. Opvallend is de grote initiaal, waarvan het ongewoon brede formaat, evenals de voorstelling, aannemelijk maakt dat zij speciaal voor dit stuk ontworpen werd. De houtsnede is tot dusver niet in ander drukwerk aangetroffen en kan dus niet helpen bij het aanwijzen van de drukker. De gebruikte letter, Henrick Lettersnyder's Augustijn, was in het bezit van de meeste drukkers in die tijd en kan dus ook geen uitsluitsel geven. Mej. Dr. Kronenberg komt, onder voorbehoud, tot een toeschrijving aan de reeds meer genoemde Hugo Jansz van

The ever-increasing demand for indulgences in the Middle Ages explains the very early use of the printing press for the reproduction of such documents. As elsewhere, indulgences were printed on numerous occasions and evidently in large numbers, first on parchment, later on paper as well. We cannot even guess at the total number of editions to appear: those copies which have survived are for the greater part unique, which gives one some idea of how many have been lost.

Even rarer still are the so-called confraternity letters: certificates according to which outsiders were accepted into the brotherhood of a monastery on account of gifts or services rendered. The beneficiary, and sometimes his family, thereby became party to a share of the spiritual fruits of the monastery or of the whole order, acquired through prayer, fasting and so on. In general a written certificate of this was given to the beneficiary, but they also occur sporadically in print. There are seven such printed forms known from Netherlandish sources; the earliest was issued in 1484, the last in 1524.

The document illustrated here was issued on 23 March 1517 by brother Volkerus, prior of the monastery of Our Lady of Bethlehem at Wateringen. The beneficiaries were a certain Niclaes Petersz and his wife, described as "tynctores" or dyers, probably of cloth. These details have been filled in by pen, which has resulted in the printed date becoming more or less indiscernible; it is probably meant to be 1516. A striking feature is the large initial, whose uncommonly broad format, like the representation, makes it likely that it was designed especially for this piece of work. The woodcut has not so far been found in any other printed work and therefore can not be of assistance in identifying the printer. The fount used, Henrick Lettersnyder's English Textura, was used by the majority of printers at this time and is thus similarly unhelpful. Dr. Kronenberg arrives, with reservations, at an ascription to Hugo Jansz van Woerden, referred to elsewhere, who in March

Woerden, die in Maart 1517 niet ver van Wateringen, namelijk te Delft, een boekje drukte voorzien van zijn adres in die stad.

P. V. B.

1517 printed a small book not far from Wateringen, viz. in Delft, with his address in that town.

JOHANNES ECKIUS, DECLARACIE TEGHEN ZOMMIGHE ARTICULEN DER LUTHERANEN

DELFT, CORNELIS HENRICSZ LETTERSNYDER, 1527

[NK 752–NAT VIII, 36]

Henrick Lettersnyder werd na zijn overlijden opgevolgd door zijn zoon en leerling Cornelis. Deze zette op hetzelfde adres – aan de Vismarkt te Delft – het bedrijf van zijn vader voort dat als lettergieterij in de Nederlanden een vooraanstaande plaats innam. De meeste drukkers immers in deze periode hadden één of meer van de zo succesvolle Lettersnyder-typen in hun letterbakken. Zelf sneed hij nog enkele typen om het assortiment uit te breiden.

Ook als drukker volgde hij het voetspoor van zijn vader: hij beperkte zich tot enkele uitgaven per jaar. In de jaren 1516–1534 drukte hij, voorzover we weten, ongeveer dertig boeken, waarvan verschillende in opdracht van anderen, o.a. voor twee Antwerpse uitgevers. Onder zijn eigen naam verschenen enkele uitgaven van het Nieuwe Testament, een drietal werken van Erasmus in vertaling, en wat gangbare devotieliteratuur.

Verboden zaken heeft hij blijkbaar niet gedrukt, maar toch is zijn naam in opspraak gekomen. De oorzaak was de vertaling van een geschrift van Luthers felste tegenstander, Johann Eck, waarvan we hier het titelblad afbeelden. Zoals daarop vermeld, was deze *Declaracie* verkrijgbaar bij de koster van de Oude Kerk te Amsterdam, en men kan zich niet goed voorstellen dat de pastoor hier niets van wist. Er was echter verzuimd om consent voor de uitgave aan te vragen, zoals de plakkaten dat eisten. Op grond daarvan leek het de Raad van Holland verstandig om aan het Hof van Brussel te vragen, hoe te handelen. Daar werd beslist, dat de boekjes verbrand moesten worden en de drukker vervolgd. Men trachtte blijkbaar elke publicatie over de nieuwe leer, voor of tegen, uit handen van het publiek te houden.

Als gevolg van dit bevel moesten vier deurwaarders overal in Holland gaan verkondigen, dat niemand dit boekje mocht kopen of verkopen. We kunnen ons afvragen, of het resultaat niet tegengesteld is geweest aan de bedoeling. Onze drukker is er overigens goed van af gekomen; van een veroordeling is niets bekend en drie jaar later

On his death Henrick Lettersnyder was succeeded by his son and pupil Cornelis. At the same address – in the Fish Market in Delft – he continued the business which his father had built up and which was one of the leading type-foundries of the Low Countries: most printers at this time had at least one of the successful Lettersnyder founts in their type-cases. Cornelis himself cut several more founts to widen the range.

As a printer, too, he followed in his father's footsteps, limiting himself to a few editions every year. Between 1516 and 1534 he printed, as far as we know, about thirty books, some of which were for other publishers, including two in Antwerp. Under his own name he published two or three editions of the New Testament, three works by Erasmus in translation, and some popular devotional literature.

It seems that he printed nothing in the way of forbidden works, but even so his name was on one occasion brought into disrepute. The cause was the translation of a treatise by Luther's most vehement opponent Johann Eck, the title-page of which is reproduced here. As we are told there, the *Declaracie* was available from the verger of the Oude Kerk in Amsterdam, and it is hard to believe that the pastor knew nothing about it. However, nobody had asked for permission for publication, as the edicts had decreed. Consequently the Council of Holland considered it prudent to ask the Court of Brussels how they should handle the matter. There it was decided that the books should be burnt and the printer prosecuted. Evidently the intention was to keep every publication about the new doctrine, for or against, out of the public's hands.

As a consequence of this order, four bailiffs had to travel about Holland proclaiming that nobody was allowed to buy or sell the book. One might wonder whether the result of this was not perhaps the opposite of what had been intended. In any event, Lettersnyder came out of it all right: nothing is known of any conviction, and three

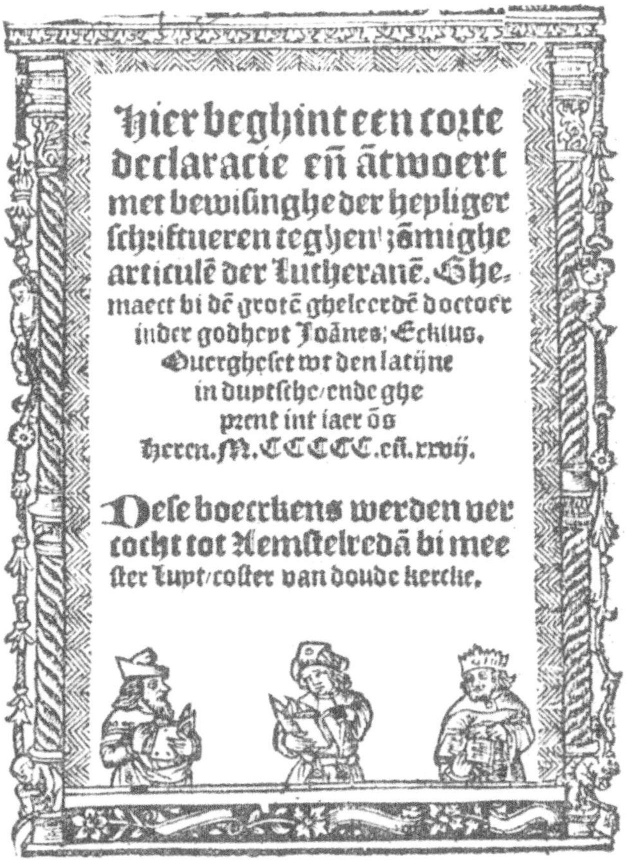
Hier beghint een corte
declaracie eñ ãtwoert
met bewisinghe der heyliger
schriftueren teghen sõmighe
articulẽ der Lutheranẽ. Ghe-
maect bi dẽ grotẽ ghelcerdẽ doctoer
inder godheyt Joãnes; Eckius.
Overgheset wt den latijne
in duytsche / ende ghe
prent int iaer õs
heren. M. CCCCC. eñ. xxviij.

Dese boeckkens werden ver
cocht tot Aemstelredã bi mee
ster Luyt / coster van doude kercke.

kreeg hij gelegenheid zijn mooiste boek te drukken: een groot Psalterium voor het bisdom Utrecht. In 1541 verscheen nog een ordonnantie, gedrukt niet door, maar "ten huyse van" Cornelis Henricsz, wat er op wijst dat hij toen niet meer in leven was.

P. V. B.

years later he was given the opportunity to print his finest book, a large Psalter for the bishopric of Utrecht. In 1541 an ordinance appeared which had been printed not by, but "ten huyse van' (at the house of) Cornelisz Henricsz, which indicates that he was then no longer living.

MARTINUS DE GOUDA, COMPENDIUM LATINI IDEOMATIS

DEN HEM, REGULIEREN, 1509

[NK 3503–NAT SUPP. IV, 37]

De opmars van de boekdrukkunst heeft een einde gemaakt aan de arbeid van velen, die in kloosters, en in gemeenschappen zoals die van de Broeders des Gemenen Levens, zich bezig hielden met het afschrijven van boeken. Hun copiïstenwerk, meestal een volledige dagtaak, werd grotendeels verricht op kosten en in opdracht van derden. De opbrengst diende niet alleen tot eigen levensonderhoud, maar verschafte ook de middelen voor taken zoals steun aan de studerende jeugd. De leerlingen van stads- en kapittelscholen waren dikwijls straatarm en voor onderdak en voedsel geheel afhankelijk van hulp van anderen. De broeders gaven zoveel mogelijk materiële en geestelijke begeleiding, en velen, waaronder beroemde mannen als Erasmus, hebben naderhand getuigd van hun dankbaarheid voor deze goede zorgen.

Enkele van deze instellingen hebben de komende veranderingen tijdig onderkend en die opgevangen door zelf een drukkerij te beginnen. Zo ook het klooster St. Michiel van de reguliere kanunniken in den Hem, bij Schoonhoven. Zij kozen als tekstletter de sinds kort verkrijgbare Augustijn van Henrick Lettersnyder, die zeer dicht bij het schrifttype staat dat zij gewend waren te schrijven. Daarmee drukten zij voornamelijk liturgische werken zoals horaria en brevieren, de laatste ingericht voor de Windesheimer congregatie waartoe zij behoorden. Ook gaven zij, voor een ruimer publiek, devote teksten uit en soms een schoolboekje, zoals hier afgebeeld. De houtsnede op de titel behoort tot de zg. "*Magister cum discipulis*" groep, een voorstelling die ook in andere landen zeer populair was voor dit doel. Het aantal leerlingen varieert van één tot een hele klas, en de autoriteit van de leraar wordt in verschillende mate benadrukt; hier is zijn houding wel zeer "magistraal." Het geheel ziet er weinig Hollands uit, en ook de architectuur wijst er op, dat hier een buitenlands voorbeeld gevolgd is.

In de volgende jaren stond de pers geheel of vrijwel geheel stil, totdat er in 1520 nog een hora-

The rise of printing put an end to the work of many in monasteries and communities such as that of the Brethren of the Common Life who occupied themselves with the copying of books. Their copying work, which was usually a full-time occupation, was largely carried out at the expense of and on commission from third parties. The proceeds were not merely used to provide the copyists with a living but also furnished the means for such other work as supporting young students. The pupils of the municipal and parochial schools were often extremely poor and totally dependent for food and shelter on the help of others. The brethren gave as much material and spiritual assistance as they could, and many recipients, including famous men like Erasmus, later testified to their gratitude for these good offices.

Some of these institutions recognized the coming changes in time and met them by setting up their own printing houses. One of them was the monastery of St. Michael of the Canons Regular at Den Hem near Schoonhoven. The fount they chose was the recently introduced English Textura of Henrick Lettersnyder, which closely resembled the sort of script which they had been accustomed to write. With it they printed chiefly liturgical works such as books of hours and breviaries, the latter arranged for the congregation of Windesheim, to which they belonged. For a wider public they also published devotional texts and the occasional school book, such as the one illustrated here. The woodcut on the title-page is one of the so-called *Magister cum discipulis* group of woodcuts which were greatly favoured for this purpose in several countries. The number of pupils varies from one to a whole class, and the authority of the teacher is emphasized to a varying degree: here his attitude is unmistakably "magisterial." Taken as a whole it looks very un-Dutch, and the architecture also points to this being a copy of a foreign original.

In the years which followed, the press remained

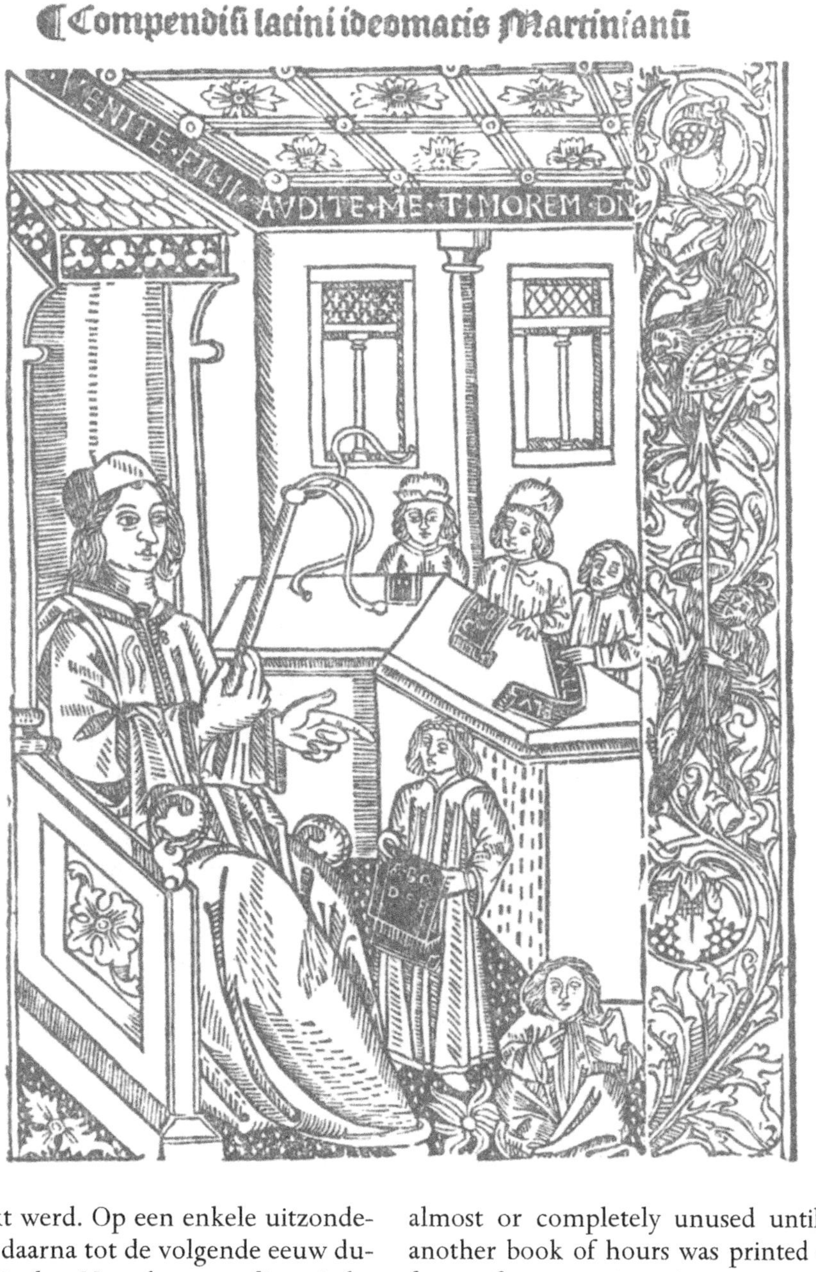

rium op gedrukt werd. Op een enkele uitzondering na zou het daarna tot de volgende eeuw duren, voordat er in het Noorden weer liturgische werken voor kerkelijk gebruik verschenen.

P. V. B.

almost or completely unused until 1520, when another book of hours was printed on it. Apart from a few exceptions, it was not until the next century that liturgical works for church use were again printed in the north.

HISTORIE VAN SINTE ANNA, VERTAALD DOOR WOUTER BOR

DEVENTER, RICHARD PAFRAET, 1509

[NK 1082, DEPERDITUM–NAT BORNE I, I]

Richard Pafraet[1] was Deventers eerste boekdrukker. Zijn geboortestad Keulen had hij op zijn laatst in 1477 verwisseld voor de IJselstad. Daar lagen voorwaarden voor succes. Deventer was een stad met vijf continentale jaarmarkten. Er bestond een sterke boektraditie, in 1377 gevestigd door Geert Grote en sindsdien uitgebouwd door diens devote volgelingen, de Broeders des Gemenen Levens, die – vooral liturgische – boeken schreven op bestelling. De Latijnse School trok jongelieden uit het gehele gebied der jaarmarkten (bv. Cusanus uit het Moezelgebied, Mutianus uit Thüringen, Erasmus uit Holland). Schoolrector was sinds circa 1481 de Westfaal Alexander Hegius, leerling en geestelijk opvolger van de pionier van het Duits/Nederlandse humanisme Rudolf Agricola. De rector kwam inwonen bij de drukker. Deze sloot zijn eerste productieperiode, waarin hij vooral omvangrijke boeken met o.m. naslagwerken voor de predikant had gedrukt, af in 1485, en legde zich sinds 1488 toe op de editie van vooral schoolboeken. Op 7 april 1484 mochten Pafraet en zijn vrouw Stine de grote Agricola in hun huis ontvangen. In zijn bagage had de humanist een lofzang op Sint Anna, de moeder van Maria. Pafraet spoedde zich naar zijn werkplaats en kwam terug met Agricola's *Anna Mater* in tien pagina's druk. De drukfouten zag Agricola, die haast had om verder te reizen, gaarne over het hoofd.

Na de dood van Agricola (1485), van Hegius (1498), en van zijn vrouw Stine verhuisde Pafraet in 1500 naar het huis De Mariënburg aan het Grote Kerkhof, waar hij de productie tot aan zijn dood in 1512 voortzette. In 1504 drukte hij, ter herinnering ongetwijfeld aan Agricola, de *Historie van de heilige Anna.* Het is één van zijn weinige boeken in de volkstaal, één der weinige ook die houtsneden bevatte. Helaas is het enig bekende exemplaar van dit boek in de oorlog verdwenen. Mogelijk is de gezochte houtsnede met de voorstelling van Anna-te-drieën degene die men later vindt in het fonds van Albert Pafraet (NAT Borne I, middelste houtsnede).

A. C. F. K.

Richard Pafraet[1] was Deventer's first printer, having moved there from Cologne sometime in or before 1477. Deventer, on the river IJssel, had all the ingredients for success: it had five annual international fairs; it had a strong book tradition going back to 1377 and Geert Grote and since expanded by his devout followers, the Brethren of the Common Life, who wrote books – chiefly of a liturgical nature – to order. Its Latin school attracted young people from the entire catchment area of the fairs (e.g. Cusanus from the Moselle region, Mutianus from Thuringia, Erasmus from Holland). From about 1481 the Rector of the school was the Westphalian Alexander Hegius, a pupil and the spiritual successor to the pioneer of German/Dutch humanism, Rudolphus Agricola. Hegius resided in the house of the printer. In 1485, the latter ended his first period of production, mainly of large books, including reference works for the minister. From about 1488 onwards he concentrated on schoolbooks. On 7 April 1484 Richard Pafraet and his wife Stine were honoured by a visit to their home by the great man Agricola. In his luggage the humanist had a panegyric to St. Anne, the mother of the Virgin Mary. Pafraet hastened to his workshop and returned with Agricola's *Anna Mater* in ten pages of print. Agricola, in a hurry to continue his journey, had to overlook the printing errors.

After the deaths of Agricola (1485), Hegius (1498), and his wife Stine, Pafraet moved to the house called De Mariënburg on the edge of the Grote Kerkhof, and there he continued printing until his death in 1512. In 1504, doubtless in memory of Agricola, he printed the *Historie van de heilige Anna.* It is one of his few books printed in the vernacular, and one of the few containing woodcuts. Unfortunately, the only known copy of this book disappeared during the Second World War. It is possible that the missing woodcut showing the Virgin and Child with St. Anne is the one which we later find in the list of Albert Pafraet (NAT Borne I, centre woodcut).

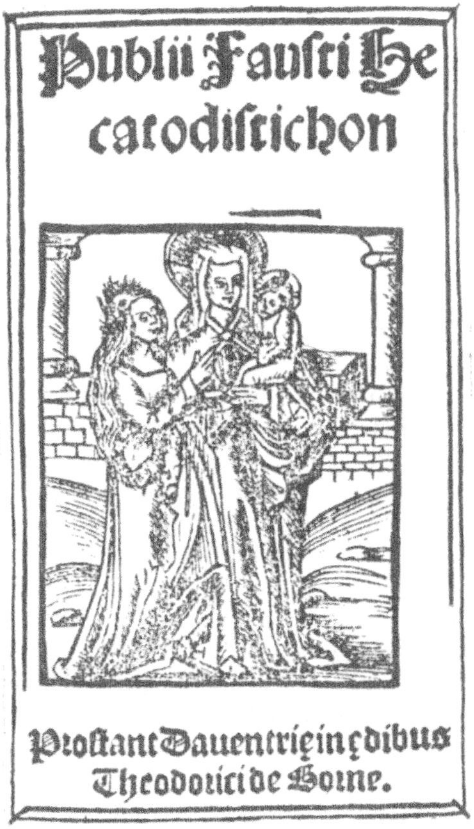

1 Vgl. Gerardus Synellus, *Hortulus Orationum*. Deventer, Albert Pafraet, 1525. [NK 1973].

1 Cf. Gerardus Synellus, *Hortulus Orationum*. Deventer, Albert Pafraet, 1525 [NK 1973].

JOHANNES REUCHLIN, SERGIUS VEL CAPITIS CAPUT

DEVENTER, JACOB VAN BREDA, 1509

[NK 1796–NAT I, 10]

Jacob van Breda was in 1483 burger van Deventer geworden. Het is onduidelijk wat hem daarheen had gelokt, het drukkersvak dan wel Geertrui, de weduwe van een zekere Dirk van Borne in de Papenstraat, met wie hij rond die tijd was getrouwd. Het is denkbaar dat Jacob zich het drukkersambacht had eigen gemaakt bij Deventers eerste drukker, Richard Pafraet. De relatie tussen beiden was voortreffelijk. Richard deed in 1485 een deel van zijn lettermateriaal over aan Jacob, die er een bedrijf mee stichtte, dat, net als dat van Pafraet, de 15e eeuw zou overleven. Hij vestigde zich op een uniek punt: tussen het stadhuis en de vermaarde stadsschool van Alexander Hegius.

Evenals Pafraet maakte Van Breda lange tijd karig gebruik van houtsneden. Hij voerde als een soort drukkersmerk het embleem van Christus omgeven door de symbolen der vier evangelisten. Dit bleef hij tot in 1509 gebruiken (NAT 15). Omstreeks 1507 bezigde hij enkele malen een uiterst primitief gesneden voorstelling van de beide patronen van Deventer, Lebuïnus en Radboud (NAT 18). Tussen 1509 en 1514 gaf hij de voorkeur aan de hier afgebeelde houtsnede (NAT 10), een verre navolging van een illustratie uit de *Historie der zeven wijze mannen van Rome* van Gerard Leeuw te Gouda (vgl. L. & W. Hellinga in: *Gutenberg-Jahrbuch* 1964, 78). Voor keizer Diocletianus staat een der wijzen. Zijn oorspronkelijke naam op de spreukband is vervangen door die van Jacob van Breda. Later schuwde Van Breda deze naieve reclame voor het eigen product. Bij een Seneca-uitgave van circa 1511 spreekt de wijze het woord Seneca uit (NK 3877). In 1512 gebruikt hij de naam Martialis (NK 3500). In 1513 staat hij, sprakeloos, met een lege spreukband (NK 4209). Al deze manipulaties hebben tenslotte een barst in de houtsnede veroorzaakt (M. E. Kronenberg in: *Het Boek* 18 (1929), 4–6).

A. C. F. K.

Jacob van Breda acquired citizen's rights in Deventer in 1483. It is uncertain what attracted him to the town – the printing trade or Geertrui, the widow of a certain Dirk van Borne of the Papenstraat, whom he married at about this time. It is possible that Jacob learnt the printer's trade from Deventer's first printer, Richard Pafraet: the two men were on very good terms. Indeed, in 1485 Richard made over some of his type material to Jacob, who used it to start a business which, like Pafraet's, was to survive the fifteenth century. Perhaps this was due in some measure to its location: between the town hall and the famous municipal school run by Alexander Hegius.

Like Pafraet, for a long time Van Breda made sparing use of woodcuts. As a sort of printer's device he used the emblem of Christ surrounded by the symbols for the four evangelists. He continued to use this emblem until about 1509 (NAT 15). On a few occasions in about 1507 he used an extremely primitively cut representation of the two patron saints of Deventer, St. Lebuin and St. Radbod (NAT 18). Between 1509 and 1514 he used the woodcut illustrated here (NAT 10), a vague imitation of an illustration in the *History of the Seven Wise Men of Rome* by Gerard Leeuw at Gouda (cf. L. & W. Hellinga, in: *Gutenberg-Jahrbuch* 1964, p. 78). One of the wise men stands before the emperor Diocletian. On the scroll his original name has been replaced by that of Jacob van Breda. Later Van Breda eschewed this naive advertising of his own product: in a Seneca edition of about 1511 the wise man is saying the word Seneca (NK 3877); in 1512 he uses the name of Martial (NK 3500), while in 1513 he is to be seen standing there, speechless, with an empty scroll (NK 4209). All these manipulations finally resulted in the block cracking (M. E. Kronenberg, in: *Het Boek* 18 (1929), pp. 4–6).

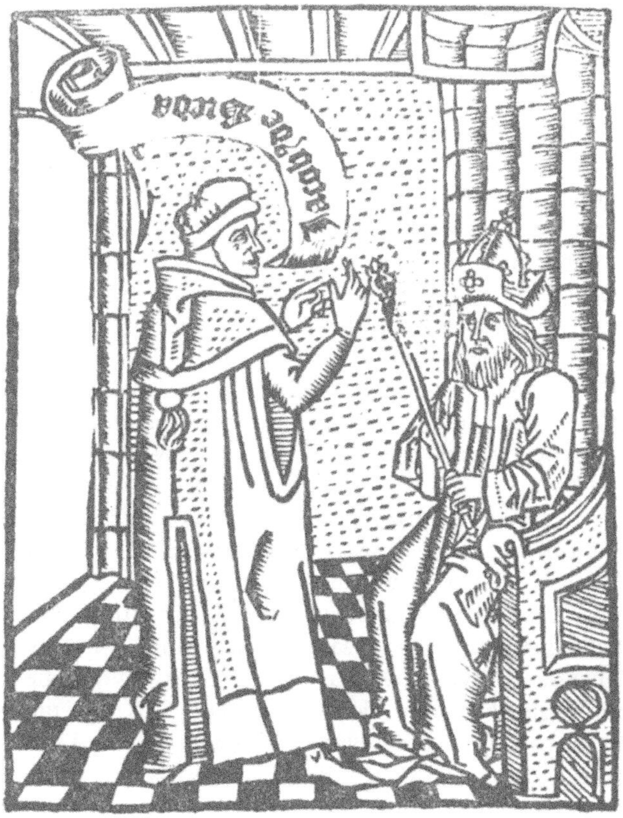

NOCTURNUS SEPTIMUS PSALMORUM DAVITICORUM

DEVENTER, JACOB VAN BREDA, CA. 1215

[NK 1600–NAT I, 3]

Evenals Richard Pafraet drukte Jacob van Breda vooral voor het onderwijs, zeker voor het Deventer onderwijs zoals dat twee deuren verder, eveneens aan het Deventer Grote Kerkhof, werd verzorgd onder de leiding van de christen humanist Alexander Hegius en zijn opvolgers. Gezamenlijk deden de *prenters* Richard en Jacob, voor wat betreft de productie van steeds nieuwe boektitels, de stad Deventer snel klimmen op de ranglijst der Europese boekdrukkerscentra. Als eerste drukkersplaats in de gezamenlijke Nederlanden, behoorde Deventer in het laatste decennium der 15e eeuw waarschijnlijk tot de tien voornaamste drukkerscentra in Europa. Er kwamen in deze IJselstad meer klassieke teksten van de pers dan bijvoorbeeld te Parijs.

Uit Parijs kwam het best verzorgde drukkersmerk dat Van Breda in zijn drukkersloopbaan wist te vinden (NAT 3). Het was een der nabootsingen van het merk van de Parijse drukker Jodocus Badius, oorspronkelijk afkomstig van Gent, waar hij Joost Van Asse had geheten. Te Gent zelf was dit Parijse drukkersmerk nagebootst door Pieter De Keysere (NAT 4). De nabootsing bij Jacob van Breda draagt het jaartal 1515, het jaar waarin het Deventer houtblok zal zijn vervaardigd, alsook de initialen MK, die nog niet verklaard zijn. Midden onder staat het huismerk van drukker J.b., die deze houtsnede gebruikte tot in zijn laatst gedateerde boek (NK 536 van 8 mei 1518). Ondertussen had ook Jacobs stiefzoon en opvolger Dirk van Borne zich deze afbeelding toegeëigend, met eigen familiemerk. De woorden *Prelum Jacobi* had hij vervangen door *Prelum Bornense*. De drie figuren rond de drukpers waren dezelfde gebleven (vgl. A. Horodisch, The book and the printing press in printer's mark of the fifteenth and sixteenth century, Amsterdam 1977, p. 24–28).

A. C. F. K.

Like Richard Pafraet, Jacob van Breda printed chiefly educational material. Certainly he must have printed for the education of the young of Deventer, which was taken care of by the Christian humanis Alexander Hegius and his successors. Two doors away in premises which, like his own, looked onto the Grote Kerkhof. By their joint efforts Richard and Jacob soon pushed Deventer towards the top of the tables of European centres of printing, at least as regards the production of new titles. Being the most important centre for printing in the Low Countries in the last decade of the fifteenth century, Deventer was probably among the ten most important in Europe. More classical texts, for example, came from the presses of Deventer than from Paris.

It was from Paris, however, that Van Breda obtained the finest printer's device which he ever managed to find in his printing career (NAT 3). It was an imitation of the device of the Parisian printer Jodocus Badius, who had originally come from Ghent, where he had been known as Joost van Asse. This Parisian device had been plagiarized in Ghent itself by Pieter de Keysere (NAT 4). Jacob van Breda's imitation bears the date 1515, presumably the year in which the block was carved, and the initials MK, which have yet to be explained. In the middle at the bottom there is the printer's family mark; J. b. Van Breda used this woodcut until his last dated book (NK 536 of 8 May 1518). In the meantime his stepson and successor Dirk van Borne had appropriated the device, using it with his own house mark and substituting *Prelum Bornense* for the words *Prelum Jacobi*. The three figures round the press were left unchanged (see also A. Horodisch, The book and the printing press in printer's mark of the fifteenth and sixteenth century, Amsterdam 1977, p. 24–28).

Sequitur nocturnus Sep
timus psalmorum Dauiticorum
·5·

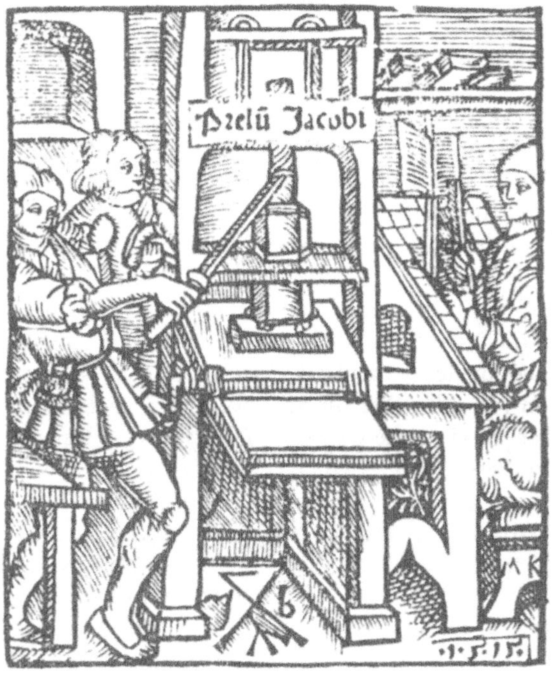

Prostant venales Dauen
trię in ędibus Iacobi de Breda

S. HIERONYMUS, EPISTOLAE DE FRUCTU LABORIS ET PERICULIS OCII

DEVENTER, THEOD. DE BORNE, CA. 1515

[NK 1073–NAT IV, 14]

Dirk van Borne behoort tot de tweede generatie van Deventer drukkers. Door het latere huwelijk van zijn moeder was hij omstreeks 1483 stiefzoon geworden van de drukker Jacob van Breda. Medio 1492 was Dirk nog minderjarig, dus geen vijftien jaar oud. Hij woonde toen in het huis tussen dat van zijn stiefvader en de stadsschool. Ongetwijfeld was hij in de leer bij stiefvader Jacob. In 1503 heette hij Derick Prenter; het oudst bekende boek dat zijn naam en een datum draagt, is evenwel van 1510 (NK 253). Intussen had stiefvader Jacob voor hem een huis (met houten gevel) gekocht, ruggelings gelegen tegen de Grote Kerk, en pal tegenover het huis van Richard Pafraet.

Van Borne gebruikte in korte tijd vrij veel houtsneden. Hij startte in 1510 met het drukkersmerk dat zijn stiefvader tot in 1509 had gebruikt (NAT Van Breda 15; Van Borne 20). Net als zijn stiefvader verwisselde hij deze (nog in 1517) voor een afbeelding der beide patronen van Deventer, wier relieken vlak achter zijn huis, in de Grote Kerk, werden bewaard (NAT 7). In 1514 gebruikte hij de uitbeelding van een drukkerij (NAT 6), die we zullen terugvinden bij drukker Wessel Suzeler (hierna p. 136). Daarnaast, sinds 1515, gebruikte hij een andere afbeelding van een drukkerij (NAT 11), zoals ook zijn stiefvader die gebruikte (hiervóór p. 122).

Hier afgebeeld is een charmante illustratie (NAT 14) geassembleerd uit vier houtsneden (gebruikt sinds 1514) en voorstellende de pelgrim Rochus die, na pestlijders te hebben verzorgd, zelf een pestbuil aan het bovenbeen ontdekte, in afzondering ging leven en dagelijks van een hond brood ontving, totdat een engel hem zalfde en genas (zie ook hierna p. 128).

A. C. F. K.

Dirk van Borne belongs to the second generation of Deventer printers. By his mother's second marriage, in about 1483 he became the stepson of the printer Jacob van Breda. In the middle of 1492 Dirk was still a minor – that is, he was not yet fifteen years of age. At this time he was living in the house between his stepfather's and the town school. He was undoubtedly apprenticed to his stepfather Jacob. In 1503 he was known as Derick Prenter, but the earliest known book bearing his name and a date is from no earlier than 1510 (NK 253). In the meantime his stepfather had bought him a house (with a wooden front) which backed onto the Grote Kerk and stood directly opposite the house of Richard Pafraet.

Within a brief period Van Borne used quite a few woodcuts. He began in 1510 with the printer's device which his stepfather had used until 1509 (NAT Van Breda 15; Van Borne 20). Like his stepfather he exchanged this (in 1517) for a representation of Deventer's two patron saints, whose relics were kept behind his house in the Grote Kerk (NAT 7). In 1514 he used a picture of a printing-shop (NAT 6) which we shall also find being used by Wessel Zuseler (p. 136 below). Alongside this, from 1515 onwards, he used another picture of a printing-shop (NAT 11), the same as the one his stepfather used (p. 122 above).

Reproduced here is a charming illustration (NAT 14) assembled from four woodcuts (used from 1514 onwards) and depicting the pilgrim St. Roch. Having been caring for victims of the plague, St. Roch discovered a plague-sore on his own upper leg, retired into solitude and was brought bread by a dog until an angel anointed him and cured him (see also p. 128 below).

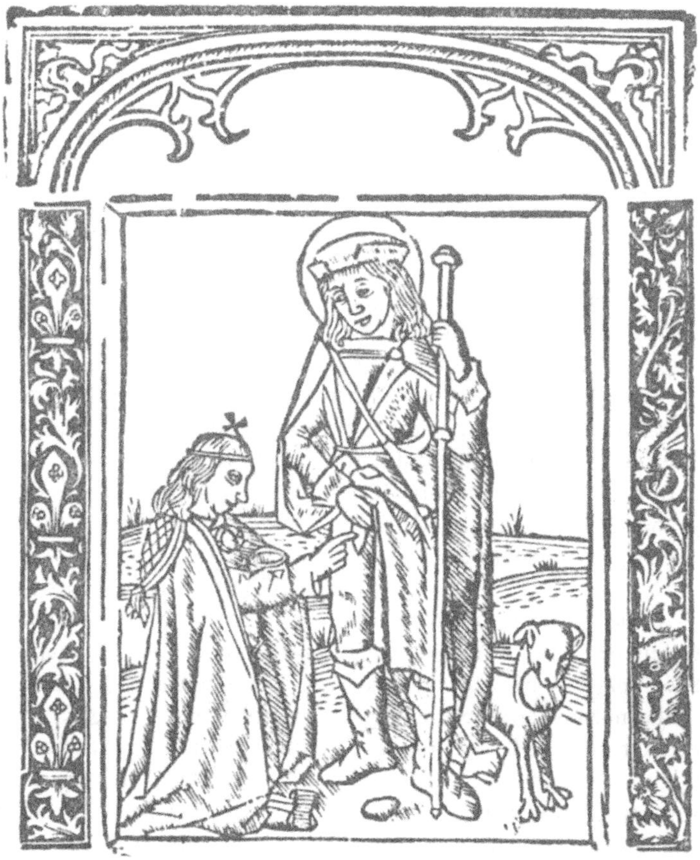

MARCUS TULLIUS CICERO, PARADOXORUM LIBELLUS

DEVENTER, THEOD. DE BORNE, 1519

[NK 570–NAT I, I]

Zo eenvoudig de vorige illustratie, zo gekunsteld is de titelrand die dezelfde Dirk van Borne van juli 1518 af bezigde (NAT I). Het is in Deventer de eerste rand uit één stuk, tevens het begin van het gebruik aldaar van renaissance-elementen in de boekversiering. Het valt op, dat Van Borne's stiefvader Jacob van Breda dezelfde houtsnede op hetzelfde moment, medio 1518, introduceerde (NK 536).

Geen van beide drukkers vond aanleiding, om op dat moment meteen over te stappen van een gotisch naar een Latijns lettertype. Voor Jacob van Breda werd dit trouwens een der laatste door hem gedrukte boeken. Hij overleed kort nadien. Dirk van Borne overleefde zijn stiefvader nauwelijks en stierf op het eind van 1519. Weduwe Alyt van Borne zette het bedrijf voort, zonder voldoende succes (zie ook hierna p. 136). Wel gebruikte zij in 1521 een Latijnse letter.

De titelillustratie uit 1518 toont tegen een zwarte achtergrond drie zuilen die elkaar in hoogte overtreffen, hetgeen de relatief grote hoogte van de afbeelding verklaart. Een nar en een sater staan elk op een zuil. Het idee treft men reeds aan in vroege Zuidduitse titelranden (Neurenberg, Peypus 1513; Straatsburg, Schürer 1515; Bazel, Froben 1515). De hier afgebeelde versie is ontworpen door de Zwitserse kunstenaar Urs Graf (± 1485–1528) en komt vanaf 1516 voor bij Johann Froben in Bazel (W. Lüthi, *Vrs Graf*, 1928, 50 d). Men vindt haar ook bij de Keulse drukker Eucharius Cervicornus in 1523, alsook bij Jean Thibault te Antwerpen (NAT 14) en Pieter De Keysere te Gent (NAT 10). Op de oorspronkelijke Bazelse houtsnede toont het plaatje tegen de linker zuil de initialen V.G. (Vrs Graf). De meeste drukkers hebben deze initialen weggelaten. Op Van Borne's houtsnede zijn ze vervangen door de initialen T.K. (Thielman Kerver?). Op het wapen beneden prijkt de Deventer stadsadelaar.

A. C. F. K.

The title-page border which Dirk van Borne used from July 1518 onwards is as artificial as the preceding illustration is plain (NAT I). This is the first Deventer border in one piece, and also marks the first use there of Renaissance elements in book decoration. It is worth noting that Van Borne's stepfather Jacob van Breda introduced the same woodcut at the same moment, in the middle of 1518 (NK 536).

Neither of the two printers saw any reason at that time to change straight away from a black letter to a Latin type. For Jacob van Breda this was, in any case, one of the last printed books which he saw produced, as he died shortly afterwards. Dirk van Borne barely survived his stepfather, and died at the end of 1519. His widow, Alyt van Borne, carried on the business but without conspicuous success (see also p. 136 below). However, she did change to roman type in 1521.

The title-page illustration dating from 1518 shows three pillars against a black background. Their lengths are various, which explains the relatively great height of the illustration. A jester and a satyr each stand on a pillar. The same idea is to be found in the earliest southern German title-page borders (Nuremberg, Peypus 1513; Strasbourg, Schürer 1515; Basle, Froben 1515). The version illustrated here was designed by the Swiss artist Urs Graf (d. 1527/8) and appears from 1516 onwards in the work of Johann Froben of Basle (W. Lüthi, *Vrs Graf*, 1928, 50d). It was also used by the Cologne printer Eucharius Cervicornus in 1523, by Jean Thibault at Antwerp (NAT 14), and by Pieter de Keysere at Ghent (NAT 10). In the original Basle woodcut the board hanging on the left pillar bore the letters V.G. (Vrs Graf). Most printers left these initials out, but on Van Borne's woodcut they have been replaced by the initials T.K. (Thielman Kerver?). The Deventer eagle is to be seen on the shield at the bottom.

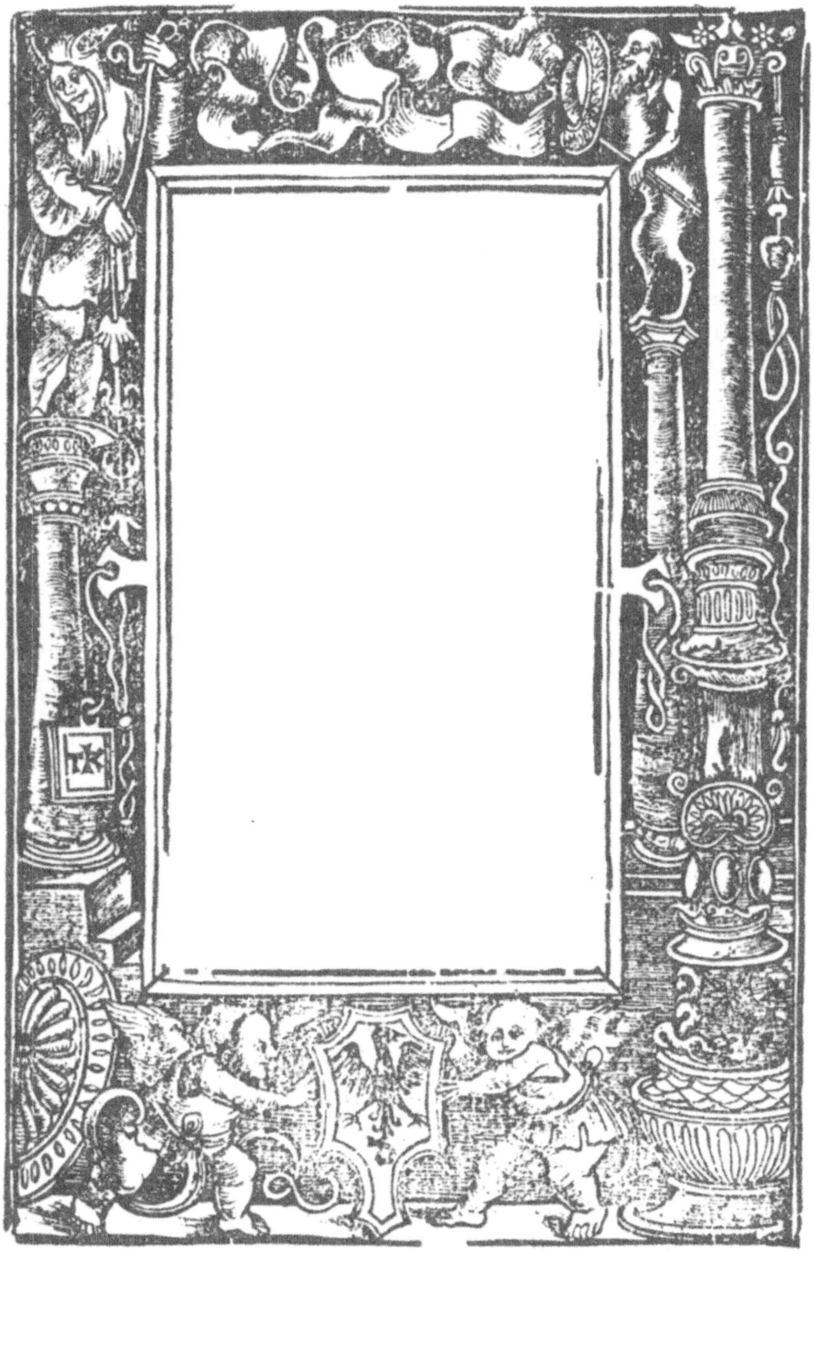
TK

BAPTISTA MANTUANUS, AGON DIVAE LUCIAE VIRGINIS ET MARTYRIS

DEVENTER, ALB. PAFRAET, 1515

[NK 165–NAT I, I]

Het bedrijf van de grondlegger van de drukkunst te Deventer, Richard Pafraet, werd in 1511 in diens huis De Mariënburg voortgezet door zijn zoon Albert. Albert Pafraet is ongetwijfeld de meest vruchtbare vakman uit de tweede generatie Deventer drukkers. Samen met zijn collega's Jacob van Breda en Dirk van Borne bereikte hij te Deventer een productiviteit in boektitels waardoor die van andere Nederlandse centra in de schaduw werd gesteld. Pas na 1515 verminderde de Deventer productie. Na 1517 nam Antwerpen, met overigens een dubbel aantal zelfstandige drukkers, de leiding over, zeker toen te Deventer in 1518 en 1519 Van Breda en Van Borne door de dood wegvielen.

Aanvankelijk bezigde Albert Pafraet, net als zijn vader, weinig illustratie. Hij had toen een voorkeur voor een reeks houtsneden met eenvoudige afbeeldingen van heiligen. De oudst bekende uit deze reeks heiligenafbeeldingen dateert van 1513. Opmerkelijk is het, dat hij deze reeks na 1517 practisch niet meer gebruikte.

Van deze reeks houtsneden had Albert Pafraet niet het monopolie. Enkele ervan vinden we terug bij drukker Van Os te Zwolle en bij collega Van Borne te Deventer zelf (zie hiervóór p. 124). De houtsneden hebben zelden iets te maken met de inhoud van het boek, zijn dus louter ornament. Zo illustreert Pafraet in 1513 een inleiding van Murmellius op Aristoteles' kategorieën met een afbeelding van de heilige Maria van Egypte (NAT I). Volgens de legende had deze Maria, na een licht leven, zich te Jeruzalem bekeerd. Ze trok zich boetvaardig terug in de woestijn. Haar kleren vervielen tot lompen. Haargroei bedekte haar lichaam, op het gezicht, de handen, de voeten, de knieën en de borsten na. Zo leefde ze zestig jaren, op een rantsoen van in totaal drie broden.

A. C. F. K.

The printing-shop run by the founder of printing in Deventer, Richard Pafraet, was taken over in 1511 in the same premises, his house "De Mariënburg," by his son Albert. Albert Pafraet is undoubtedly the most productive of the second generation of printers in Deventer. Together with his colleagues Jacob van Breda and Dirk van Borne he produced so many titles that Deventer's productivity eclipsed that of other Dutch towns. It was only after 1515 that the production of books in Deventer began to decline. After 1517 Antwerp (with twice the number of independent printers) took the lead, certainly when Van Breda and Van Borne died in 1518 and 1519.

At first Albert Pafraet, like his father, used little in the way of illustration. His preference was for a series of woodcuts with simple illustrations of saints. The earliest of these dates from 1513. It is curious that he practically stopped using these woodcuts after 1517.

Albert Pafraet did not have a monopoly on this series of woodcuts. Some of them may be found in the work of Van Os at Zwolle, and some were used by Albert's colleague Van Borne in Deventer itself (see p. 124 above). The illustrations rarely have anything to do with the contents of the book, and are merely ornamental. Thus, for example, in 1513 Pafraet illustrated an edition of Murmellius's introduction to Aristoteles' *Categories* with a picture of St. Mary of Egypt (NAT I). According to the legend this Mary, after a life of sin, underwent conversion when at Jerusalem. She retired penitently into the desert. Her clothes turned to rags, and hair covered her body, excluding her face, hands, feet, knees and breasts. She lived in this state for sixty years, on a total ration of three loaves.

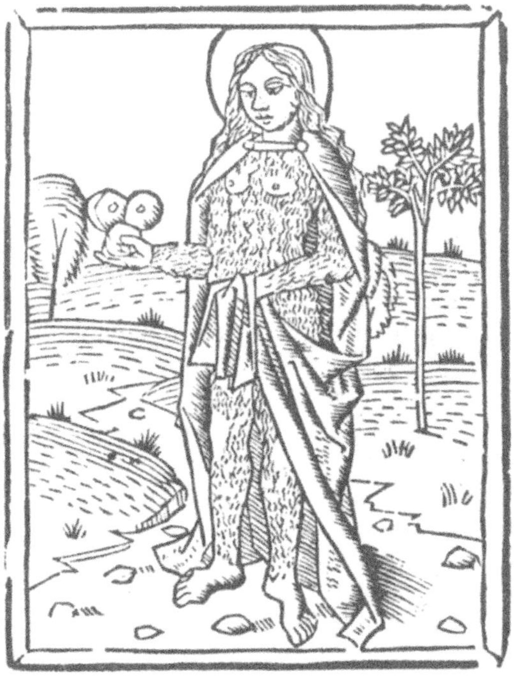

ORDINARIUS CONGREGATIONIS WYNDESEMENSIS

DEVENTER, ALB. PAFRAET, 1521

[NK 1649–NAT IV, 16]

Albert Pafraet heeft te Deventer als eerste getracht zijn boeken te versieren met titelranden. In juli 1517 vatte hij de titel van een geschrift van Erasmus (NK 2894) tussen vier losse ornamenten (NAT 37). In 1520 gebruikte hij voor het eerst een titelrand uit één stuk (NAT 11), weergevende bustes van acht romeinse auteurs. Deze bordure vindt men reeds in 1519 bij Lazarus Schürer te Schlettstadt (zie ook hierna). Pafraets overbuurman Van Borne bootste haar in 1521 na, met o.m. dit verschil dat ze nu bestond uit vier bij elkaar geschoven blokken (NAT 40). Pafraets randen NAT 53 en 60 (beide van 1524) vindt men tezelfdertijd te Keulen (bij Fuchs en bij Soter).

Afgebeeld is hier een titelrand die Pafraet sedert 1521 gebruikte (NAT 16). Zij bestaat uit vier losse houtblokken: links en rechts bustes van kerkvaders; boven en beneden mensen in indianenkledij met o.m. een olifant en twee kamelen. De beide afbeeldingen met indianen zouden te Bazel zijn ontworpen door Urs Graf (zie ook p. 126 en 132) en men vindt ze sedert 1518 in korte tijd bij verscheidene drukkers: te Bazel, Schlettstadt, Deventer, Keulen en Tübingen. De Deventer titelillustratie als geheel vertoont wederom frappante overeenkomst met een titelrand van drukker Schürer te Schlettstadt.

Het oudst bekende boek met beide indianenhoutsneden bij Albert Pafraet dateert van april 1521 (NK 1649). Gezien het jaartal op het bovenste houtblok moet dit toen vers gesneden zijn (vgl. NK 3569). Op te merken valt dat Pafraet op het punt stond de gothische drukletter te vervangen door de Latijnse. Aanvankelijk, begin 1521, liet hij alleen de titel in Latijnse letter zetten. Alberts eerst bekende druk, geheel in Latijnse letter, dateert van mei 1521 en bevat de *Progymnasmata* van Erasmus (NK 854).

A. C. F. K.

Albert Pafraet was the first printer in Deventer to decorate his books with title-page borders. In July 1517 he enclosed the title of one of Erasmus's treatises (NK 2894) with four separate border ornaments (NAT 37). In 1520 he used a one-piece title-page border for the first time (NAT 11), a portrayal of busts of eight Roman authors. This border had already been used the previous year by Lazarus Schürer at Schlettstadt (see below). Pafraet's neighbour from across the road, Van Borne, made an imitation of it in 1521, one of the differences being that it now consisted of four blocks which fitted together (NAT 40). Pafraet's borders NAT 53 and 60 (both dating from 1524) are found at the same time in the work of Fuchs and Soter in Cologne.

The illustration here is of a title-page border used by Pafraet from 1521 onwards (NAT 16). It consists of four loose blocks. To left and right there are busts of fathers of the church; at the top and bottom we see people in Indian dress with, among other things, an elephant and two camels. The two pictures of Indians are thought to have been designed by Urs Graf (see p. 126 and 132). They appeared during a short space of time since 1518 in the work of various printers at Basle, Schlettstadt, Deventer, Cologne and Tübingen. Again, the Deventer border bears a striking resemblance to that used by Schürer at Schlettstadt.

The earliest known book by Albert Pafraet with both "Indian" woodcuts dates from April 1521 (NK 1649). In view of the date on the top block it must then have been freshly cut (cf. NK 3569). It is worth noting that at this time Pafraet was on the point of changing from black letter to Latin types. At first, early in 1521, he only had the title set in Latin types. His first work known to have been printed entirely in a Latin type dates from May 1521 and contains the *Progymnasmata* of Erasmus (NK 854).

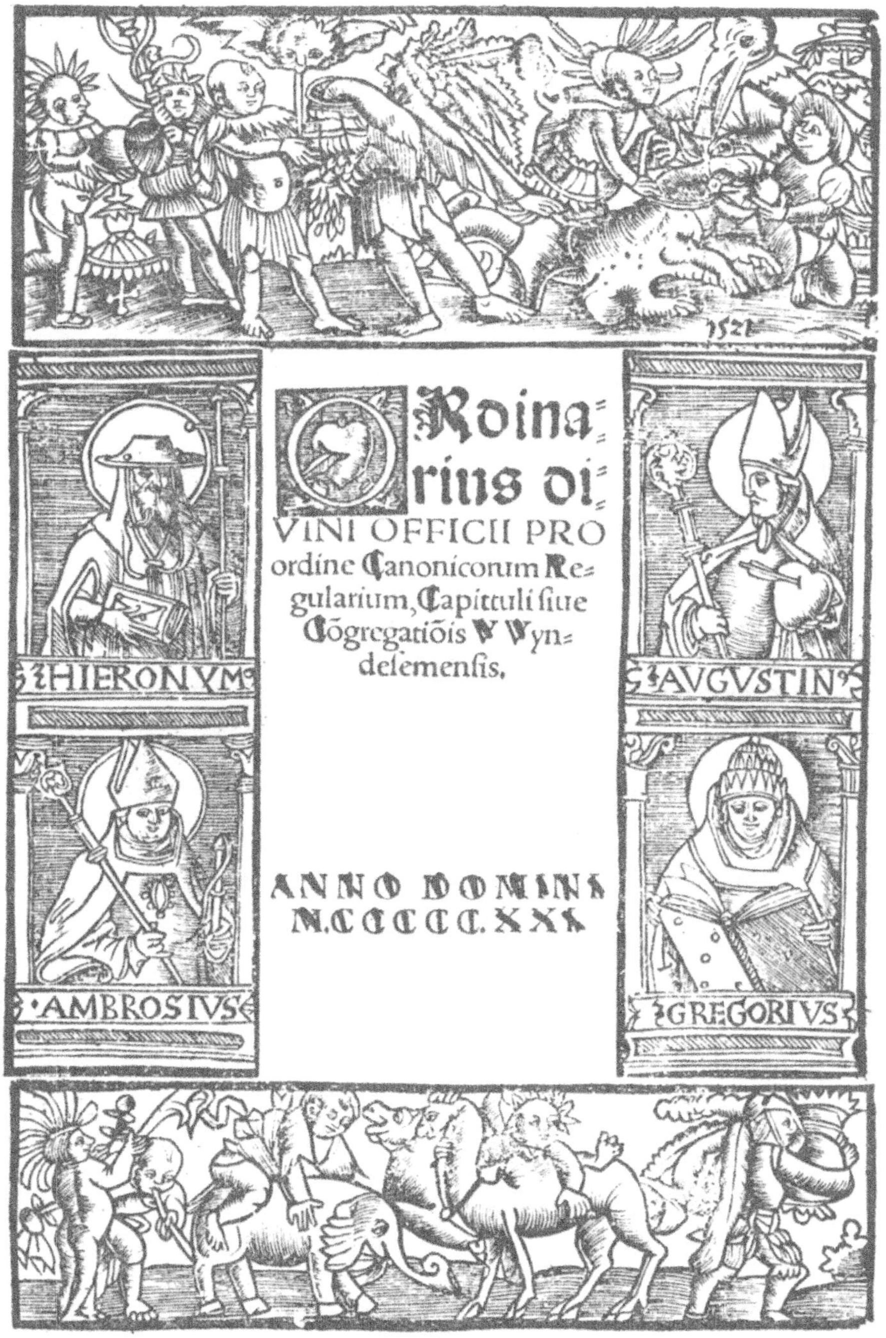
1521

HIERONYMUS

AUGUSTINUS

ORdinarius divini officii pro ordine Canonicorum Regularium, Capittuli siue Cōgregatiōis Wyndesemensis.

AMBROSIUS

GREGORIUS

ANNO DOMINI M.CCCCC.XXI

PUBLIUS TERENTIUS AFER, ANDRIA

DEVENTER, ALB. PAFRAET, 1525

[NK 1983–NAT IV, 19]

In Duitsland (inclusief Bazel) dateert het begin van de renaissance in de boekillustratie van circa 1510. De Zuid-Duitse drukkers deden een beroep op kunstenaars van naam: Burgkmaier, Grien, Graf en Holbein jr. De vervanging van de overgeleverde gothische kunststijl door de stijl van de toekomst kan men het duidelijkst volgen in de vormontwikkeling van de titelillustratie. Vooral in Straatsburg, Augsburg, Bazel en Neurenberg werd deze vaak architecturaal opgebouwde titelillustratie naar Italiaans model in zwang gebracht. Doordat ze sedert 1519 regelmatig werd toegepast in de vele geschriften van en omtrent Luther, kreeg ze een krachtige verspreidingsimpuls.

Reeds in juli 1518 had de Deventer drukker Van Borne een semi-architecturale titelillustratie uit één stuk gebruikt, afkomstig van de Bazelse graficus Urs Graf (hiervóór p. 126). Door Urs Graf schijnt ook de "indianenbordure" te zijn ontworpen, die Albert Pafraet begin 1521 gedeeltelijk overnam (hiervóór p. 130).

Eveneens toegeschreven aan Urs Graf is het titelornament dat wij Albert Pafraet tussen 1522 en 1529 vrij veelvuldig zien gebruiken, bij voorkeur bij de editie van teksten van Terentius, bedoeld voor het onderwijs aan de Latijnse school (NAT 19). Reeds eerder vinden we deze rand te Bazel in 1518 en te Keulen in 1522. Ook vinden we deze vlotte ornamentele houtsnede uit één stuk reeds vanaf 1519 terug bij de drukker van de koning van Engeland, Richard Pynson.

De schilden in de bovenhoeken zijn gewoonlijk blanco. Te Deventer zijn ze ingevuld. Het linker schild vertoonde oorspronkelijk een adelaar met dubbele kop, die hier op primitieve manier is gereduceerd tot de één-hoofdige adelaar van de stad Deventer. Midden-boven bevond zich oorspronkelijk hetzelfde ornament als midden-onder. Te Deventer is dit vervangen door het familiemerk van de familie Pafraet.

In Germany (including Basle) the beginning of the Renaissance in book illustration dates from about 1510, with the southern German printers commissioning work by famous artists such as Burgkmaier, Grien, Graf and Holbein the younger. The transition from the traditional Gothic style of art to the style of the future is most clearly seen in title-page borders. Particularly in Strasbourg, Augsburg, Basel and Nuremberg, title-page illustrations in the Italian style, often built up on architectural lines, soon became fashionable. Their spread received a boost from their regular use since 1519 in the many writings by and about Luther.

As early as July 1518 the Deventer printer Van Borne had used a semi-architectural title-page border cut on one block. This had been designed by the Basle draughtsman Urs Graf (p. 126 above), who also seems to have been the designer of the "Indian" border partly used by Albert Pafraet at the beginning of 1521 (p. 130 above).

Likewise attributed to Urs Graf is the title-page ornament which we find Albert Pafraet using quite frequently between 1522 and 1529, chiefly for editions of works by Terence which were intended for teaching purposes at the Latin school (NAT 19). This border is also found in Basle in 1518 and at Cologne in 1522. A flowing ornamental woodcut in one piece, it was also used from 1519 onwards by the printer to the king of England, Richard Pynson.

The shields in the top corners were generally blank, but the left-hand one originally bore a double-headed eagle which has here been modified in primitive fashion to produce the one-headed eagle of Deventer. In the middle at the top there was originally the same ornament as at the bottom. At Deventer this has been replaced by the Pafraet family mark.

A. C. F. K.

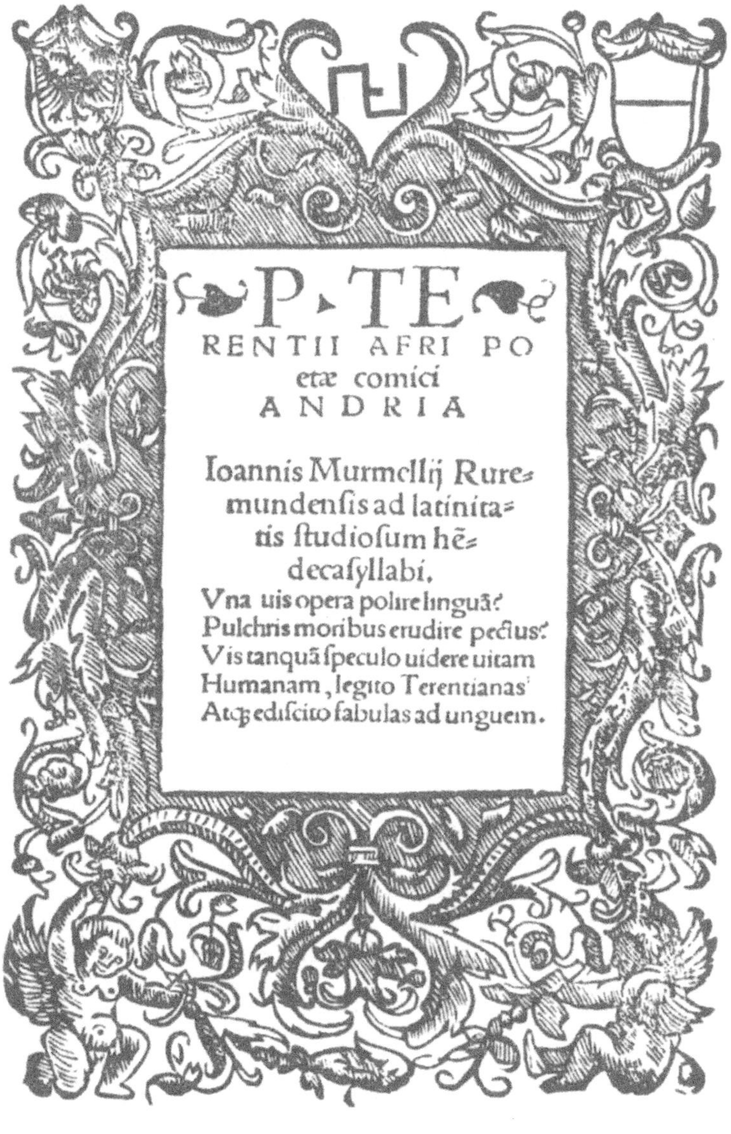

P. TE
RENTII AFRI PO
etæ comici
ANDRIA

Ioannis Murmellij Rure-
mundensis ad latinita-
tis studiosum hē-
decasyllabi.
Vna uis opera polire linguā?
Pulchris moribus erudire pectus?
Vis tanquā speculo uidere uitam
Humanam, legito Terentianas
Atq; ediscito fabulas ad unguem.

NIEUW TESTAMENT

DEVENTER, ALB. PAFRAET, 1525

[NK 382–NAT IX, 45]

De jaren na 1517 stonden in het teken van Luther. Van alle geschriften, tussen 1518 en 1523 in Duitsland verschenen, droeg één derde de naam van Luther. Eind 1521 begon Luther, tijdens zijn gedwongen verblijf op de Wartburg, met de vertaling van de bijbel uit de oertekst, een daad o.m. voor de grondvesting van de Hoogduitse schrijftaal van eminent belang. Reeds in september 1522 verliet Luthers Nieuwe Testament te Wittenberg de (drie) persen. Vele drukken volgden, vooral te Bazel. Daar hielp Hans Holbein jr. in december 1522 aan de illustratie ervan.

Van 1523 af werd de Luthervertaling van het Nieuwe Testament in het Nederlands overgezet. De meest opmerkelijke vertaling verscheen in 1525 te Deventer. Drukker noch vertaler maken zich bekend. Nog niet lang geleden is Albert Pafraet aangewezen als de drukker. De contemporaine inquisitie heeft hem als zodanig niet herkend. De vertaler van zijn kant heeft getracht in zijn taalgebruik zoveel mogelijk dialecten te verenigen en dus zoveel mogelijk Nederlanders te bereiken, hetgeen zowel Luther als Pafraet ten goede kwam. De wetenschap zoekt de anonieme vertaler thans in de Nederlandse Lutheraanhanger Hinne Rode, die tot in 1524 te Bazel verbleef en vandaar Luthers Nieuwe Testament zal hebben meegebracht naar Deventer. Zo ook zijn Holbeins afbeeldingen naar Deventer gekomen. Pafraet heeft aan deze uitgave, die voor zijn doen bijzonder omvangrijk is (948 blz.), grote aandacht besteed. Er bestaan exemplaren gedrukt op perkament.

Legt men de afbeelding van de evangelist Lukas door Holbein zelf naast die uit de Deventer druk (NAT Alb. Pafraet 45), dan valt naast een grote overeenkomst op, dat de evangelist bij Pafraet niet schrijft, doch, meer voorovergebogen, de pen in de inktpot schijnt te drenken.

A. C. F. K.

The years after 1517 were dominated by Luther. Of all the works which were published in Germany between 1518 and 1523, a third bore his name. At the end of 1521, during his enforced stay in the Wartburg, he began a translation of the Bible from the original text, an enterprise which proved to be of crucial significance in the formation of a standard High German written language. Luther's New Testament left the presses at Wittenberg (there were three of them) as early as September 1522. Many editions followed, most of them being printed at Basle, where in December 1522 Hans Holbein the younger helped with their illustration.

From 1523 onwards Netherlandish translations based on Luther's German New Testament appeared. The most notable translation appeared in Deventer in 1525. Both translator and printer remain anonymous, but the work has recently been attributed to Albert Pafraet. The inquisition of the time failed to recognize him as its printer. The translator, for his part, has tried to unite as many dialects as possible so as to reach as many Netherlanders as possible – a circumstance beneficial to both Luther and Pafraet. Current opinion is that the translator was the Dutch Lutheran Hinne Rode, who stayed in Basle until 1524 and presumably took Luther's New Testament to Deventer from there. So, too, did Holbein's illustrations find their way to Deventer. Pafraet devoted much attention to this edition, which was, for him, a particularly large one (948 pp.). Some copies exist which are printed on vellum.

If the picture of St. Luke by Holbein himself is compared side-by-side with that in the Deventer edition (NAT Albert Pafraet 45), the most conspicuous feature, apart from the great general similarity, is that in Pafraet's version the evangelist is not writing but bending forward and apparently dipping his pen in the inkpot.

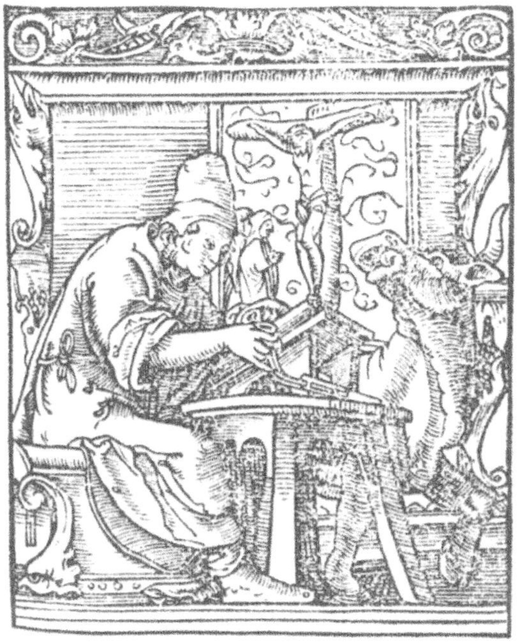

JUNIUS JUVENALIS, SATYRA OCTAVA

DEVENTER, WESSEL ZUSELER, 1523

[NK 1243–NAT I, 2]

Nadat te Deventer de eerste generatie drukkers was weggevallen (1512/1518), en van de tweede generatie Dirk van Borne reeds in 1519 was gestorven, bleef Albert Pafraet over als enige actieve drukker. Zijn overbuurvrouw Alyt van Borne immers had moeite de traditie van haar overleden man voort te zetten (hiervóór p. 126).

Er scheen daarom binnen Deventer plaats te zijn voor een nieuwe drukker. Dit werd Wessel Suzeler, zoon uit een Deventer geslacht. Zijn zuster Fenne was gehuwd met Albert Pafraet. Op zijn laatst in 1523 begon Wessel een zelfstandige drukkerij. Uit dat jaar kennen wij een zevental boeken, waaronder een geschrift van Luther en een tractaat van Melanchthon. Beide reformatorische geschriften verschenen zonder drukkersnaam; het tweede noemt als fictieve drukplaats Wittenberg. Over de sympathieën van Suzeler bestaat daarom geen twijfel. Na 1523 vermindert zijn productie snel. In 1525 verschijnt zijn laatst bekende boek. In het dozijn boeken dat van hem bekend is, stelt de drukker – wiens naam door zijn stadgenoten meestal Suzeler werd gespeld – zich voor als Zuseler(us).

Ondanks de familierelatie met Albert Pafraet zien we duidelijke zakelijke relaties met weduwe Alyt van Borne. Van haar leende Suzeler in maart 1524 geld, nadat hij in juli 1523 met zijn moeder Trude strijd had geleverd over de nalatenschap van zijn vader. Uit het bedrijf der Van Borne's komen ook drie van de vier houtsneden voort, die in Suzeler's boeken figureren. Een voorkeur had hij voor de bordure met nar en sater (hiervóór p. 126). Hier afgebeeld is een drukkersmerk (NAT 2), eveneens afkomstig van Dirk van Borne en door deze tussen 1514 en 1518 gebruikt. De levendige tekening toont een drukkerswerkplaats met vier personen: de zetter, de jongen die de tampons hanteert, de bediener van de handpers, en degeen die een juist gedrukt kwarto-vel beoordeelt.

A. C. F. K.

When the first generation of printers at Deventer had all gone (1512/18) and when the second generation was deprived of Dirk van Borne by his death in 1519, Albert Pafraet was left the only active printer in the town, as his neighbour Alyt van Borne was having difficulty in continuing the business started by her departed husband. (see p. 126).

It was apparent, then, that there was room for another printer in Deventer. The vacancy was filled by Wessel Zuseler, who came of Deventer stock and whose sister Fenne was married to Albert Pafraet. Wessel started his own printing business sometime before or during 1523, as seven books printed by him date from that year, including a treatise by Luther and a tractate by Melanchthon. Both of these were printed anonymously, while the latter claims to have been printed at Wittenberg. Thus there is no doubt about where Zuseler's sympathies lay. After 1523 his rate of production fell rapidly, and his last known book appeared in 1525. In the dozen surviving books printed by him the printer identifies himself as Zuseler or Zuselerus, though his fellow citizens generally spelt his name Suzeler.

Despite the family connection with Albert Pafraet, there is clear evidence of business relations with the widow Alyt van Borne. It was from her that in March 1424 Suzeler borrowed money after litigation with his mother Trude in July 1523 about his father's inheritance. Also from the Van Borne business were three of the four woodcuts which figure in Suzeler's books. He had a preference for the border with the jester and satyr (p. 126 above). The illustration here is of a printer's device (NAT 2), which came from Van Borne and was used by him between 1514 and 1518. This lively drawing shows four people in a printing shop: the compositor, the boy holding the ink-balls, the printer moving the lever and a fourth figure, who is checking a quarto sheet which has just come from the press.

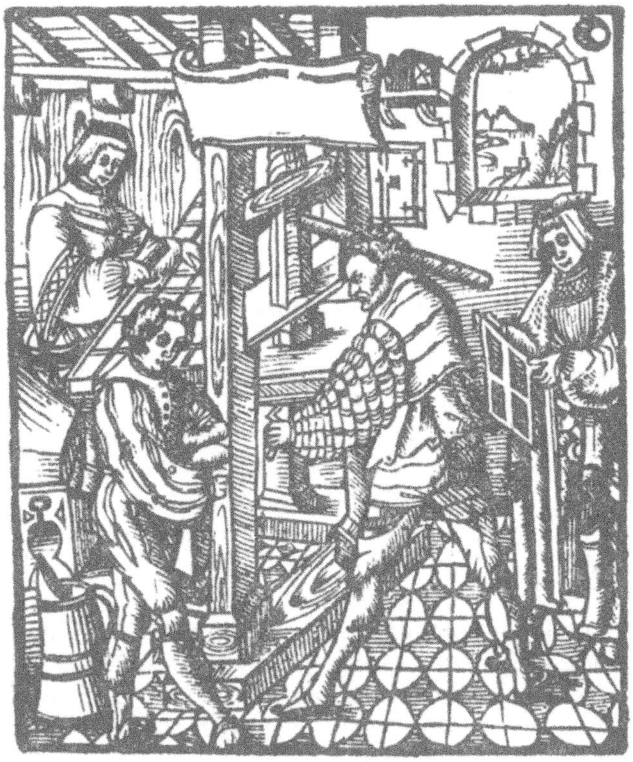

DAVEN.

APVD VVESSE-
lum Zuſe lerum.
ANNO M. D. XXIII.

HENRICUS BEBEL, DE ROMANORUM MAGISTRATIBUS

GENT, PIETER DE KEYSERE, 1521

[NK 260–NAT II, 4]

In de eerste helft van de 16de eeuw kende Gent slechts een viertal drukkers waarvan Pieter de Keysere de voornaamste was. Achtereenvolgens vindt men hem als boekbinder (1511), als boekhandelaar (1513, onder meer voor de in Parijs aktieve drukker Jodocus Bade of Badius) en tenslotte als drukker vanaf april 1516 tot november 1547. Hij was ook de eerste die te Gent een papiermolen exploiteerde. Zijn boekproductie omvat een vijfendertigtal drukken, meestal gering van formaat en volume; enkele zijn gedrukt op losse vellen. Hij drukte niets spectaculairs; meestal was het bestemd voor de locale behoeften. Vermelden we: wat schoolboeken, enkele poëziebundels, een weinig recht, enkele almanakken en als officiële stadsdrukker de talrijke ordonnanties en de evaluatie of wisselboekjes (dit laatste was noodzakelijk om de diverse in omloop zijnde munten te kunnen herkennen). Zijn drukwerk is eenvoudig, dikwijls simpel, en de kleine, soms charmante houtsneden doen wat houterig aan. Als type gebruikt hij vooral de gothiek, veel minder de romein en soms wat grieks. Bij hem stelt men echter reeds vast hoe de romein voor Franstalige teksten gebruikt wordt, maar voor de Nederlandstalige teksten houdt hij vast aan de traditionele gothiek.

De afgebeelde titelpagina is afkomstig uit een werk toegeschreven aan Henricus Bebel, maar in feite van Pomponius Laetus: *De romanorum magistratibus.* In 1521 komt voor het eerst de afbeelding van de drukpers voor bij Pieter de Keysere. Het mooiste voorbeeld een drukpersafbeelding als merk te gebruiken vindt men bij Jodocus Badius te Parijs in augustus 1507. Dit wordt eveneens in de Nederlanden nagevolgd door Jacobus van Breda (1515) en Theodoricus Borne (1518), beiden te Deventer werkzaam. Het is duidelijk dat de Gentse afbeelding een kopie is van zijn Parijse collega. Pieter de Keysere liet alleen het blok hersnijden, behield zelfs de zethaak in de rechterhand, en veranderde I.B. in P.C. Het Prelum Ascensianum (of pers van Jodocus Badius Ascensius) werd natuur-

During the first half of the sixteenth century there were only four printers in Ghent, chief of whom was Pieter de Keysere. We come across him first of all as a bookbinder (1511), then as a bookdealer (1513, acting as agent for, among others, Jodocus Bade or Badius, a printer active in Paris), and finally, from April 1516 until November 1547, as a printer. He was also the first person to run a paper-mill at Ghent. The books he printed amount to a total of about thirty-five, mostly slim volumes in small formats; some of them are printed on single sheets. He printed nothing that was spectacular; most of his work was for local consumption – a number of school books, a few albums of poetry, one or two works to do with the law, several almanacs, and the many proclamations and decrees and valuta booklets (the last being necessary if one was to make sense of all the different sorts of coinage in circulation) which he printed in his capacity of official town printer. De Keysere's printing is simple, often clumsy, and the sometimes quite charming little woodcuts look somewhat wooden. Generally he used gothic types, far less often roman, and sometimes greek. What is clear from his texts, however, is that roman type is already being used on a regular basis for French-language work, while he continues to use the more traditional gothic types for Dutch-language texts.

The title-page reproduced here comes from a work attributed to Henricus Bebel but in fact by Pomponius Laetus: *De romanorum magistratibus.* The picture of the printing press first appears in the work of Pieter de Keysere in 1521. The best example of the use of a representation of a printing press as a printer's mark is to be found in the work of Jodocus Badius in Paris in August 1507. This was imitated in the Netherlands by Jacob van Breda (1515) and Dirk van Borne (1518), both of whom worked at Deventer. It is clear that the Ghent illustration is a copy of that used by De Keysere's Parisian colleague. All De Keysere did was to have the block recut (he even kept the composing-

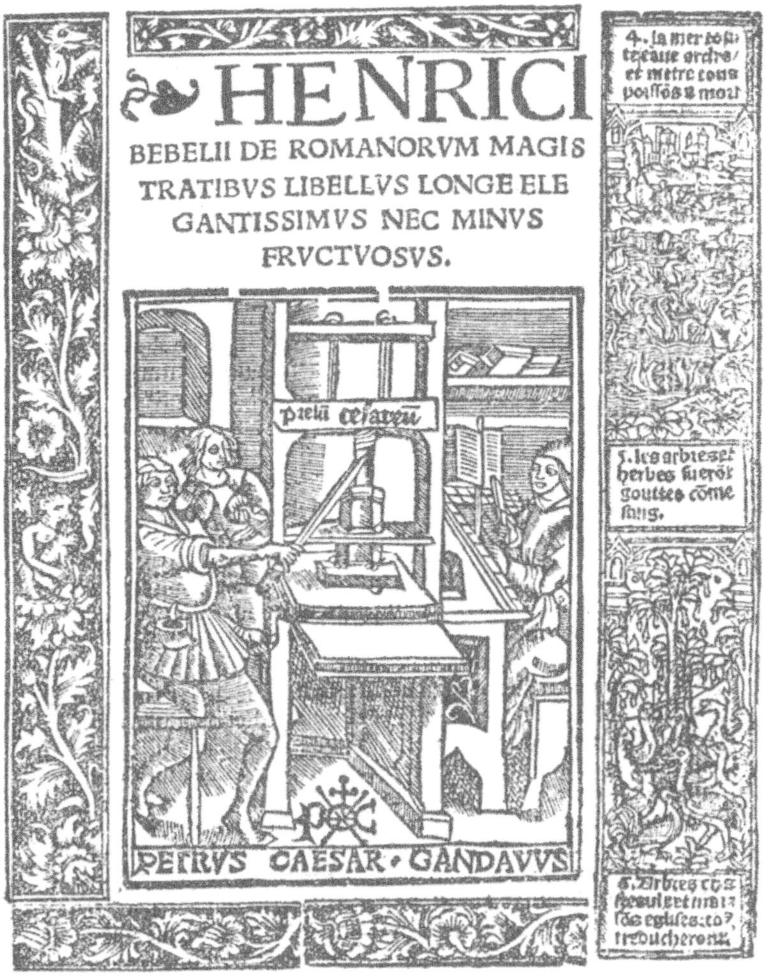

verkleind / reduced

lijk Prelum Cesareum (of pers van De Keysere). Rondom plaatste hij een soort passe-partout houtsnede-borduur en aarzelde niet om rechts een stuk uit een niet geïdentificeerde Franse druk te gebruiken.

stick in his right hand) and to change the I.B. into P.C. The original Prelum Ascensianum (i.e. Press of [Jodocus Badius] Ascensius) has naturally and obviously been changed to Prelum Cesareum. Around the picture of the printing-shop De Keysere used a sort of passe-partout woodcut border, and did not hesitate to use, on the right, part of an unidentified French woodcut.

J. M.

JOHANNES DESPAUTERIUS, DE FIGURIS LIBER

GENT, PIETER DE KEYSERE, 1520

[NK 2761–NAT III, 9]

Als merk – of louter als titelbladversiering – koos Pieter de Keysere een thema dat bij zijn stadsgenoten zeer geliefd was: de stedemaagd of het stadsvignet. Op de voorgrond zit de Maagd van Gent in een omheining gewoonlijk met een leeuw, die nu echter op het schild afgebeeld wordt. Dit beeld gaat terug op een gedicht uit de 14de eeuw waarin de Gentse overwinning op graaf Lodewijk van Male verhaald wordt. Daarin wordt de stad Gent voorgesteld door een Maagd en op haar schoot rust een witte leeuw. Een variant van deze titelafbeelding wordt door Pieter de Keysere ook op zijn boekbanden als paneelstempel gebruikt. Op de achtergrond heeft men een zicht op de stad met de vier voornaamste kerktorens en het belfort met de draak. De eerste maal dat wij dit beeld gedrukt vinden is in een tweetal Erasmusdrukken uit 1511, waarschijnlijk te Parijs door een stadsgenoot, Robert de Keysere gedrukt. Pieter de Keysere gebruikte ook hier dezelfde houtblokken maar sneed er onderaan een stuk af.

J. M.

As one of his printer's marks – or simply to decorate the title-page – Pieter de Keysere chose a theme that was very popular with his fellow citizens; the town's patroness and symbol. In the foreground we see the Maid of Ghent, usually with a lion, here pictured on the shield. This picture goes back to a poem dating from the fourteenth century in which Ghent's victory over Count Louis II is celebrated. The town of Ghent is represented by a Maid and a white lion rests on her lap. De Keysere also used a variant of this title-page illustration as a panel stamp for his bindings. In the background the town of Ghent is visible with its four main church towers and steeples and the bell-tower with its dragon. The first time we come across this picture is in two Erasmus editions of 1511, probably printed in Paris by a fellow citizen of Pieter's, Robert de Keysere. Here Pieter used the same blocks but removed a piece at the bottom.

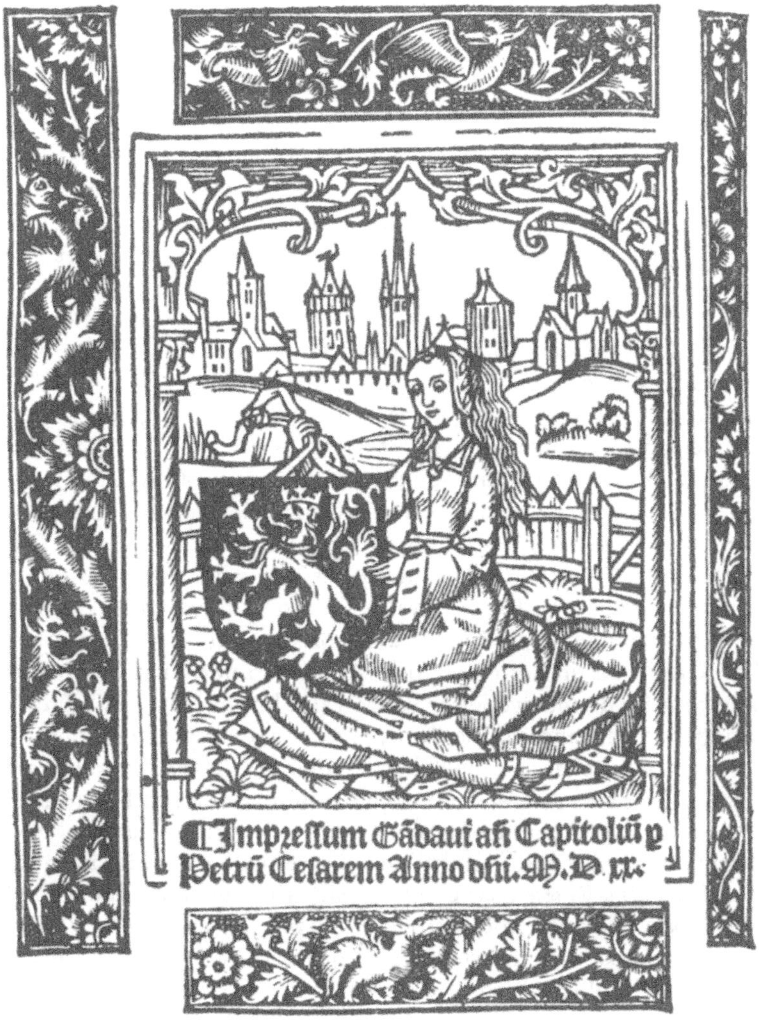
¶ Impressum Gādaui añ Capitoliū p
Petrū Cesarem Anno dñi. M.D.xx.

ROBERTUS GROPRETIUS, REGIMEN SANITATIS

GENT, JOOS LAMBRECHT, 1538

[NK 3128–NAT II, 4]

Een omvangrijk deel van het typemateriaal door de drukkers in de Nederlanden gebruikt kwam uit het buitenland; maar niet minder belangrijk waren ook de typen gesneden door onze lettersnijders: Henric Pieterszoon Lettersnijder, Jan Thibault en vooral Joos Lambrecht. Deze typische renaissance-figuur, veelzijdig ontwikkeld, was niet alleen een uitstekend drukker – wellicht de beste uit de Nederlanden – maar noemt zichzelf herhaaldelijk in zijn drukken lettersteker. Vermeldenswaard zijn ook zijn andere activiteiten: schrijver, dichter, filoloog die een rol gespeeld heeft in de ontwikkeling van het Nederlands, sympathisant met de nieuwe godsdienstige ideeën, waardoor talrijke van zijn drukken verdacht werden en op de index kwamen. Gedurende de 17 jaren die hij te Gent drukte (1536–1553) kwamen – voor zover bekend tenminste – een zeventigtal drukken, van uiteenlopende aard, uit zijn officina. Allen zijn thans zeer zeldzaam. Het is opvallend dat het grootste aantal niet langer in het Latijn is maar in het Nederlands en het Frans; ook het gebruik van de romein, de nieuwe letter van het alhier doordringende Italiaanse humanisme, overweegt. Als grafisch kunstenaar en boekillustrator, of hij nu zelf sneed of liet snijden laten wij hier buiten beschouwing, had hij een uitmuntende smaak en gevoel voor kwaliteit. In 1543 drukte hij te Gent de fries *Il Trionfo della fede* naar een tekening van Titiaan. Zoals vele tijdgenoten moest ook hij om godsdienstige redenen zijn stad verlaten, om in den vreemde, wellicht Wesel, veiligheid te zoeken.

De titelpagina stelt het zeer mooie portret voor van de arts en wiskundige, Robert de Grospré uit Arras die te Gent praktijk uitoefende. In een beknopt, en thans nog goed leesbaar traktaat van 24b laden, aan Hendrik VIII opgedragen, geeft de arts zijn visie weer over een gezonde levenswandel. Hij is van mening dat het gezond verstand en de gulden middenweg leidinggevend zijn in voeding, arbeid, rust, levensgenietingen en dergelijke.

J. M.

Much of the type material used by printers in the Netherlands came from abroad, but no less important were the types cut by Netherlandish punch-cutters such as Henric Pieterszoon Lettersnijder, Jan Thibault and especially Joos Lambrecht. A typical Renaissance figure and a man of great culture and wide-ranging knowledge, Lambrecht was not only an excellent printer – possibly even the best there was in the whole of the Netherlands – but also refers to himself repeatedly in his editions as a punch-cutter. His other activities are also worthy of note: he was a writer, a poet, a philologist who played a role in the development of the Dutch language, and a sympathiser with the new ideas in religion, a circumstance which led to many of his editions becoming suspect and being placed on the Index. During the seventeen years that he worked in Ghent (1536–1553) some seventy editions, as far as is known, were produced by his printing house. They are of various sorts, but all are now extremely rare. It is interesting to note that the majority are no longer in Latin but in Dutch and French; likewise, the use of roman types, a sign of the penetration to Ghent of Italian humanism, predominates. As a graphic artist and book illustrator – whether or not he engraved his own woodcuts or had someone else do it for him is immaterial here – he had superb taste and a fine feeling for quality. In 1543 he printed the frieze *Il Trionfo della fede* after a drawing by Titian. Like many of his contemporaries, he was eventually obliged to leave his home for religious reasons to seek safety elsewhere. It is possible that he went to Wesel.

The title-page reproduced here bears the very fine portrait of physician and mathematician Robert de Grospré of Arras, who had a practice in Ghent. In a concise and still quite readable treatise of twenty-four leaves, dedicated to Henry VIII, the doctor outlines his views concerning a healthy way of life. He believes that common sense and the golden mean are paramount in diet, work, rest, the pleasures of life and so on.

REGIMEN

SANITATIS, ROBERTI GROPRETII
ATREBATIS, NON SOLVM MEDICIS,
verùm etiã omnibus studiosis perne=
cessarium & vtile.

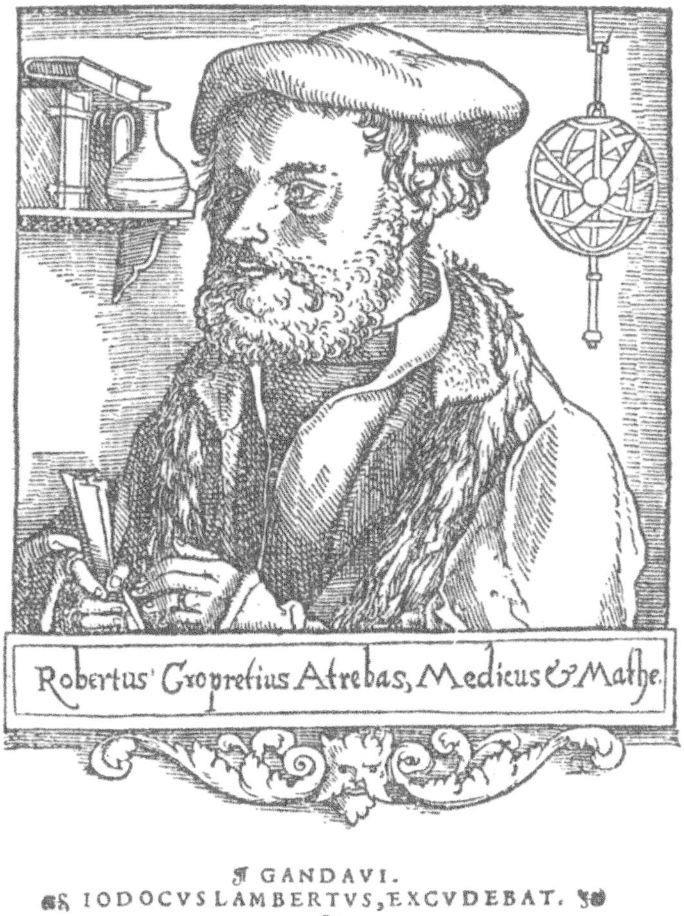

¶ GANDAVI.
IODOCVS LAMBERTVS, EXCVDEBAT.
1538.

REFEREYNEN INT VROEDE, INT ZOTTE ...

GENT, JOOS LAMBRECHT, 1539

[NK 1785–NAT II, 8]

Dit boek is het eerste in de Nederlandse taal gedrukt in romein; zonder veel succes trouwens want Joos Lambrecht was spoedig verplicht naar de meer vertrouwde gotiek terug te keren. In de inleiding schrijft de drukker beschaamd te zijn over de *plompheyt* van zijn medeburgers die de romein niet eens kunnen lezen en beweren dat het latijn of grieks is. Joos Lambrecht is nochtans overtuigd dat deze nieuwe letter *allen anderen vlaemschen letteren in nettigheden ende gracyen te bouen gaet.* Hij wil dit trouwens aantonen door het alfabet in gotiek en in romein onder elkaar gerangschikt af te drukken na zijn inleiding. Het werk bevat de refreinen door de diverse kamers van rhetorijken voorgedragen tijdens het landjuweel dat te Gent plaats vond op 20 april 1539. Het bevat tal van bedekte aanvallen tegen de clerus, de ceremoniën en de roomse godsdienst.

J. M.

This book was the first one in Dutch ever to be printed in roman types. Without much success, as it happens, for Lambrecht was soon obliged to return to the more familiar gothic. In the introduction the printer professes himself to be ashamed at the "plompheyt" (ignorance) of his fellow citizens, who cannot even read roman and claim that it is Latin or Greek. He is still convinced that this new type "allen anderen vlaemschen letteren in nettigheden ende gracyen te bouen gaat" (surpasses all other Flemish types in neatness and grace), and hopes to prove it by printing the alphabet in gothic and roman, one above the other, after his introduction. The book contains the refrains recited by the various chambers of rhetoric during the dramatic contest ("landjuweel") held at Ghent on 20 April 1539. These include numerous veiled attacks on the clergy, religious ceremonial and the Church of Rome.

REFEREYNEN INT VROEDE, OP DE VRAGHE,
Wat dier ter wærelt meeſt fortſe verwint. Itē int Zotte, op de vraghe
Wat volck ter wærelt meeſt zotheyt tooght. Item int Amorue=
ze, opden ſtoc, Och moghticſe ſpreken, ic ware ghepaeyt. Ver=
tooght binnen Ghendt by de xix. cameren van Rhetorijcken aldaer compa=
rerende den xx. in April M. D. neghen ende dertigh.

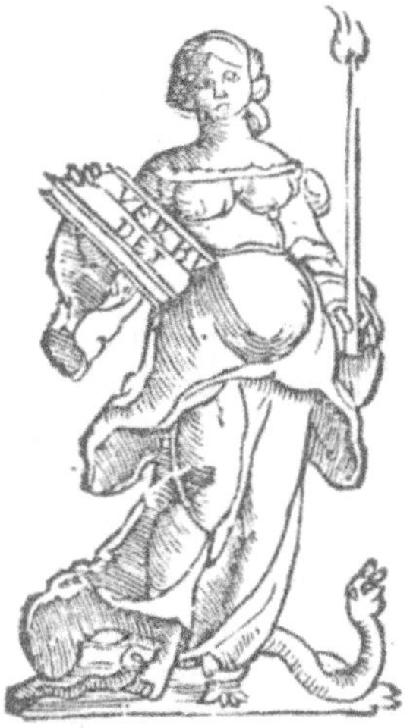

WIISHEYT.

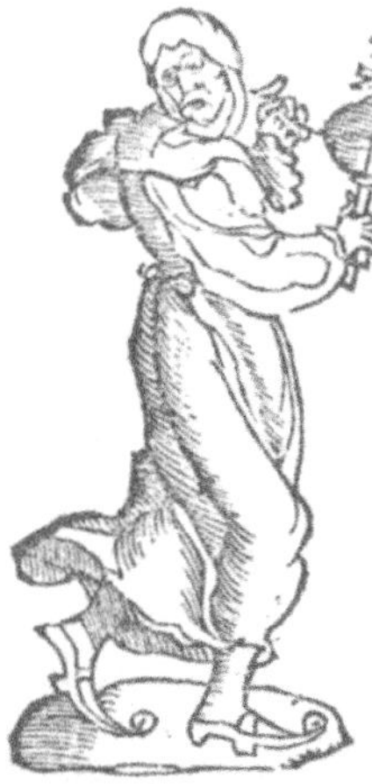

ZOTHEYT.

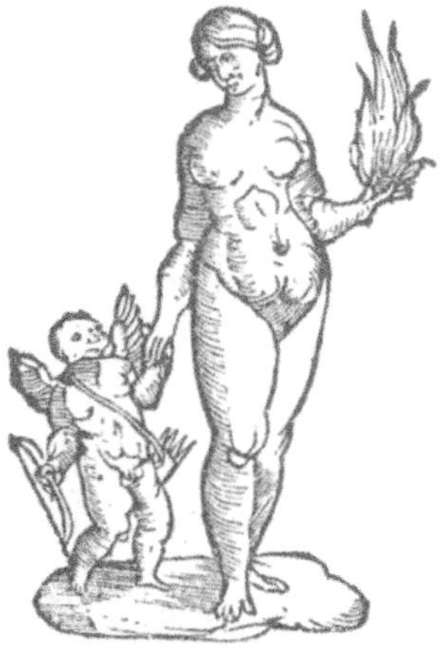

AMORVESHEYT.

BREVIARIUM TRAJECTENSE

GOUDA, COLLACIEBROEDERS, 1508

[NK 494–NAT VII, 69]

In 1508 deed zich het merkwaardige feit voor, dat binnen enkele dagen twee uitgaven van het breviarium ten gebruike van het bisdom Utrecht het licht zagen, beide in groot formaat en beide uitstekend verzorgd. Op 31 Maart verscheen de editie van de Leidse drukker Jan Seversz, op 1 April die van de Collaciebroeders te Gouda.

De drukkerij van de broeders, in bedrijf sinds 1494 (mogelijk enkele jaren eerder) tot 1521, was ook hier een voortzetting van hun werk als copiïsten. Daarnaast hielden zij zich bezig met het verluchten en binden van boeken. Hun uitgaven, waaronder ook devotiewerkjes en elementaire schoolboekjes, onderscheiden zich vooral door de kwaliteit van de illustraties. Zo lieten zij in 1506 voor het *Boexken van der misse*, van hun stadgenoot Gerrit van der Goude, niet minder dan zeventig houtsneden maken. Deze aantrekkelijke reeks viel zo in de smaak, dat onmiddellijk in Antwerpen herdrukken gemaakt werden met behulp van de oorspronkelijke blokken.

Twee jaar later verscheen dan het bijzonder mooi uitgevoerde breviarium, waarvan het eerste tekstblad is gereproduceerd. Het boek is ook daarom zo interessant, omdat hier voor het eerst in de Nederlanden de vormenwereld van de Renaissance zo stijlzuiver toegepast werd. De oprijzende decoratie van de "candelabra", het vaatwerk, de omkrullende acanthusbladeren, het rankwerk, evenals de gebruikte wit-op-zwart techniek – het is alles volkomen Italiaans. Het ontwerp is dan ook grotendeels ontleend aan een zeer fraaie omlijsting, die in 1494 voor het eerst gebruikt werd in een Herodotus-editie van de Venetiaanse uitgever Gregorius de Gregoriis, en wel eens toegeschreven is aan de beroemde Polifilomeester. Het is echter allerminst een slaafse navolging; men zou beter van een parafrase kunnen spreken, waarbij bv. de bovenrand van het origineel naar beneden verplaatst is en voorzien van een wapenschild van uitgesproken Italiaanse vorm. De daarvoor in de plaats gekomen bovenrand is oorspronkelijk en past zo voortreffelijk in het geheel, dat men zich

In 1508 a curious event occurred: on two consecutive days two separate editions of the breviary for the use of the bishopric of Utrecht appeared, both in a large format and both of a very high quality. On 31 March the Leiden printer Jan Seversz published his edition, followed the next day, 1 April, by the Collatiebroeders at Gouda.

Like that of the Canons Regular at Den Hem, the Collaciebroeders' printing house, which was in operation from 1494 (possibly some years earlier) until 1521, was a continuation of their work as copyists. At the same time they continued to occupy themselves with the illumination and binding of books. Their publications, which include short works of a devotional nature and some elementary school books, distinguish themselves first and foremost by the quality of their illustrations. In 1506, for example, for the *Boexken van der misse* by their fellow citizen Gerrit van der Goude, the brethren had no fewer than seventy woodcuts made. This attractive series proved so much to the public taste that reprints were immediately produced in Antwerp, with the help of the original blocks.

Two years later this was followed by the exceptionally finely executed breviary whose first page of text is reproduced here. The book is also very interesting because in it, for the first time in the Netherlands, Renaissance ideas of form are applied with such purity of style. The ascendant decoration of the "candelabra," the urns, the curling acanthus leaves, the tendrils, and the black-ground technique employed – all this is thoroughly Italian. And in fact the design is to a large extent borrowed from a very fine border first used in 1494 in a Herodotus edition by the Venetian publisher Gregorius de Gregoriis and sometimes attributed to the famous master of Polifilo. However, it is by no means a slavish imitation. It might be better termed a paraphrase: the upper border of the original, for example, has been moved to the bottom and given an escutcheon of pronounced Italian form. The upper bor-

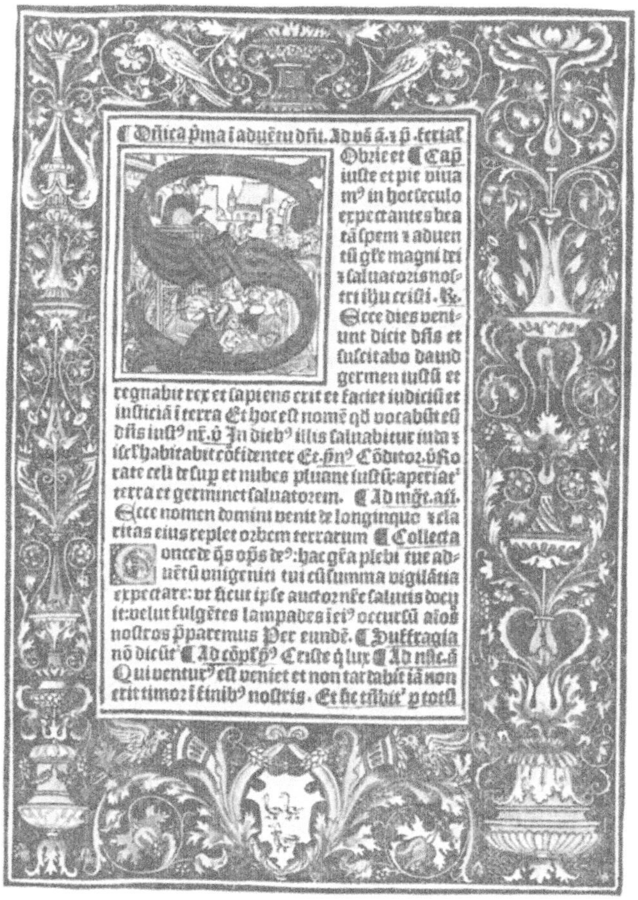

verkleind/reduced

afvraagt welke Hollandse kunstenaar in die tijd daartoe in staat was. Ook bij een aantal van de vele ornamentale initialen – vier reeksen van verschillend formaat – is een Italiaanse invloed onmiskenbaar. Het is een intrigerende vraag: kwam dit illustratie-materiaal, direct of indirect, uit Venetië?

P. V. B.

der which replaces it is original, and co-ordinates so perfectly with the rest that one wonders what Dutch artist can have been capable of such work at this time. In a number of the numerous ornamental initials – four series of various formats – there is an unmistakable Italian influence at work. It is an intriguing question: did this illustrative material, whether directly or indirectly, come from Venice?

Q. HORATIUS FLACCUS, SERMONUM LIBRI DUO
'S-HERTOGENBOSCH, LAURENS HAYEN, 1521
[NK 1137–NAT I, 1]

Laurens Hayen was na Gerard van der Leempt (1484–1488)[1] de tweede boekdrukker, die 's-Hertogenbosch binnen haar muren heeft gehad. Hij was eerst als boekdrukker en uitgever werkzaam, voordat hij in 1509 zijn eerste Bossche drukken (NK 457, 4406) vervaardigde.[2] 's-Hertogenbosch was met haar Latijnse school en haar vele kloosters, in en rondom de stad gevestigd, een gunstige vestigingsplaats voor een drukkerij. Hayen's uitgaven waren bestemd voor de plaatselijke markt. Schoolboeken, devote/mystieke lectuur en gelegenheidswerkjes, zoals aflaatbrieven, reglementen en loterijkaarten, deed de Bossche drukker van de pers gaan. Hij kreeg in sommige gevallen opdracht tot het drukken van boeken. Zo stond in een uitgave van Dionysius de Kartuizer *Tractaet vanden loflijken maeghedelijken leven* (NK 719) met de hand geschreven "Bidt voer die Cartusers te vucht by Shertogenbosch die dit op hueren coste hebben doen drucken."

De Bossche boekdrukker had zijn bedrijf gevestigd in de Kerkstraat tegenover de plaatselijke Latijnse school. Regelmatig vermeldde hij in het colofon de ligging van zijn drukkerij tegenover deze instelling "in sylva ducali ex adverso ludi literarij: per Laurentium hayanum." of "Gheprent tshartoghenbosch by my Laurens Hayen tegen die school over." (NAT II, 9). In het kader van het Latijnse onderwijs werden door hem verschillende werken gedrukt, zoals de op 14 september 1521 in kwarto-formaat verschenen en 48 bladen tellende uitgave van Horatius *Sermonum Libri Duo* (NK 1137). Deze uitgave, welke een aantal hekeldichten bevat van de Romeinse dichter, is fraai geïllustreerd met een titelblad. In de randlijst bevindt zich onderaan het stadswapen van 's-Hertogenbosch, vastgehouden door twee gevleugelde schildhouders. Dit stadswapen heeft Hayen ook op de achterzijde van het titelblad afgedrukt, waarbij het nu vastgehouden wordt door één wildeman (NAT I, 2). De Bossche boekdrukker maakte voor zijn uitgaven gebruik van

After Gerard van der Leempt (1484–1488),[1] Laurens Hayen was the second printer to work within the walls of 's-Hertogenbosch. He was active as a printer and publisher for some time before producing his first 's-Hertogenbosch work in 1509 (NK 457, 4406).[2] With its Latin school and the many monasteries in and around it, 's-Hertogenbosch (Bois-le-Duc) was the ideal place for a printing-shop. Hayen's publications were intended for the local market, and consisted chiefly of school books, devotional and mystical literature and occasional work such as indulgences, regulations and lottery tickets. Occasionally, however, he would receive commissions to print books, and we read, written by hand in an edition of Dionysius the Carthusian's *Tractaet vanden loflijken maeghedelijken leven* (NK 719): "Bidt voer die Cartusers te vucht by Shertogenbosch die dit op hueren coste hebben doen drucken" (Pray for the Carthusians at Vught near 's-Hertogenbosch, who have had this printed at their expense).

Hayen established his business in the Kerkstraat, opposite the local Latin school – a fact which he frequently refers to in his colophons: "in sylva ducali ex adverso ludi literarij: per Laurentium hayanum," or "Gheprent tshartoghenbosch by my Laurens Hayen tegen die school over" (Printed at 's-Hertogenbosch by me Laurens Hayen opposite the school) (NAT II, 9). He printed various works for Latin teaching, such as the forty-eight-page quarto edition of Horace's *Sermonum Libri Duo* (NK 1137) which appeared on 14 September 1521. This edition, which contains a number of Horace's satires, is finely illustrated with a title-page. In the border, at the bottom, we see the arms of 's-Hertogenbosch, held by two winged supporters. Hayen has also printed this escutcheon on the back of the title-page, where it is held by one single savage (NAT I, 2). The woodcuts which he used for his editions are of a very high standard, as in Juvencus, *Quattuor evangelia heroicis versibus descripta* (NK 1249), in which among others there are two superb illustrations of St. Laurence (NAT II, 5)

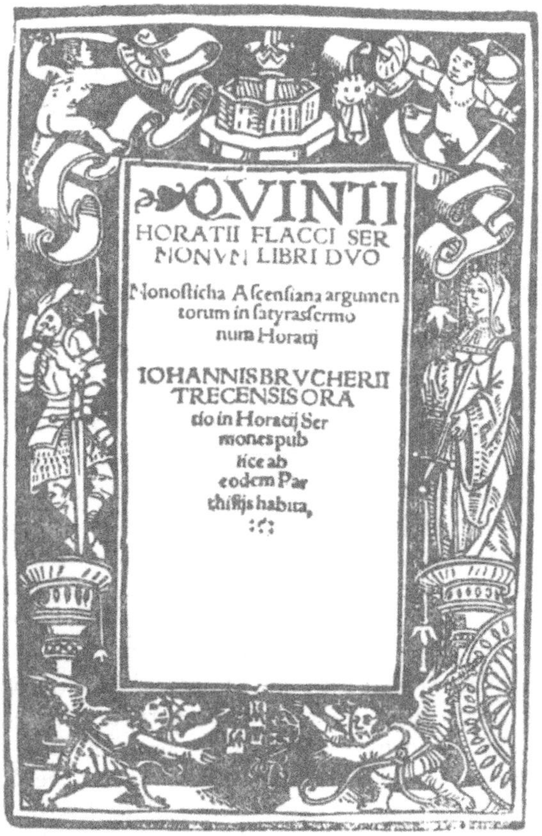
QVINTI HORATII FLACCI SERMONVM LIBRI DVO
Monosticha Ascensiana argumentorum in satyras sermonum Horatij
IOHANNIS BRVCHERII TRECENSIS ORAtio in Horatij Sermones publice ab eodem Parrhisijs habita.

verkleind / reduced

fraaie houtsneden, zoals in de uitgave van Juvencus *Quattuor evangelia heroicis versibus descripta* (NK 1249). Hierin staan onder meer twee schitterende afbeeldingen van de heilige Laurentius (NAT II, 5) en van de heilige Lambertus (NAT II, 6).

C. V. D. O.

1 HPT I pp. 50–52; HPT II p. 429.

2 Het rond 1506 gedateerde werkje *Forma erectionis fraternitatis s. gildae b. Virg. Marie in ecclesia S. Johannis* (NK 3037) is later in 1511–1512 door Hayen gedrukt (P. Gerlach O.F.M. Cap., Het geestelijk klimaat in de stad 's-Hertogenbosch ten tijde van Jeroen Bosch, in: *Brabantia 18* (1969) p. 62; G. C. M. van Dijck, *De Bossche Optimaten*, Tilburg 1973 pp. 173–174.

and St. Lambert (NAT II, 6).

1 HPT I, pp. 50–52; HPT II, p. 429.

2 The little work *Forma erectionis fraternitatis s. gildae b. Virg. Marie in ecclesia S. Johannis* (NK 3037), dated about 1506, was printed by Hayen later, 1511 or 1512 (P. Gerlach O.F.M., "Het geestelijk klimaat in de stad 's-Hertogenbosch ten tijde van Jeroen Bosch," in: *Brabantia* 18 (1969), p. 62; G. C. M. van Dijck, *De Bossche Optimaten*, Tilburg 1973, pp. 173–174).

REGULA ET INSTITUTIONES SERAPHICI ORDINIS FRATRUM MINORUM CUM NONNULLIS PRIVILEGIIS

'S-HERTOGENBOSCH, LAURENS HAYEN, CA. 1509–1510

[NK 3790–NAT III, 11]

's-Hertogenbosch was in Noordbrabant veruit het belangrijkste religieuze centrum. In het begin van de zestiende eeuw waren binnen zijn stadsmuren niet minder dan achttien kloosters gevestigd. De verhouding tussen het aantal religieuzen en het aantal inwoners was hier uitzonderlijk. In 1526 woonden er 930 kloosterlingen en 160 begijnen, wat in verhouding tot de totale bevolking van 25.000 neerkomt op één religieus tegenover vijfentwintig leken.[1] Het is dan ook niet verwonderlijk dat in deze stad de devotie intensief beoefend werd. Het bestaan van allerlei broederschappen vormt een bewijs hiervoor.

De Bossche boekdrukker Laurens Hayen was nauw betrokken bij het devotionele leven. Hij drukte niet alleen een aantal devote en mystieke boeken, maar nam zelf ook actief deel aan de "devotio." Hij was onder meer lid van de Illustre Lieve Vrouwe-broederschap, die zich de devotie tot Maria ten doel stelde. In opdracht van deze broederschap verzorgde hij de uitgave van haar reglementen en haar aflaatboekjes. Deze broederschap was overigens niet de enige instelling, die bepaalde werken bij de Bossche boekdrukker liet drukken. Andere broederschappen, zoals die van het Heilige Sacrament, en kloosters in de stad en in de onmiddellijke omgeving daarvan wendden zich ook tot hem voor de publicatie van hun regels, aflaten of gebedenboeken. De Bossche minderbroeders, die zich hier al in 1228, twee jaar na de dood van hun stichter, gevestigd hadden, lieten verschillende werkjes bij hem drukken, zoals de rond 1509 en 1510 verschenen uitgave in kwartoformaat *Regula et institutiones seraphici ordinis fratrum minorum cum nonnullis privilegiis* (NK 3790). Deze uitgave voorzag Hayen van fraaie houtgravures (NAT IV, 14–15). De hier afgebeelde houtgravure is het onderste gedeelte van het titelblad. Ze stelt de stigmatisatie voor van de heilige Franciscus op de berg La Verna bij Florence. De heilige ontvangt van de gekruisigde Christus, te midden van de vleugels van de serafijn, de wondtekenen(stigmata) in zijn handen, voeten en zijden. Aan de voe-

In North Brabant, 's-Hertogenbosch was by far the most important religious centre. In the beginning of the sixteenth century there were no less than eighteen monasteries within its walls. The ratio of monks to the number of inhabitants was exceptional. In 1526 there were 930 monks and 160 beguines, which, in proportion to the total population of 25000, comes to one monk per twenty laymen.[1] So it is not surprising that in this town religious devotion was so intense. The large number of fraternities which existed supports this fact.

Laurens Hayen, a printer of 's-Hertogenbosch, was closely concerned in devotional life; he not only printed a number of devotional and mystical books, but took an active part in the "devotio." He was a member of the "Illustre Lieve-Vrouwe" fraternity, the objective of which was devotion to "Mary." By order of this fraternity he published its regulations and indulgences. It was not the only institution to have works printed by Hayen. Other fraternities, e.g. the fraternity of the Holy Sacrament, and monasteries in the town and its immediate surroundings, also applied to him for the publication of their regulations, indulgences or prayer-books. The 's-Hertogenbosch Minorites, who had settled already there in 1228, two years after the death of their founder, commissioned him to print several works, as the quarto, published in 1509–1510, *Regula et institutiones seraphici ordinis fratrum minorum cum nonnullis privilegiis* (NK 3790). Hayen provided this book with fine woodcuts (NAT IV, 14–15). The woodcut illustrated here is the lower part of the title-page, representing the stigmatization of St. Francis on the La Verna mountain near Florence. The saint receives the stigmata in his hands, feet and sides from the Crucified, between the seraph's wings. At St. Francis' feet one of his disciples, brother Leo, is absorbed in prayer.

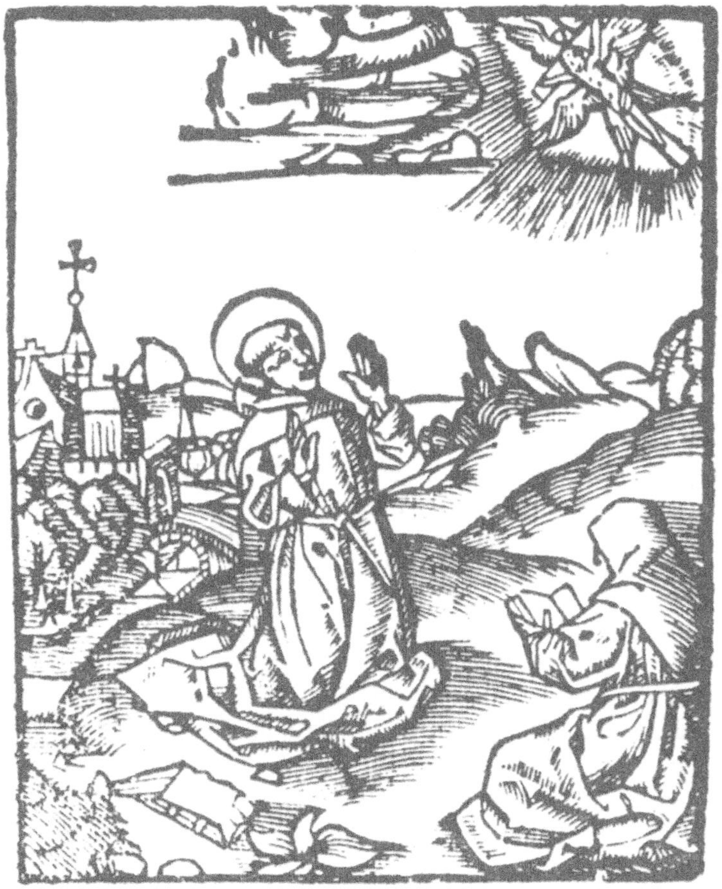

verkleind/reduced

ten van Franciscus zit een van zijn volgelingen, broeder Leo, in gebed.

C. V. D. O.

1 L. van de Meerendonk O. Praem., *Tussen reformatie en contra-reformatie, geest en levenswijze van de clerus in Stad en Meierij van ’s-Hertogenbosch en zijn verhouding tot de samenleving tussen ca. 1520 en ca. 1570*, Tilburg 1967, pp. 132–133; L. J. A. van de Laar, "Schatting van het aantal inwoners van ’s-Hertogenbosch in de zestiende eeuw", in: *Varia Historica Brabantica* III (1969) pp. 115–131.

1 L. van de Meerendonk O. Praem., *Tussen reformatie en contra-reformatie, geest en levenswijze van de clerus in Stad en Meierij van ’s-Hertogenbosch en zijn verhouding tot de samenleving tussen ca. 1520 en ca. 1570*, Tilburg 1967, pp. 132–133; L. J. A. van de Laar, "Schatting van het aantal inwoners van ’s-Hertogenbosch in de zestiende eeuw", in: *Varia Historica Brabantica* III (1969) pp. 115–131.

R. LANGIUS, CARMEN IN HORAS DOMINICAS
'S-HERTOGENBOSCH, FRATRES DOMUS S. GREGORII, 1526
[NK 1314–NAT I, 1]

Het Bossche convent van de Broeders van het Gemene Leven, gevestigd in het Sint-Gregoriushuis, heeft in de geschiedenis van de plaatselijke boekdrukkunst een belangrijke rol gespeeld. De broeders waren sinds 1424/1425 in 's-Hertogenbosch gevestigd. Reeds vroeg richtten ze een scriptorium en een binderij in. Op bestelling werden handschriften, zoals antiphonaria, missen en getijdenboeken, gecopieerd en gebonden voor kloosters en andere religieuze instellingen binnen en buiten de hertogstad.[1] 's-Hertogenbosch groeide dankzij deze broeders uit tot een centrum van handschriftenproductie, hetgeen de ontwikkeling van de boekdrukkunst in de stad bevorderd heeft.

De Bossche broeders hebben ook enkele jaren boeken gedrukt. Rond 1525 gingen ze hiertoe over om in het Bossche drukkerswezen de leemte op te vullen, welke na 1523 ontstaan was door het beeindigen van de drukkerswerkzaamheden van Laurens Hayen. Hun drukkerij had echter een kortstondig bestaan. Aan het einde van de jaren twintig is ze verdwenen; naar alle waarschijnlijkheid, omdat dan andere boekdrukkers als Jan van Turnhout en Geraert van der Hatart in de stad drukkersateliers hadden ingericht. De broeders zetten het kopiëren en het binden van boeken weer voort.[2]

Het Bossche convent heeft voornamelijk humanistische werken gedrukt, waarvan sommige bestemd waren voor de Latijnse school. Naast werken van klassieke auteurs als de *Epigrammata selecta* van Martialis (NK 3501) en de *Satyrae VI* van Persius (NK 4271) deden ze werken van de pers gaan van humanistische auteurs als Faustus Andrelinus, Faber Stapulensis, Hermannus Torrentinus en Rodolphus Langius. Van hun typografische vakbekwaamheid gaven de broeders blijk door hun fraai uitgevoerde uitgaven. De titel is steeds omlijst met een houtsnede, waarop in de linkerbovenhoek Maria met het kind te zien is en daaronder paus Gregorius en in de rechterbovenhoek Johannes de Evangelist en daaronder de kerkvader Jeronimus. Maria en Johannes de Evangelist zijn

The convent of the Brethren of the Common Life at 's-Hertogenbosch, situated in the monastery of St. Gregory, played an important part in the history of printing in the locality. The brothers had been at 's-Hertogenbosch since 1424 or 1425, and had soon set up a scriptorium and bindery. Manuscripts such as antiphonals, missals and breviaries were copied and bound to order for monasteries and other religious institutions both within and outside the ducal town.[1] Due to these brethren 's-Hertogenbosch became a centre for the production of manuscripts, a circumstance which helped to further the development of the printing trade in the town.

The brethren of 's-Hertogenbosch also printed books for a number of years. They transferred their attention to printing in about 1525 in order to fill the gap left when Laurens Hayen ceased his printing activities in 1523. Their printing-shop, however, was short-lived: by the end of the 1520s it had gone, in all probability because by then other printers like Jan van Turnhout and Geraert van der Hatart had set up workshops in the town. The brethren went back to copying and binding manuscripts.[2]

The convent at 's-Hertogenbosch printed mainly humanist works, some of which were intended for use at the Latin school. Alongside works by classical writers such as Martial's *Epigrammata selecta* (NK 3501) and the *Satyrae VI* of Persius (NK 4271) they printed the writings of such humanist authors as Faustus Andrelinus, Faber Stapulensis, Hermannus Torrentinus and Rodolphus Langius. In their finely executed editions the brethren give evidence of their typographical skills. The title is always framed by a woodcut with the Virgin and Child in the top left-hand corner, below them Pope Gregory, in the top right-hand corner St. John the Evangelist, and below him the Father of the Church St. Jerome. The Virgin Mary and St. John are the patron saints of the town of 's-Hertogenbosch, while Gregory and Jerome are special patrons of the brethren. At the top centre of the

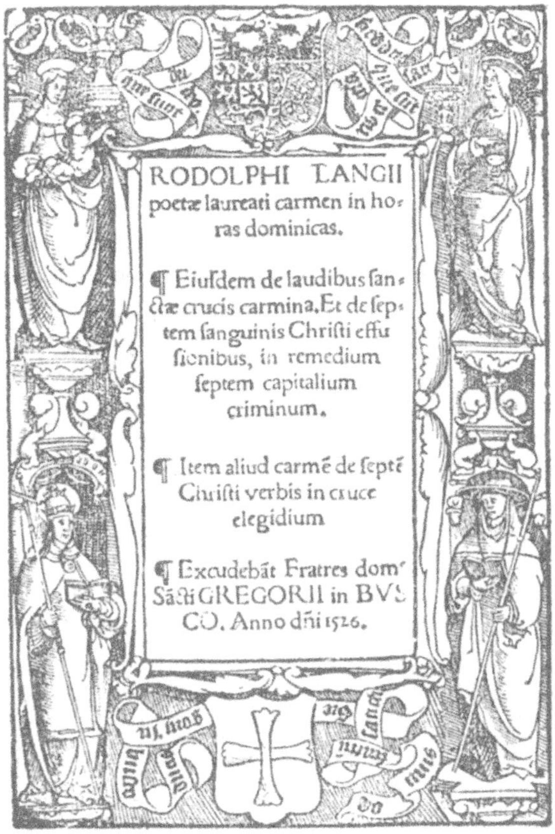
RODOLPHI LANGII
poetæ laureati carmen in ho-
ras dominicas.

¶ Eiusdem de laudibus san-
ctæ crucis carmina. Et de sep-
tem sanguinis Christi effu-
sionibus, in remedium
septem capitalium
criminum.

¶ Item aliud carmē de septē
Christi verbis in cruce
elegidium

¶ Excudebāt Fratres dom'
Sācti GREGORII in BVS-
CO. Anno dñi 1526.

verkleind/reduced

de patronen van de stad 's-Hertogenbosch, terwijl Gregorius en Jeronimus bijzondere patronen zijn van de broeders. Bovenaan in het midden van de randlijst bevindt zich het stadswapen van 's-Hertogenbosch, dat omgeven wordt met de tekst op banderol "Reddite que sunt cesaris cesari et que sunt dei deo." Onderaan staat een wapen met een kruis, dat eveneens omgeven wordt met een tekst "Domus fratrum sancti Gregorii In buscoducis."

C. V. D. O.

[1] P. Verheyden, "Boekbanden uit 's-Hertogenbosch", in: *Het Boek* 21 (1932–1933) pp. 209–239.

[2] M. A. Nauwelaerts, *Latijnse school en onderwijs te 's-Hertogenbosch tot 1629*, Tilburg 1974, pp. 100–101.

border there is the escutcheon of the town, flanked by the text on a banderol: "Reddite que sunt cesaris cesari et que sunt dei deo." At the bottom there is a second shield with a cross, likewise flanked by a text: "Domus fratrum sancti Gregorii In buscoducis."

[1] P. Verheyden, "Boekbanden uit 's-Hertogenbosch," in: *Het Boek* 21 (1932–1933), pp. 209–239.

[2] M. A. Nauwelaerts, *Latijnse school en onderwijs te 's-Hertogenbosch tot 1629*, Tilburg 1974, pp. 100–101.

G. MACROPEDIUS, ANDRISCA FABULA LEPIDISSIMA

'S-HERTOGENBOSCH, GERARD VAN DER HATART, 1538

[NK 1444–NAT II, 8]

Gerard van der Hatart was in de jaren dertig van de zestiende eeuw de belangrijkste boekdrukker te 's-Hertogenbosch. Vóór zijn komst naar de hertogstad rond 1529/1530 was hij voor onbekende tijd in Keulen als boekdrukker werkzaam geweest. Van der Hatart's verblijf in Keulen blijkt uit het gebruik van enkele Duitse lettertypen in zijn Bossche drukken (NAT I, 3; III, II).[1] In 's-Hertogenbosch vestigde hij aanvankelijk zijn drukkersbedrijf in de Schildersstraat, waar ook het arme fraterhuis (domus pauperum scholarium) lag. Met de Bossche broeders van het Gemene Leven, die daar een kosthuis voor arme scholieren hadden, werkte hij nauw samen. Verschillende Bossche boekbanden, waarop het merk G.H. staat, zijn door de broeders gebonden.[2] Later verhuisde de Bossche boekdrukker van de Schildersstraat naar de Kerkstraat, waar hij het voormalige huis van Laurens Hayen huurde. Op dezelfde manier als Hayen gaf Van der Hatart in zijn uitgaven liever de ligging aan van zijn drukkerij ten opzichte van de kerk dan van de Latijnse school (NAT III, 13).

Ook deze Bossche boekdrukker heeft voornamelijk gewerkt voor de Latijnse school. Onder zijn schooluitgaven bevindt zich een groot aantal werken van Gregorius Macropedius (1486–1558), de geleerde Bossche frater, die als docent verbonden was geweest aan de Latijnse school van 's-Hertogenbosch (1510–1524), van Luik (1524–1529) en van Utrecht (1529–1556).[3] Van der Hatart heeft verschillende schooldrama's van deze auteur uitgegeven, waaronder het in 1538 in octavoformaat verschenen en 28 bladen tellende werkje *Andrisca* (NK 1444). Het hier afgebeelde titelblad vertoont een van de twee renaissancistische randlijsten, die de Bossche boekdrukker gebruikt heeft voor zijn uitgaven (NAT I, 1; II, 8). De randlijst bestaat uit twee zuilen, waarop twee putti zich bevinden die met bazuingeschal de faam van de auteur verkondigen. Aan de onderzijde van de randlijst houden twee andere putti, geflankeerd door dolfijnen, een wapenschild vast, waarin de naam van de boekdrukker G(erardus) H(atardus) staat. In deze

Gerard van der Hatart was the most important printer in 's-Hertogenbosch during the 1530s. Before his move to the town in 1529 or 1530 he had been, for an indeterminate period, a printer in Cologne, a fact reflected by the use of some German types in works printed by him at 's-Hertogenbosch (NAT I, 3, III, II).[1] He originally started his business in 's-Hertogenbosch in the Schildersstraat, which was also where the poor brethren's house (domus pauperum scholarium) was, and he worked closely with the Brethren of the Common Life, who ran a lodging-house there for poor schoolboys. Various volumes printed at 's-Hertogenbosch and bearing the initials G.H. were bound by the brethren.[2] Later Van der Hatart moved from the Schildersstraat to the Kerkstraat, where he rented the former house of Laurens Hayen. Like Hayen, Van der Hatart was in the habit of mentioning the location of his business in his colophons, though for some reason he preferred to refer to the church rather than the school (NAT III, 13).

Again like Hayen, Van der Hatart did most of his work for the Latin school. His school books include a large number of works by Georgius Macropedius (1486–1558), the learned friar of 's-Hertogenbosch who was a master at the Latin school there (1510–1524), at Liège (1524–1529), and at Utrecht (1529–1556).[3] Van der Hatart published several school plays by this author, among them the twenty-eight-page octavo *Andrisca* in 1538 (NK 1444). The title-page, illustrated here, has one of the two Renaissance-style borders which Van der Hatart used for his editions (NAT I, I, II, 8). It consists of two pillars, upon which two putti sit proclaiming the fame of the author with a blast of trumpets. At the bottom of the border two other putti, flanked by dolphins, support an escutcheon bearing the printer's initials: G[erardus] H[atardus]. In this edition there is also a finely executed printer's mark: the arms of 's-Hertogenbosch, held by a savage, with in the background a hunting-lodge and various hunters. The last elements are a refer-

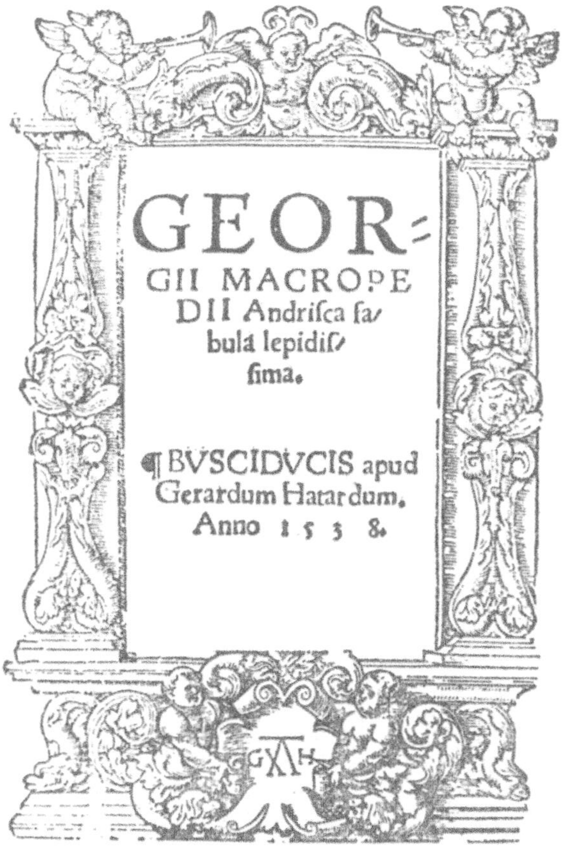

verkleind/reduced

uitgave bevindt zich ook een fraai uitgevoerd drukkersmerk: het stadswapen van 's-Hertogenbosch, vastgehouden door een wildeman, met op de achtergrond een jachthuis en enkele jagers. Dit laatste is een toespeling op het ontstaan van 's-Hertogenbosch (het bos van de hertog van Brabant) (NAT II, 7).

C. V. D. O.

1 M. E. Kronenberg, "Gerard van der Hatart als drukker te Keulen (1526)," in: *Het Boek* 22 (1933–1934) pp. 132–133.
2 P. Verheyden, "Boekbanden uit 's-Hertogenbosch." in: *Het Boek* 21 (1932–1933) pp. 209–239.
3 M. A. Nauwelaerts, *Latijnse school en onderwijs te 's-Hertogenbosch tot 1629*, Tilburg 1974 pp. 135–143.

ence to the origins of the name and place 's-Hertogenbosch (literally: Duke's wood, the duke being the Duke of Brabant) (NAT II 7).

1 M. E. Kronenberg, "Gerard van der Hatart als drukker te Keulen (1526)," in: *Het Boek* 22 (1933–1934), pp. 132–133.
2 P. Verheyden, "Boekbanden uit 's-Hertogenbosch," in: *Het Boek* 21 (1932–1933), pp. 209–239.
3 M. A. Nauwelaerts, *Latijnse school en onderwijs te 's-Hertogenbosch tot 1629*, Tilburg 1974, pp. 135–143.

P. VERGILIUS MARO, GEORGICA CUM ARGUMENTIS MODESTINI

'S-HERTOGENBOSCH, JAN VAN TURNHOUT, 1530

[NK 4049–NAT SUPP. I, 1]

Jan van Turnhout was in 1499 op zestienjarige leeftijd naar 's-Hertogenbosch gekomen. Zijn voornaamste activiteiten waren lange tijd het binden en de verkoop van boeken. Pas in 1527 trad hij voor het eerst op als uitgever. Bij Simon Cock uit Antwerpen werd in zijn opdracht een schoolboek gedrukt, de *Elementa grammatices* (NK 758) van Gerard Sellius, een docent aan de Bossche Latijnse school. Twee jaar later zou hij zelf een werk drukken, een door Sulpitius Verulanus geschreven zedenboekje *De moribus puerorum* (NK 01130). Na deze uitgave uit juni 1529 zou Van Turnhout in 's-Hertogenbosch tot aan zijn dood in 1568/1569 talloze drukken vervaardigen. Vóór 1541 was echter de productie van zijn bedrijf met de vier ons bekende Bossche drukken zeer bescheiden.

Jan van Turnhout had zijn drukkersbedrijf ook gevestigd in de nabijheid van de Bossche Latijnse school. Voor deze instelling heeft hij voornamelijk gewerkt. De in kwartoformaat verschenen en 40 bladen tellende uitgave *Georgica* van Vergilius (NK 4049) was zo'n schooluitgave van Van Turnhout. De Bossche boekdrukker heeft merkwaardigerwijs op het met grotesken omgeven titelblad Petrus en Paulus afgedrukt. Bij deze afbeelding van de apostelen Petrus en Paulus in een uitgave van een klassieke "heidense" auteur als Vergilius kan men zich afvragen welke verborgen betekenis deze heiligen hebben. Het is ook mogelijk dat de boekdrukker de twee houtblokken zonder enige verdere betekenis gebruikt heeft om de open ruimte op het titelblad te vullen. Onderaan bevindt zich het door twee putti vastgehouden Habsburgse wapenschild met de tweekoppige keizerlijke adelaar. Het Bossche stadswapen ontbreekt hier weliswaar, maar in andere drukken heeft Van Turnhout het veelvuldig gebruikt als zijn drukkersmerk.

C. V. D. O.

Jan van Turnhout arrived in 's-Hertogenbosch in 1499 at the age of sixteen. His chief occupation was for many years the binding and selling of books, and it was not until 1527 that he first acted as a publisher. He commissioned Simon Cock of Antwerp to print a school book, the *Elementa grammatices* (NK 758) by Gerard Sellius, a master at the Latin school in 's-Hertogenbosch. Two years later he was to print a book himself, a little book of manners written by Sulpitius Verulanus, *De moribus puerorum* (NK 01130). After this edition of June 1529 Van Turnhout was to produce countless printed works in 's-Hertogenbosch until his death in 1568 or 1569. Until 1541, however, his productivity, with only four known extant editions printed at 's-Hertogenbosch, was extremely modest.

Like Hayen and Van der Hatart, Jan van Turnhout set up his business close to the Latin school and it was for that institution that most of his work was done. Virgil's *Georgica* (NK 4049), a volume of forty folios in quarto, was one such school edition by Van Turnhout. Remarkably, he has illustrated the title-page, which is surrounded by a border of grotesques, with pictures of St. Peter and St. Paul. The portrayal of these two apostles in an edition of such a classic "heathen" author as Virgil might lead one to wonder what hidden significance they have. It is also possible that the printer simply used the two woodcuts to fill up the empty space on the page, without any thought for their meaning. At the bottom we see the Habsburg coat of arms with the double-headed imperial eagle, supported by two putti. Though they are absent here, Van Turnhout often used the arms of 's-Hertogenbosch as his printer's mark.

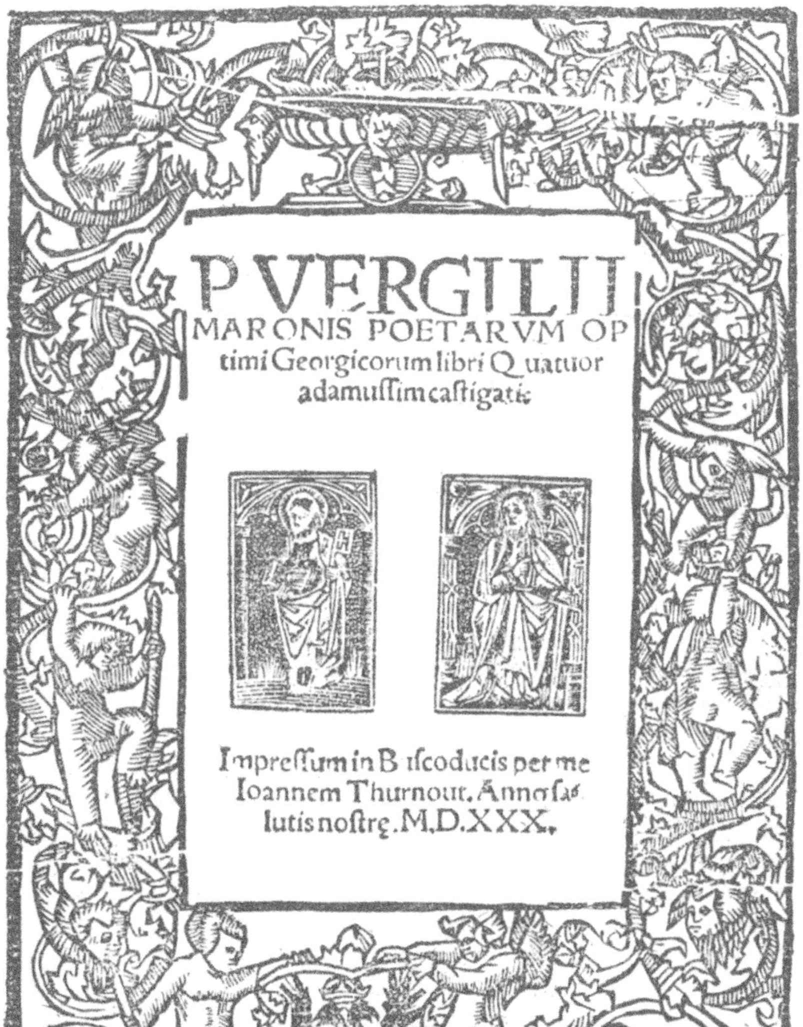

P VERGILII
MARONIS POETARVM OP
timi Georgicorum libri Quatuor
adamussim castigati

Impressum in Buscoducis per me
Ioannem Thurnout. Anno sa-
lutis nostrę. M.D.XXX.

verkleind / reduced

SYBE JARICHS, EEN CORTE CRONIKE

KAMPEN, JAN EVERTSZ., 1536

[NK 1196–NAT I, 1]

In het IJselgebied werd de boekdrukkunst vroeg beoefend. De steden Deventer en Zwolle waren reeds aan het einde van de vijftiende eeuw uitgegroeid tot belangrijke typografische centra, waarbij de productie van schoolboeken een voorname plaats innam. Aan deze ontwikkeling is het voornamelijk te wijten dat de typografische bedrijvigheid in het aan de monding van de IJsel gelegen Kampen van bescheiden omvang was. Pas in de jaren twintig van de zestiende eeuw werden in deze IJselstad voor het eerst boeken gedrukt. Het was schoolmeester Jan Evertsz., die de oudste Kamper drukken vervaardigde. Een achttal drukken zijn van hem bekend uit de periode 1527–1538. Hij was al in 1524 werkzaam, omdat hij op 16 april van dat jaar een waarschuwing had gekregen om niet langer werken te drukken zonder toestemming.

Voor Jan Evertsz. was het drukken van boeken een nevenactiviteit. Het is dan ook niet verwonderlijk dat bij hem voornamelijk gelegenheidswerkjes verschenen, zoals nieuwstijdingen, kronieken en prognosticaties. Deze werkjes waren in opdracht van boekverkopers gedrukt. Naast zijn stadgenoot Jan Petersz., die rond 1536 bij hem *Tijdinge van Roome aengaende den Keyser* (NK 2030) had laten drukken, was het met name een Groninger boekverkoper Teilman, die de Kamper schoolmeester-boekdrukker opdrachten had verstrekt. Hij had voor Teilman vier werken gedrukt, die handelen over de geschiedenis van de Noordnederlandse gewesten Friesland en Groningen. Het in 1536 in kwartoformaat verschenen en 24 bladen tellend werk *Een corte cronike* (NK 1196) handelt over de geschiedenis van deze streken tot het jaar 1535. Jan Evertsz. had de naam van zijn opdrachtgever op het titelblad vermeld "Ende men salse to coop vinden to Gronningen bi Teilman Boeckvercoper." In deze uitgave staat op de achterzijde van het titelblad een portret afgedrukt van Karel V (zie ook NAT II, 5). Dit portret van de nieuwe landsheer in deze streken heeft Jan Evertsz., van wie geen drukkersmerk bekend is, ook geplaatst in zijn andere drukken. C. V. D. O.

In the region of the river IJsel printing began at a relatively early date. By the end of the fifteenth century the towns of Deventer and Zwolle had already become important centres for printing, the printing of school books being a chief concern. It is to this development that we must attribute the fact that the printing trade in Kampen, at the mouth of the IJsel, was of modest proportions. It was not until the 1520s that books were first printed there, by the schoolmaster Jan Evertsz., who was responsible for the first works ever to be printed in Kampen. Eight works printed by him are extant from the period 1527–1538, though he must have been working as a printer some time before that because on 16 April 1524 he received a warning not to continue printing without official permission.

For Jan Evertsz. printing books was a side-line and it is therefore not surprising that most of the works he produced were of an occasional nature, such as news-sheets, chronicles and prognostications. These little works were printed to order for booksellers. Besides his fellow citizen Jan Petersz., who commissioned him to print *Tijdinge van Roome aengaende den Keyser* (NK 2030) in about 1536, it was chiefly a bookseller in Groningen, Teilman, who placed orders with Evertsz. Four of these were for works dealing with the history of the northern regions of Friesland and Groningen. The twenty-four-leaf quarto work *Een corte cronike* (NK 1196), which appeared in 1536, deals with the history of these regions up to the year 1535. Evertsz. printed his principal's name on the title-page: "Ende men salse te coop vinden te Gronningen bi Teilman Boeckvercoper" (And they will be found for sale in Groningen at Teilman the Bookseller's). On the verso of the title-page of this edition there is a portrait of Charles V (cf. NAT II, 5). This portrait of the new ruler of the regions concerned was also used by Evertsz., who is not known to have had a printer's mark, in his other editions.

Een corte Cronike wt

voele Croniken toe samen mit groter neersticheyt
vñ arbeyt gebracht tracterende de oersproncK vñ
cryeh der Vreisen wente to dessen dach to/van
Westvreislant Groningherlant unde Oest
vreislant vñ wat daer omlandes ghesche
en is seer ghenuechlick om toe lesen.

☞ Datum Gröninge Anno.1536.

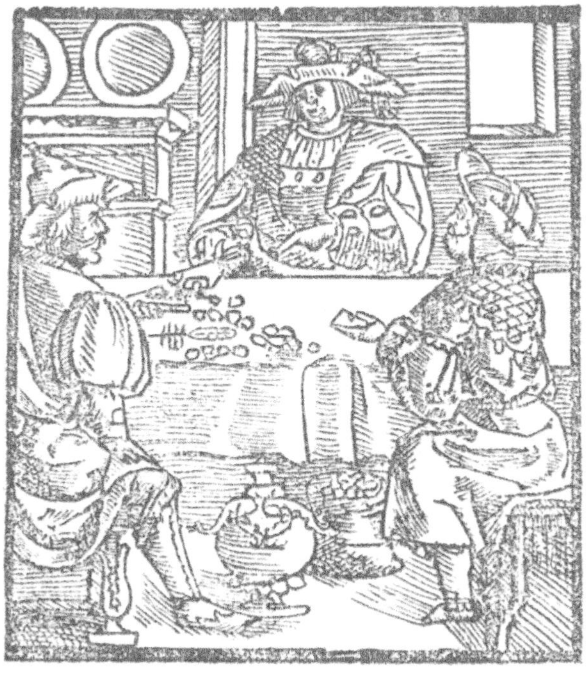

¶ Gheprent tot Campē in die Geert strate vander A
Simi Jan Evertssoon Eñ mē salse to coop vin-
den to Gröningē bi Teilmā Boeckvercoper.

RHENANUS UZICHIUS, IN EXCEPTIONEM ZUTPHANIENSEM ETC. PANEGYRICUS

KAMPEN, JAN PETERSZ., 1538

[NK 3801–NAT SUPP. II, 5]

In Kampen was vóór 1541 naast Jan Evertsz. (1527–1538) nog een schoolmeester-boekdrukker werkzaam. Het was Jan Petersz., van wie enkele drukken bekend zijn uit de periode 1538–1540. Hij gaf zijn beroep van schoolmeester uitdrukkelijk aan in het drukkerscolophon "ludi magistri ad D. Virginem." Dit beroep combineerde hij met het binden, de verkoop en het drukken van boeken. Had hij rond 1536 bij zijn stadsgenoot Jan Evertsz. nog een werkje *Tijdinge van Roome aengaende den Keyser* (NK 2030) laten drukken, twee jaar later zou hij op 13 december zelf voor het eerst een werk van de pers doen gaan, de *In exceptionem Zutphaniensem principis Guilihelmi, etc. panegyricus* (NK 3801) van Rhenanus Uzichius. Deze 8 bladen tellende uitgave in octavoformaat was een gelegenheidswerkje, een Latijns feestdicht op de intocht van de Gelderse hertog Willem in Zutphen op 17 februari 1538. Een gelijksoortig feestdicht van dezelfde auteur, *In exceptionem Herderevicenam etc. panegyricus* (NK 3800) zou een jaar later bij de Kamper schoolmeester-boekdrukker verschijnen (NAT SUPP. II, 6). Hierin werd de intocht van de hertog in Harderwijk bezongen.[1] Jan Petersz., van wiens drukkersloopbaan weinig bekend is, heeft naar alle waarschijnlijkheid ook het rond 1540 gedateerde Kamper *Liedboeck* gedrukt (NK 0797, 0798, 3397, 3398). Hiervan zijn enkele fragmenten bewaard gebleven.[2]

C. V. D. O.

Before 1541 there was also another schoolmaster-printer in Kampen besides Jan Evertsz. (1527–1538). This was Jan Petersz., of whom several books from the period 1538–1540 are known. In his printer's colophon he explicitly lets us know his profession as schoolmaster "ludi magistri ad D. Virginem." He combined this profession with the binding, selling and printing of books. In about 1536 he had commissioned a work for printing with his fellow-townsman Jan Evertsz. – *Tijdinge van Roome aengaende den Keyser* (NK 2030); two years later, on December 13th, he himself would for the first time publish a book, the *In exceptionem Zutphaniensem principis Guilihelmi, etc. panegyricus* (NK 3801) by Rhenanus Uzichius. This edition of 8 pages in octavo was an occasional work, a festive poem in Latin on the entry of the Guelders Duke Willem in Zutphen, 17 February 1538. The same kind of festive poem from the same author, *In exceptionem Herderevicenam etc. panegyricus* (NK 3800) was to be published a year later by the Kamper schoolmaster-printer. (NAT SUPP. II, 6). In this poem the entry of the Duke in Harderwijk was celebrated.[1] Jan Petersz., whose career as a printer is little known, has in all probability printed the Kamper *Liedboeck*, dated about 1540 (NK 0797, 0798, 3397, 3398). Some sections of this book are extant.[2]

1 M. E. Kronenberg, "Twee Geldersche feestdichten van Rhenanus Uzichius" (Kampen, 1538–1539), in: *Het Boek* 22 (1933–1934) pp. 67–72.

2 M. E. Kronenberg, "Nog eens het Kamper Liedboek" (ca. 1540), in: *Het Boek* 28 (1944–1946) pp. 159–170.

1 M. E. Kronenberg, "Twee Geldersche feestdichten van Rhenanus Uzichius" (Kampen, 1538–1539), in: *Het Boek* 22 (1933–1934) pp. 67–72.

2 M. E. Kronenberg, "Nog eens het Kamper Liedboek" (ca. 1540), in: *Het Boek* 28 (1944–1946) pp. 159–170.

Quos rapit in preceps dominandi cęca libido,
Vaeh igitur plebi miserę rex cui imperat infans
Cogitur & qui oculis alienis cuncta videre,
Hic velut exitio patrię est, sic ille saluti,
Omnia qui certo sensu meditata tenebit,
Et qui Marte suo scriptorem intelliget omnem.

CAMPIS ex aedibus Ioannis Petri typographi, ac ludimagistri ad D. Virginem.
Anno a Christi servatoris nativitate. M. D. xxxviij. die. 13. Decembris.

Laus DEO omnis boni operis largitori.

CORNELIUS AURELIUS, CRONYCKE VAN HOLLANDT, ZEELANDT ENDE VRIESLANT

LEIDEN, JAN SEVERSZOON, 1517

[NK 613]

Vanaf 1483, het jaar waarin in Leiden voor het eerst gedrukt werd, lag de nadruk grotendeels op devote boekjes. Dit was al het geval bij Heynricus Heynrici, die werkzaam was in 1483 en 1484, en in nog sterkere mate bij Hugo Janszoon van Woerden, werkzaam in Leiden van 1494 tot 1505. Jan Severszoon week soms van dit patroon af, hij drukte als eerste in Leiden enige boekjes met een humanistisch stempel. Een van zijn beroemdste producten is Cornelius Aurelius' *Cronycke van Hollandt, Zeelandt ende Vrieslant*, de zogenaamde "Divisiekroniek", uitgekomen in 1517. Dit foliodeel bevat 243 illustraties, die echter van slechts 110 verschillende houtblokken zijn gedrukt, door Van de Waal in elf groepen verdeeld.[1]

De hiernaast afgebeelde illustratie is een instructief voorbeeld van de manier waarop een drukker gebruik maakte van het tot zijn beschikking staande materiaal. Bijzonder fraai zijn de illustraties afkomstig van 16 blokken, die oorspronkelijk gediend hadden ter verluchting van Olivier de la Marches *Le chevalier délibéré*, dat omstreeks 1488 door Gotfried van Os in Gouda gedrukt was (CA 1083). In 1498 of later waren de blokken in het bezit gekomen van Otgier Pieterszoon Nachtegael in Schiedam, die ze aanwendde ten behoeve van een herdruk van La Marches gedicht (CA 1084). In 1503 drukte Nachtegael een Nederlandse vertaling ervan onder de titel *Den camp vander doot*, waarvoor hij de blokken uiteraard ook gebruikte (NK 1308). Ná mei 1505 zijn de blokken verworven door Jan Severszoon, die ze omstreeks 1508 gebruikte voor een andere Nederlandse vertaling (NK 3358). Voordat de blokken dan uiteindelijk in 1517 ten behoeve van de "Divisiekroniek" verzaagd werden, gebruikte Jan Severszoon ze nog tweemaal in 1511, nl. in het *Vitaspatrum* of *Vaderboeck* (NK 1079) en in *Die seuen sacramenten der heyligher kercken* (NK 1845). Na het gebruik in de "Divisiekroniek" zijn er geen sporen van de blokken meer te vinden. R. B.

[1] H. van de Waal, *Drie eeuwen vaderlandsche geschied-uitbeelding, 1500–1800*. 's-Gravenhage 1952, p. 130.

For many years after 1483, the year in which printed books were first produced in Leiden, the emphasis lay chiefly on small books of a devotional nature. This was true in the case of Heynricus Heynrici, who was active in 1483 and 1484, and to an even greater extent of the work of Hugo Janszoon van Woerden, who worked in Leiden from 1494 until 1505. Jan Severszoon, however, sometimes departed from this norm and was the first printer in Leiden to print some books of a humanist nature. One of his most famous publications is Cornelius Aurelius's *Cronycke van Hollandt, Zeelandt ende Vrieslant*, the so-called "Divisiekroniek" which appeared in 1517. This folio volume contains 243 illustrations which, however, were printed from no more than 110 different blocks which Van de Waal has divided into eleven groups.[1]

The illustration reproduced here is an instructive example of the manner in which a printer made use of the material available to him. Particularly fine are the illustrations printed from sixteen blocks which were originally used to decorate Olivier de la Marche's *Le chevalier délibéré*, which appeared in Gouda in about 1488 by Gotfried van Os (CA 1083). In 1498 or later the blocks came into the possession of Otgier Pieterszoon Nachtegael of Schiedam, who used them for a reprint of De la Marche's poem (CA 1084). In 1503 Nachtegael printed a Dutch translation of this under the title *Den camp vander doot*, for which, naturally, he again used the blocks (NK 1308). After May 1505 the blocks were acquired by Jan Severszoon, who used them in about 1508 for another Dutch translation (NK 3358). Before the blocks were finally sawn up for the "Divisiekroniek", Severszoon used them twice more in 1511, for the *Vitaspatrum* or *Vaderboeck* (NK 1079) and *Die seuen sacramenten der heyligher kercken* (NK 1845). Following their use in the "Divisiekroniek" there is no further trace of their ever having been used.

[1] H. van de Waal, *Drie eeuwen vaderlandsche geschied-uitbeelding, 1500–1800*. 's-Gravenhage 1952, p. 130.

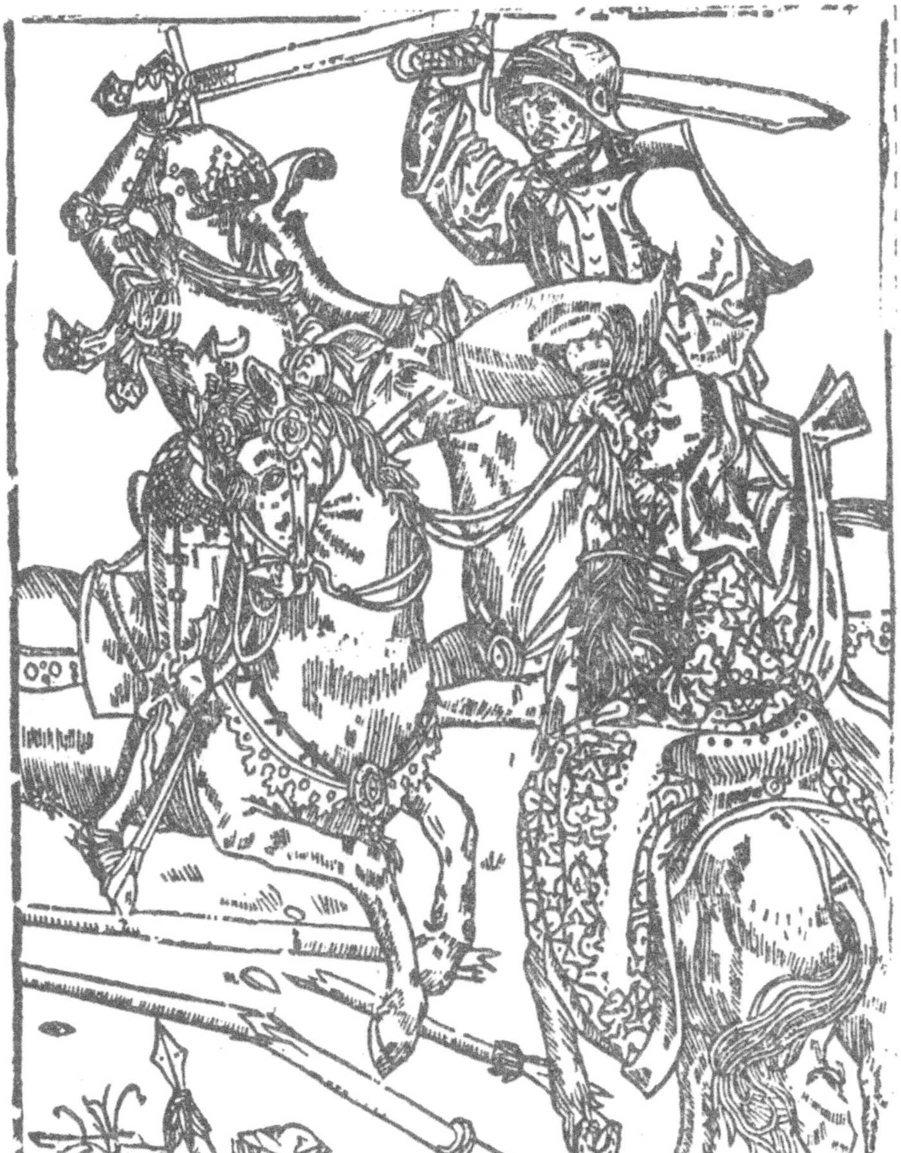

verkleind/reduced

LEGENDE VAN S. KATHERINA VANDER SEYN

LEIDEN, JAN SEVERSZOON, voor 1509?

[NK 1338–NAT XI, 32]

SONDERLINGHE DEUOTE OEFFENINGHE DER PASSIEN ONS HEREN OP DEN PATER NOSTER GHEDECLAREERT ...

LEIDEN, PETER JANSZOON, z.j.

[NK 1618-1619–NAT I, 1]

Een ander voorbeeld hoe Jan Severszoon met zijn houtblokken omging is de afbeelding van een non, geknield voor een crucifix. Oorspronkelijk is deze houtsnede, die wordt toegeschreven aan een "navolger" van Lucas van Leyden, gebruikt voor een boek dat voor 1509 gedrukt zou moeten zijn: *Legende van S. Katherina vander Seyn*. Daar heeft het blok nog zijn volledige omvang (8.5 × 9 cm.), met het rechter gedeelte, waarop we zien hoe Catharina door duivels wordt bestookt. Dit stuk is afgezaagd als het blok in 1516 wordt gebruikt op de eerste en laatste bladzijde van de uitgave van Suster Bertkens *Een boecxken van dye passie ons liefs heren* (NK 2408): het blok heeft dan het formaat van 8.5 × 6 cm. gekregen. Vervolgens vinden we het blok in de "Divisiekroniek" op fol. 204v, waar het "Suster Gheertruyt van Oesten" moet voorstellen, en in de herdruk van Suster Bertkens boekje in 1518 (NK 308). Tenslotte komen we de afbeelding tegen in twee edities van een boekje met de titel *Sonderlinghe deuote oeffeninghe der passien ons heren*, door Peter Janszoon eveneens te Leiden gedrukt. Beide boekjes dragen geen jaartal, maar aangezien Peter Janszoon tussen 1526 en omstreeks 1550 werkzaam was, moeten de boekjes tussen genoemde jaren gedrukt zijn. Wel zijn de blokken inmiddels flink door houtwurm aangetast. Dat we nu een houtblok uit het bezit van Jan Severszoon bij Peter Janszoon terugvinden behoeft ons niet te verbazen: dergelijke verwisselingen waren ook al geconstateerd met betrekking tot het lettermateriaal.

Op 3 november 1509 voltooide Henrick Eckert van Homberch te Antwerpen *zijn* editie van de *Legende* (NK 4362). De hierin gebruikte blokken lijken me op grond van ietwat minder gedetailleerde uitvoering copieën van die in de Leidse uitgave te zijn.

R. B.

Another example of how Jan Severszoon treated his wood blocks is the picture of a nun kneeling before a crucifix. Originally this woodcut, which is attributed to an "imitator" of Lucas van Leyden, was used for a book which would have to have been printed before 1509: *Legende van S. Katherina vander Seyn*. There the block was still its original size (8.5 × 9 cm), with the right-hand portion in which we see St. Catherine being harassed by demons. This part was sawn off when the block was used in 1516 for the first and last pages of an edition of Suster Bertken's *Een boecxken van die passie ons liefs heren* (NK 2408): there it measures 8.5 × 6 cm. We then find it on fo. 204v. of the "Divisiekroniek", where it is supposed to show "Suster Gheertruyt van Oesten", and in the reprint of Suster Bertken's little book of 1518 (NK 308). Finally the illustration reappears in a little book entitled *Sonderlinghe deuote oeffeninghe der passien ons heren*, also printed at Leiden but by Peter Janszoon. Neither book has a date, but since Janszoon was active between 1526 and about 1550 they must have been printed sometime during that period. By this time, certainly, the blocks had sustained considerable damage from woodworm. The fact that we find a block once owned by Jan Severszoon being used by Peter Janszoon need not surprise us: such exchanges have also been identified in type materials.

On 3 November 1509 Henrick Eckert van Homberch, working in Antwerp, finished *his* edition of the *Legende* (NK 4362). The somewhat less detailed engraving of the blocks suggests that they were copies of those used in Leiden.

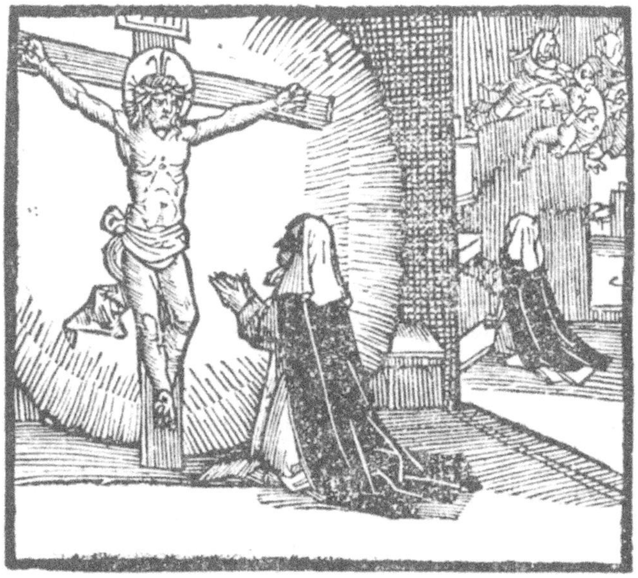

verkleind/reduced

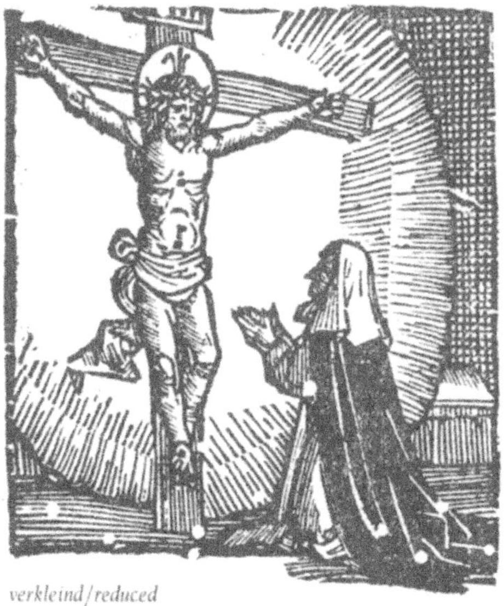

verkleind/reduced

BREVIARIUM TRAIECTENSE

LEIDEN, JAN SEVERSZOON, 1508

[NK 493–NAT I, 1]

Artistiek zeer geslaagd is de houtsnede met de beroemde scene van Sint Maarten die met zijn zwaard ten behoeve van een bedelaar zijn mantel in tweeën snijdt. Jan Severszoon heeft het blok twee keer gebruikt: in beide gevallen in boeken die in nauw verband staan met de kathedraal van Utrecht, van welke stad Sint Maarten de patroonheilige is. Het gaat om het *Breviarium Traiectense* en *Missale Traiectense* van 1508 (NK 493) en 1514/5, (NK 1529) waar de houtsnede het titelblad siert.

Kunsthistorisch geeft ze nogal wat problemen. Het ontwerp wordt steeds weer toegeschreven aan Lucas van Leyden, hetgeen ik betwijfel, gezien Lucas' jeugdige leeftijd van maximaal 19 jaar in 1508. Meer houvast om een theorie op te bouwen biedt het merk onderaan in het midden, dat van de Antwerpse houtsnijder Joost de Negker is. De gang van zaken is misschien als volgt te reconstrueren. Tijdens zijn bezoeken aan Antwerpen, waar Jan Severszoon relaties onderhield met Willem Vorsterman, kwam hij in aanraking met De Negker, die toen samen met Cornelis I Liefrinck voor Vorsterman werkte. In opdracht van Jan Severszoon zou De Negker dan het blok hebben gesneden. Het is onbekend naar wiens ontwerp, maar beinvloeding door prenten van de Augsburger Hans Burgkmaier is aantoonbaar.

Hoe dit alles zij, vergeleken met de uitbeelding van dezelfde scene in blokken die Jan Berntszoon te Utrecht gebruikte (zie aldaar), is de houtsnede in de Leidse drukken veruit superieur.

R. B.

An artistic success of a high order is the woodcut of the familiar scene of St. Martin dividing his cloak with his sword in order to share it with a beggar. Jan Severszoon used the block twice, in both instances in books closely connected with the cathedral at Utrecht, whose patron saint is St. Martin. The books in question are the *Breviarium Traiectense* and *Missale Traiectense* of 1508 and 1514/5, in which the woodcut decorates the title-page.

For the art historian the woodcut presents something of a problem. The design has repeatedly been attributed to Lucas van Leyden, but I have doubts as to the accuracy of such an attribution in view of the fact that in 1508 Lucas was probably not older than about twenty. A better foundation for a theory is provided by the mark at bottom centre, which is that of the Antwerp woodcutter Joost de Negker. The course of events might be reconstructed as follows. While visiting Antwerp, where Severszoon had business connections with Willem Vorsterman, he met De Negker, who at that time was working for Vorsterman together with Cornelis I Liefrinck. De Negker would then have cut the block to a commission from Severszoon. It is not known to whose design the block was cut, but there is the possibility that De Negker was already working from designs by the Augsburg artist Hans Burgkmaier, whose works he and Liefrinck cut from 1508 onwards.

Be that as it may, compared with the portrayal of the same scene in woodcuts used by Jan Berntszoon at Utrecht (q.v.) the one used in the Leiden books is far superior.

. ¶ Missale ad verũ cathedralis ecclesie Traie
ctensis ritũ: vniuersis eiusdẽ dioceseos insti
tutis ac nouis festisq; cõpositis facilimo in-
dice annotatis. Quod Joãnes Seuerinꝰ cal
chographus in opido leidensi imprimebat.
Anno hũane salutis Millesimo qngẽtesimo
decimoquarto kalẽdis Junij:

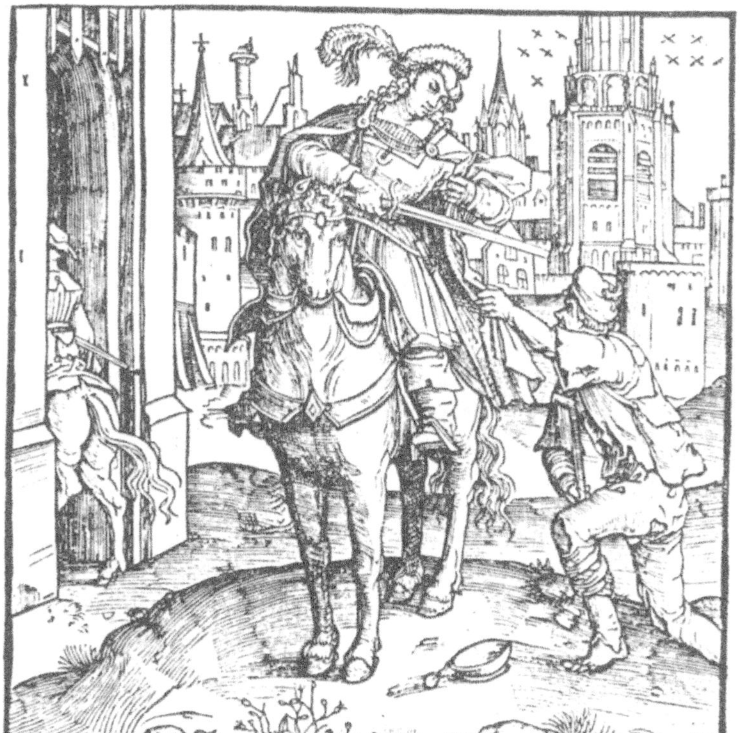

ALMANACH VOOR DEN IARE 1540 ...

LEIDEN, PETER CLAESZOON VAN BALEN, 1539

[NK 2300]

Al eerder dan in 1539, het jaar waarin de almanak gedrukt werd, waarvan hier de achterkant van de overgebleven fragmenten wordt getoond, drukte Peter Claeszoon van Balen soortgelijke werkjes, die ook slechts fragmentarisch bewaard zijn (NK 2297–2299). Het bijzondere van dit exemplaar is dat de tekst op een zijde van het vel is gedrukt. Uit het opschrift blijkt dat de almanak is bestemd voor het jaar 1540 en "gheordineert" is door een "Chirurgijn tot Leiden"; vrijwel zeker Cornelius Petrus (zie NK 1705). Deze almanak, die alleen aan gildebroeders werd uitgereikt, geeft door middel van tekens aan welke dagen meer of minder geschikt zijn voor medische ingrepen, zoals aderlaten en purgeren. Aangezien geheel of gedeeltelijk de maanden juli, augustus, oktober en november zijn afgedrukt, kan geconcludeerd worden dat de twee stukken samen ongeveer een kwart van het totaal uitmaken en in de rechterbovenhoek thuishoren. Dit komt heel goed overeen met wat de achterzijde ons te zien geeft. Als we deze kant namelijk bovenleggen en het blad 180° draaien, zien we onderaan de helft van een rand, die waarschijnlijk van één blok is gedrukt, en waarvan het verdwenen stuk in opzet spiegelbeeldig is aan hetgeen wel bewaard is. Links op de afbeelding is een gedeelte van een houtsnede te zien voorstellende Maria op de maansikkel, dan een zeer gestileerde doornenkroon en rechts St. Quirinus van Neuss.[1]

Daarboven, in een houtsneerand, die de basis vormt voor een grote houtsnede, lees ik (in tegenstelling tot NK): "m, n of u]s die doer adams bestieren milt was gew[o]rden doer fondamenten: aue goedertieren". (De laatste twee woorden staan op hun kop.) Rest nog even in te gaan op twee opmerkingen van Dr. Kronenberg over deze almanak in NK. Mijns inziens gaat het hier niet om een drukproef, maar om een overgebleven exemplaar dat na 1540 zijn gebruikswaarde had verloren. Steun (géén definitieve bevestiging) voor deze opvatting vind ik in het feit dat de fragmenten afkomstig zijn uit een band om een in 1541

The almanac represented here by the verso of the surviving fragments was printed in 1539, but before that Peter Claeszoon van Balen had printed similar little books which have likewise survived only as fragments (NK 2297–2299). The unusual feature of this copy is that the text is printed on one side of the sheet only. The heading tells us that the almanac was for the year 1540 and that it had been "gheordineert" (ordained, arranged) by a "Chirurgijn tot Leiden" (Chirurgeon at Leiden), almost certainly Cornelius Petrus (cf. NK 1705). The almanac, which was only supplied to guild members, indicates by signs which days are more or less propitious for medical treatment such as blood-letting and purging. As the months of July, August, October and November appear either in whole or in part, we may conclude that the two pieces make up something like a quarter of the whole and that they belong in the top right-hand corner. This ties up nicely with what we learn from the verso: if we lay the sheet with the verso uppermost and turn it 180°, at the bottom we see half of a border, which was probably printed from a single block and of which the missing piece is conceived as the mirror image of what has survived. At the left of the illustration there is part of a woodcut of the Virgin Mary with the crescent moon beneath her feet, then a highly stylized crown of thorns, and on the right St. Quirinus of Neuss.[1] Above that, in a woodcut border which forms the base for a large woodcut, I read (in contrast to NK): "m, n or u]s die doer adams bestieren milt was gew[o]rden doer fondamenten: aue goedertieren." (The last two words are upside down.)

It remains for me to comment on two observations by Dr. Kronenberg concerning this almanac in NK. In my view it is not a proof but a surplus copy which had lost its value after 1540. Support for this view, although not firm proof, can be found in the fact that the fragments came from the binding of a book printed in 1541. Nor do I believe that "it is not impossible that the verso

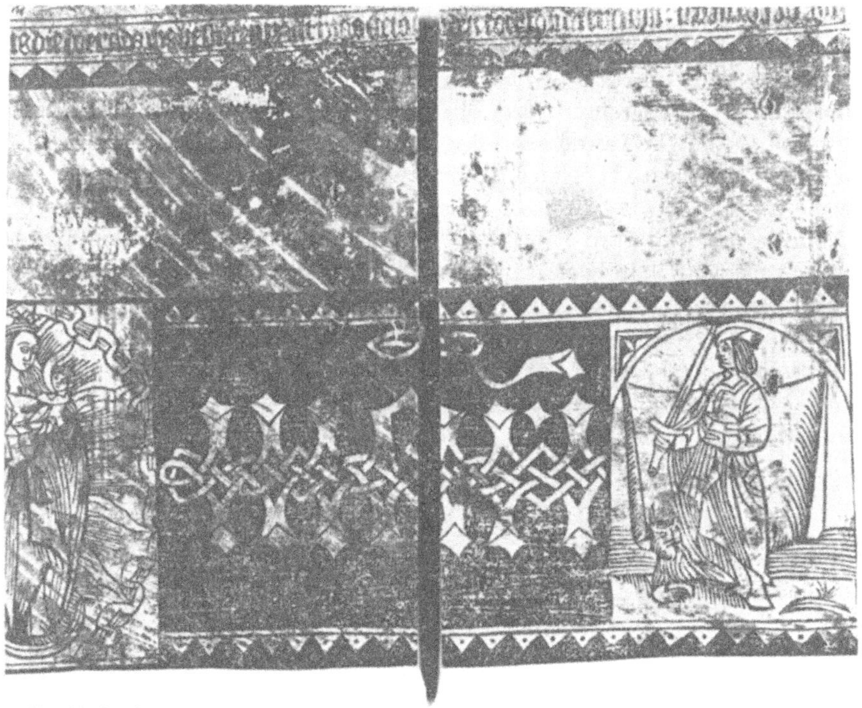

verkleind/reduced

gedrukt boek. Ook geloof ik niet dat "het niet onmogelijk is dat de keerzijde blank behoort te zijn en slechts op dit proefblad bedrukt is". Zoals ik het geheel reconstrueer maakt het de indruk een weloverwogen compositie te zijn, waarbij de afbeelding van St. Quirinus het (medische) verband legt tussen voor- en achterzijde van het blad.

R. B.

was intended to be blank, and was only printed on this proof sheet". As I reconstruct the whole, it gives the impression of being a well-considered composition, with the picture of St. Quirinus indicating the connection between recto and verso.

1 Vergelijk H. Peters, *Der Arzt und die Heilkunst in der deutschen Vergangenheit*. Leipzig 1900, afb. 62; Max Lehrs, *Late Gothic engravings of Germany and The Netherlands*. New York [1969], afb. 453; en *Pestblätter des XV. Jahrhunderts. Hrsg. von Paul Heitz. Mit einleitendem Text von W. L. Schreiber*. Strassburg 1901, pl. 35 en pp. 11 en 18.

1 Cf. H. Peters, *Der Arzt und die Heilkunst in der deutschen Vergangenheit*. Leipzig 1900, ill. 62; Max Lehrs, *Late Gothic engravings of Germany and The Netherlands*. New York [1969], No. 453; and *Pestblätter des XV. Jahrhunderts. Hrsg. von Paul Heitz. Mit einleitendem Text von W. L. Schreiber*. Strassburg 1901, pl. 35 and pp. 11 and 18.

PLUTARCHUS, APOPHTHEGMATA

LEUVEN, DIRK MARTENS, 1521

[NK 1741–NAT VIII, 27]

Uitgave, in het Grieks, van Plutarchus' *Apophthegmata*: een handzaam boekje in kwartoformaat van 84 bladen. De titelpagina is tweetalig: Grieks en Latijn; het impressum of bibliografisch adres onderaan alleen in het Latijn. Dit was de gebruikelijke manier van doen bij het drukken van Griekse werken.

De hier afgebeelde rectozijde van het tweede blad vertoont nog eens de titel, in het Latijn vertaald: *Plutarchi Chaeronensis apophthegmata regum et imperatorum*, (zinspreuken of kernachtige uitdrukkingen van koningen en keizers). De twee eerste regels staan in Griekse kapitalen; de grote initiaal A (alfa) is een houtsnede.

E. C.-I.

An edition, in Greek, of Plutarch's *Apophthegmata*, a handy little book containing eighty-four leaves in quarto format. The title-page is bilingual Greek and Latin; the imprint at the bottom, however, is in Latin only, as was the custom in Greek works printed in this period.

The recto of the second folio reproduced here again bears the title, translated into Latin: *Plutarchi Chaeronensis apophthegmata regum et imperatorum* (apophthegms of kings and emperors). The first two lines are in Greek capitals. The large initial A (alpha) is a woodcut.

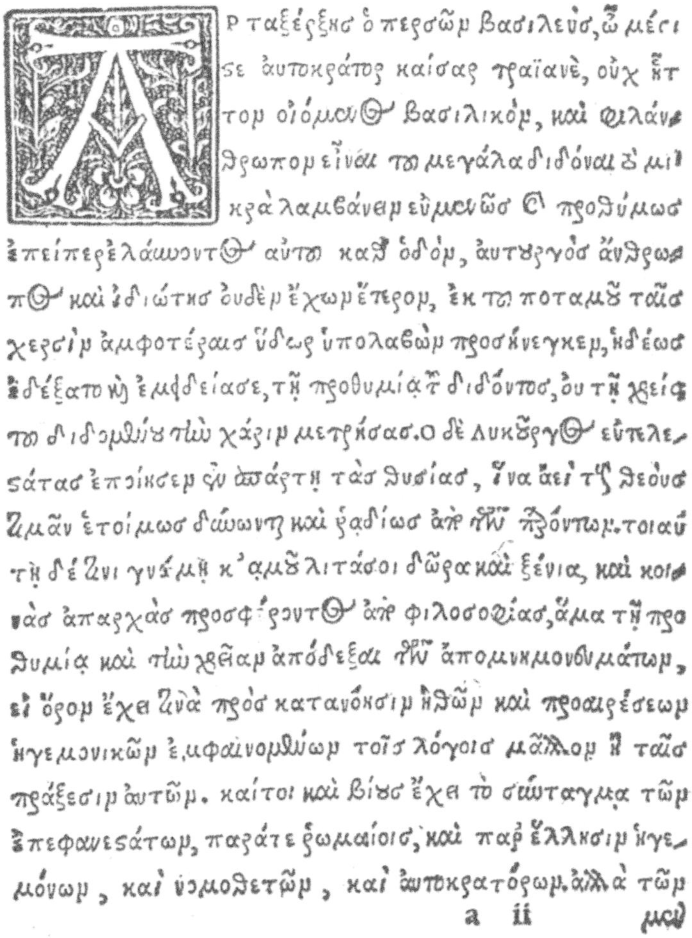

Αρταξέρξης ὁ περσῶν βασιλεύς, ὦ μέγι
στε αὐτοκράτορ καῖσαρ τραϊανὲ, οὐχ ἧτ
τον οἰόμενος βασιλικὸν, καὶ φιλάν-
θρωπον εἶναι τοῦ μεγάλα διδόναι τὸ μι
κρὰ λαμβάνειν εὐμενῶς καὶ προθύμως
ἐπεὶ περελαύνοντος αὐτοῦ καθ' ὁδὸν, αὐτουργὸς ἄνθρω-
πος καὶ ἰδιώτης οὐδὲν ἔχων ἕτερον, ἐκ τοῦ ποταμοῦ ταῖς
χερσὶν ἀμφοτέραις ὕδωρ ὑπολαβὼν προσήνεγκεν, ἡδέως
ἐδέξατο καὶ ἐμειδίασε, τῇ προθυμίᾳ τοῦ διδόντος, οὐ τῇ χρεία
τοῦ διδομένου τὴν χάριν μετρήσας. ὁ δὲ λυκοῦργος εὐτελε-
στάτας ἐποίησεν ἐν σπάρτῃ τὰς θυσίας, ἵνα ἀεὶ τοὺς θεοὺς
τιμᾶν ἑτοίμως δύνωνται καὶ ῥαδίως ἀπὸ τῶν παρόντων. τοιαύ
τῃ δέ τινι γνώμῃ κ' ἀμοὶ λιτά σοι δῶρα καὶ ξένια, καὶ κοι-
νὰς ἀπαρχὰς προσφέροντος ἀπὸ φιλοσοφίας, ἅμα τῇ προ
θυμίᾳ καὶ τὴν χρείαν ἀπόδεξαι τῶν ἀπομνημονευμάτων,
εἰ ὄφελος ἔχει τινὰ πρὸς κατανόησιν ἠθῶν καὶ προαιρέσεων
ἡγεμονικῶν ἐμφαινομένων τοῖς λόγοις μᾶλλον ἢ ταῖς
πράξεσιν αὐτῶν. καίτοι καὶ βίους ἔχει τὸ σύνταγμα τῶν
ἐπιφανεστάτων, παρά τε ῥωμαίοις, καὶ παρ' ἕλλησιν ἡγε-
μόνων, καὶ νομοθετῶν, καὶ αὐτοκρατόρων. ἀλλὰ τῶν
a ii μὲν

27. PLUTARCHUS, Apophthegmata regum et imperatorum et Laconica. 1521.

ADRIANUS FLORENTII

EPISTOLA AD FACULTATEM THEOLOGIAE LOVANIENSEM. CONDEMNATIONES DOCTRINAE M. LUTHERI A THEOLOGIAE FACULTATIBUS LOVANIENSI ET COLONIENSI

LEUVEN, DIRK MARTENS, 1520

[NK 7–NAT II, 6]

Een jaar na de publikatie door Maarten Luther te Wittenberg van de 95 stellingen, tekende zich te Leuven het verzet af. Na een grondig onderzoek besloot de theologische faculteit te Leuven tot de veroordeling ervan, niet echter zonder vooraf contact met de Keulse theologische faculteit te hebben opgenomen. In november 1519 ging Leuven tot de officiële veroordeling over. In februari 1520 werd de Leuvense èn de Keulse *condemnatio* door Dirk Martens (Theodoricus Martinus Alostensis) gedrukt. Adrianus Florentii (Adriaan van Utrecht), bisschop van Tortosa sedert 1516, leidde de tekst in. Hij was in Leuven goed bekend; hij had er gestudeerd en gedoceerd voor hij in 1515 naar Spanje werd geroepen. In 1522 werd hij tot paus verkozen: de enige Nederlandse paus. Het Pauscollege te Leuven, dat nog steeds bestaat, is zijn stichting.

De hier afgebeelde titelpagina is karakteristiek voor de renaissancetendens in het boek omstreeks de jaren twintig van de 16de eeuw: de vrij uitvoerige titel is gevat in een brede sierlijst met bovenaan het dubbele anker uit een van Martens' drukkersmerken. Er zijn niet zoveel geïllustreerde boeken van Martens bekend; zijn teksten leenden er zich meestal niet toe. Decoratie onder de vorm van randen, sierlijsten, sierinitialen, komt vaker voor.

E. C.-I.

A year after Martin Luther published his 95 theses at Wittenberg, the opposition to him came out into the open at Louvain. After a thorough investigation the theological faculty there decided in favour of a condemnation, though not before it had consulted with the faculty at Cologne. In November 1519, the official condemnation followed, and in February 1520 the joint Louvain/Cologne *condemnatio* was printed by Dirk Martens (Thierry Martens, Theodoricus Martinus Alostensis). The introduction was by Adrianus Florentii (Hadrian of Utrecht), who had been bishop of Tortosa since 1516. Hadrian was well known in Louvain: he had both studied and taught there before being called to Spain in 1515. In 1522 he was elected pope: the only Dutch pope in history. The Papal College at Louvain, which still exists, was founded by him.

The title-page illustrated here is typical of the Renaissance tendencies evident in books printed in about the fifteen-twenties: the rather wordy title is contained in a wide decorative border with, at the top, the double anchor from one of Martens's devices. Not very many illustrated works by Martens are known: usually his texts did not lend themselves to illustration; decoration as headpieces, decorative borders and initials occurs more frequently.

Lit. K. Blockx, *De veroordeling van Maarten Luther door de Theologische Faculteit te Leuven in 1519*. Brussel, 1958, Koninklijke Vlaamse Academie.

K. Blockx, *De veroordeling van Maarten Luther door de Theologische Faculteit te Leuven in 1519*. Brussel, 1958, Koninklijke Vlaamse Academie.

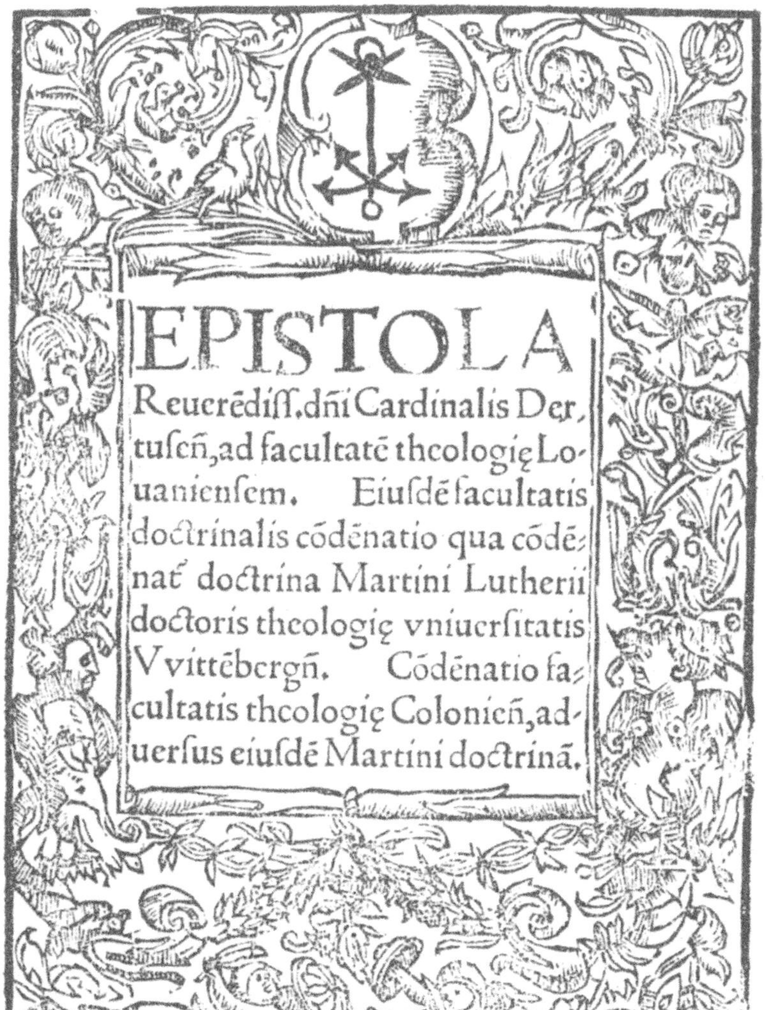

EPISTOLA
Reuerēdiss. dñi Cardinalis Der-
tusen̄, ad facultatē theologię Lo-
uaniensem. Eiusdē facultatis
doctrinalis cōdēnatio qua cōdē-
nat doctrina Martini Lutherii
doctoris theologię vniuersitatis
Vvittēbergñ. Cōdēnatio fa-
cultatis theologię Colonien̄, ad-
uersus eiusdē Martini doctrinā.

THOMAS MORUS, UTOPIA

LEUVEN, DIRK MARTENS, 1516

[NK 1550]

In één adem met Erasmus is Thomas More te noemen. Bekend met Vlaanderen waar hij vele vrienden telt, is het daar, te gast bij zijn goede vriend Pieter Gillis (Petrus Aegidius), de stadssecretaris van Antwerpen, dat zijn beroemdste geschrift is ontstaan: de *Utopia*. Het is de beschrijving van een ideale staat – die (nog) niet bestaat – met de bedoeling de organisatie van de toenmalige staat, voornamelijk in Engeland, aan de kaak te stellen. More draagt zijn werk op aan Gillis, en door toedoen van Erasmus aan wie hij het handschrift had gestuurd en Gerardus Noviomagus (Geldenauer) wordt het bij Dirk Martens gedrukt. Pieter Gillis was toen corrector bij Martens.

Op de versozijde van het titelblad staat een houtsnede die het eiland Utopia voorstelt. Op de daar tegenover liggende bladzijde zien wij het alfabet van de Utopiërs met daaronder een kwatrijn in het Utopisch met transliteratie en de Latijnse versie ervan. Alfabet en taal zijn ontsproten aan de fantasie van Gillis. Overigens is het boek niet geïllustreerd.

E. C.-I.

Erasmus and Thomas More are names which fall virtually in the same breath. More was familiar with Flanders, where he had many friends, and it was there, while he was staying with his friend Peter Gilles (Petrus Aegidius), who was town-clerk of Antwerp, that he wrote his most famous work, *Utopia*. *Utopia* is the account of an ideal state – not (yet) in existence – which was intended to show up the organization of the state of England in its true light. More dedicated his work to Gilles, and thanks to the efforts of Erasmus, to whom he had sent the manuscript, and Gerardus Noviomagus (Geldenauer), it was sent to Dirk Martens for printing. Peter Gilles was at the time a proof-reader for Martens.

On the verso of the title-page there is a woodcut depicting the island of Utopia .On the page opposite we see the Utopians' alphabet, and below that a quatrain in Utopian with a transliteration and a Latin version. Both alphabet and language are the products of Gilles's imagination. For the rest the book is not illustrated.

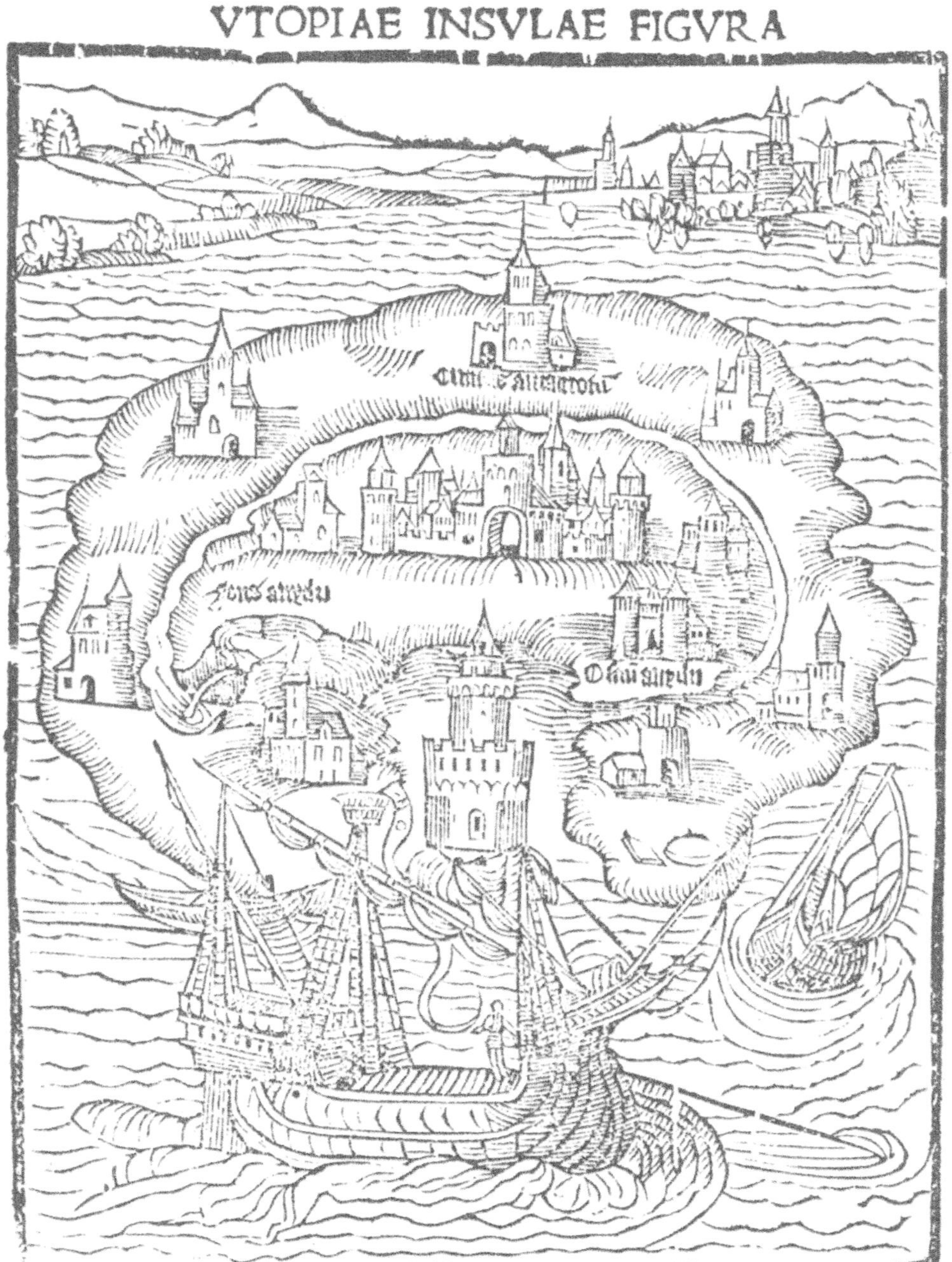
VTOPIAE INSVLAE FIGVRA

ERASMUS, PARABOLAE

LEUVEN, DIRK MARTENS, 1515

[NK 838]

De Leuvense periode is voor Dirk Martens ongetwijfeld de meest vruchtbare en ook de belangrijkste tijd geweest: ongeveer drie vierde van wat hij gedrukt heeft, zag in Leuven het licht, en de relaties met verschillende humanisten, met de universiteit, met het Collegium Trilingue, bezorgden hem menige belangrijke tekst waarvan hij de princeps-uitgave kon bezorgen.

Onverbrekelijk met de persoon van Martens verbonden is die van Erasmus. Hun vriendschap dateert uit de allereerste jaren van de zestiende eeuw, en telkens als de "prins der humanisten" op doorreis is in de Zuidelijke Nederlanden, verpoost hij er voor kortere of langere tijd bij zijn vrienden. Bij Martens is Erasmus thuis; ook als hij ziek is, is hij er welkom en wordt hij er met toewijding en genegenheid omringd. Einde 1521 verlaat hij de Nederlanden, om er niet meer weer te keren; hij sterft te Bazel in 1535, één jaar nadat Martens, hoogbejaard, te Aalst overleden was.

Het aantal Erasmus-uitgaven dat Dirk Martens verzorgde, is indrukwekkend. De *Parabolae sive similia*, waarvan de titel in rood en zwart is gedrukt, zijn uitgewerkte metaforen of vergelijkingen, door Erasmus bijeengebracht aan de hand van teksten van Griekse en Latijnse auteurs. Zij zijn op te vatten als een complement op de *Adagia*, een verzameling gezegden en citaten uit klassieke auteurs door Erasmus van commentaar voorzien. Zowel de *Parabolae* als de *Adagia* kenden een grote bijval tot in de 18de eeuw toe. Onderaan het titelblad staat dat het boek te koop is bij Dirk Martens van Aalst, wonende tegenover de rechtsschool, en dat hij het met de grootste nauwkeurigheid heeft gedrukt.

E. C.-I.

For Dirk Martens his time in Louvain was undoubtedly both the most fruitful and the most important period of his life: something like three-quarters of his total production saw the light in that city, while his relations with various humanists, with the university and with the Collegium Trilingue furnished him with many an important text whose *editio princeps* he was able to print.

Connected indissolubly with the person of Martens is that of Erasmus. Their friendship dates from the earliest years of the sixteenth century, and whenever the "prince of humanists" found himself travelling through the Southern Netherlands he broke his journey for a time with his friends there. In Martens's house Erasmus felt at home: even if he was ill he was welcome there and was surrounded with devotion and affection. At the end of 1521 he left the Low Countries for the last time, never to return: he died in Basle in 1535, a year after Martens, an old man, had died at Alost.

The number of Erasmus editions that Dirk Martens produced is impressive. The *Parabolae sive similia*, the title of which is printed in red and black, are elaborate metaphors or similes which Erasmus brought together using texts by Greek and Latin authors. They may be regarded as complementary to the *Adagia*, a collection of proverbs and quotations from classical authors which Erasmus provided with a commentary. Both the *Parabolae* and the *Adagia* enjoyed considerable success until well into the eighteenth century. At the bottom of the title-page we read that the book is available from Dirk Martens of Alost, opposite the law school, and that he has printed it with the greatest care.

Erasmi Roterodami. viri
OMNIVM BONARVM TAM LATINA-
rum, q̄ Græcarum literarum callentissimi, Parabo-
larum, siue Similiū Liber, nuper ab eodem recogni
tus, & a mendis Chalcographorum perpurgatus ac
denuo formulis nitidissimis, tersiss. excusus, Ex quo,
nō modo værarum ac venustiorū literarum studiosi
& professores omnes, Sed etiam Theologi & vulgi
concionatores non vulgariter sacris literis imbuti,
plurimum. tum voluptatis, tum emolumenti, tum
frugis, tum doctrinæ sint percepturi.:.

CVM PRIVILEGIO A MAXI.
AVG. ET CAR. AVST.

Venundatur Louanii e regione
Scholæ Iuris Ciuilis. In ædibus Theodorici Mar-
tini. Alustensis qui exactissima diligētia impressit.

HORTULUS FLORUM BEATAE MARIAE VIRGINIS

ANTWERPEN, DIRK MARTENS, 1508

[NK 1141–NAT III, 14]

De *Hortulus florum*, letterlijk vertaald Bloementuintje, is een devotieboekje van slechts twaalf bladen, ter ere van de H. Maagd. Op de titelhoutsnede is O.-L.-Vrouw in een bloementuin afgebeeld, met het Kind Jezus aan wie zij een bloem reikt. Op de laatste bladzijde, hier afgebeeld, staat onderaan de rechterkolom het impressum: gedrukt te Antwerpen door mij, Dirk Martens, anno 1508, de 27ste januari. Daaronder het kleine drukkersmerk waarin men dezelfde elementen aantreft als in het grote merk afgebeeld op p. 181. De tekst is uit een geronde gotische letter van een klein corps gezet.

E. C.-I.

The *Hortulus florum*, literally the little flower-garden, is a devotional book of only twelve folios dedicated to the Virgin Mary. On the title-page we see the Virgin herself in the flower-garden with the Christ Child, to whom she holds out a flower. On the last page, reproduced here, the imprint is at the bottom of the right-hand column: printed at Antwerp by me Dirk Martens, Anno 1508, on the 27th of January. Below that, the small device in which we find the same elements as in the large device reproduced on p. 181. The text is set in a rounded Gothic fount in a small body.

Placatum nobis iudicē
Reddas acpropicium.
aue maria.
añ. Laus graciarū actio
marie sit cum filio nūc et
in perpetuum. amen.
ver. Ostende nobis dñe
misericordiam tuam. R.
Et salutare tuū da nobis
ver. Ora pro nobis sctā
dei genitrix. R. Ut digni
efficiamur pmissiōe. tc.
Oratio
DEus qui nobis vitā
vnigeniti tui dñi no
stri iesu christi et gloriose
virginis Marie matris
eius sedula deuotione in
rosario resensere cōcedis
presta nobis quesumus
vt eorum pie cōuersatio-
nis sequamur exempla
amborumque suffragāti-
tibus meritis et vitā no-
stram emendemus et eter
ne beatitudinis pmia te
donante consequamur.
Per eundem christū do-
minum nostrum. amen.
Finis
¶ Impressum antvver
pie Per me Theodori-
cum Martini. āno dñi.
M. CCCCcc. viij. xxvij.
die. Januarij.

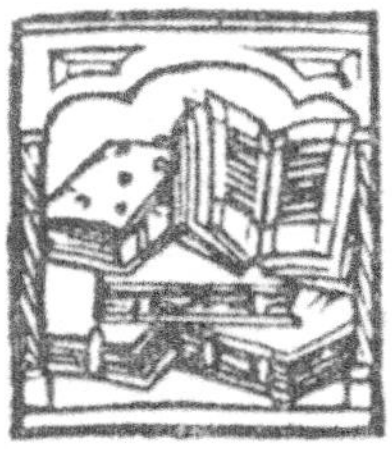
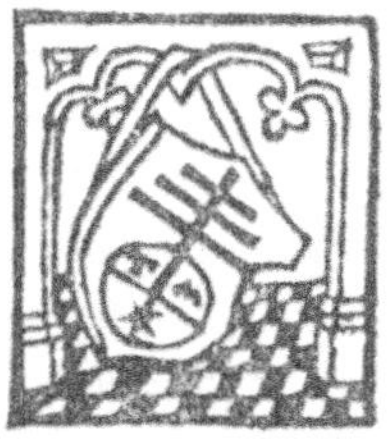

JACOBUS ANTHONII MIDDELBURGENSIS, DE PRAECELLENTIA POTESTATIS IMPERATORIAE

ANTWERPEN, DIRK MARTENS, 1502

[NK 120–NAT IV, 13]

Tot in het jaar 1512 is Dirk Martens zeer beweeglijk geweest: niet alleen is het van 1473 tot dan een over en weer gaan tussen Aalst, Leuven en Antwerpen, maar vooral heeft hij zich daar telkens opnieuw als drukker moeten vestigen, wat ongetwijfeld altijd weer materiële beslommeringen heeft meegebracht.

In 1502 zien wij hem ten tweede male te Antwerpen verschijnen. Van de leraar in kerkelijk recht en cantor van Sinter Goedele in Brussel, Jacobus Anthonii van Middelburg, drukt hij er een traktaat over de verhevenheid van de keizerlijke macht in verhouding tot de koninklijke macht, die door Pietro Aretino als de hoogste werd aangeschreven. Op de titelhoutsnede ziet men de keizer die, geknield vóór de Paus, uit zijn handen de kroon en het zwaard ontvangt. In het distichon onderaan, voert Martens propaganda voor het boekje en terzelfdertijd voor de keizer: voor wie de christenheid en de keizer beschermt, zij dit boekje aanbevolen. Erasmus heeft het boek ingeleid. Het is een van de talrijke getuigenissen van de samenwerking tussen Martens en Erasmus.

E. C.-I.

Until the year 1512 Dirk Martens was extremely mobile: not only was he continually moving between Alost, Louvain and Antwerp, he also had to keep setting up his printing shop in each town, which must have entailed no small degree of material worry.

In 1502 we find him settling in Antwerp for the second time in his life. In that year he printed a treatise about the sublimity of imperial power as compared with regal power, which had been accounted supreme by Pietro Aretino. The author was a teacher of canon law and the precentor of Saint-Gudula church in Brussels, Jacobus Anthonii van Middelburg. On the title-page we see the emperor kneeling before the pope and receiving from him the crown and sword of office. In the distich below, Martens makes propaganda for the book and at the same time for the emperor: for whomsoever Christianity and the Emperor protects, this book be recommended. The introduction to this book was provided by Erasmus: one of the many pieces of evidence for the collaboration between Martens and Erasmus.

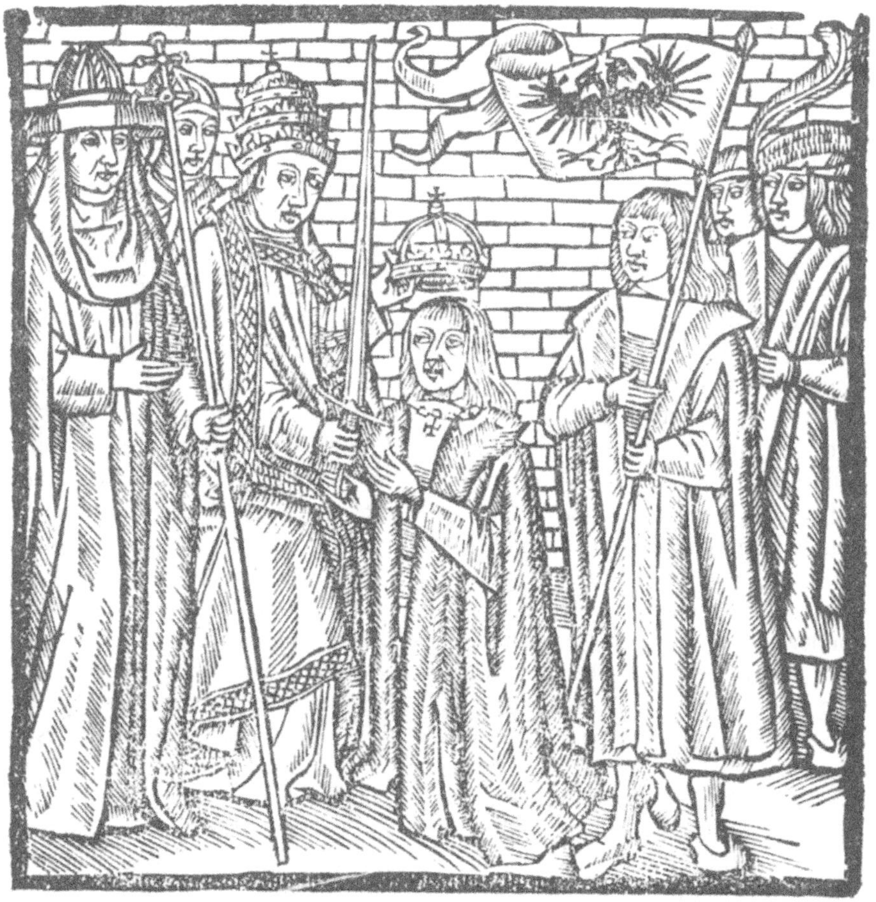

DRUKKERSMERK VAN DIRK MARTENS

UIT: GERARDUS NOVIOMAGUS, POMPA EXEQUIARUM REGIS FERDINANDI LEUVEN, 1516

[NK 979–NAT VIII, 25]

Dirk Martens (ca. 1446/47–1534) van Aalst is vooral bekend als de eerste drukker van de Zuidelijke Nederlanden: de eerste gedateerde druk verscheen er te Aalst in 1473 en moet aan Martens in samenwerking met Johan van Westfalen, worden toegeschreven. Maar Dirk Martens is ook de drukker-humanist, die niet alleen de grootste humanisten onder zijn vrienden rekende, doch die zelf ook een geleerde was met een uitzonderlijke kennis van het Grieks. Als typograaf kon het moeilijk anders dan dat hij een humanistische letter zou gebruiken, naar het voorbeeld van de drukkers in Italië: aanvankelijk een geronde gotiek, de Venetica, later een romeins lettertype. Het gebruik van een romein strookt immers beter met de klassieke teksten die hij uitgeeft. Martens komt daarbij de eer toe voor het eerst, en in grote mate, Grieks te hebben gedrukt. Nog vóór de eeuwwende heeft Martens zich tot de bloeiende handelsstad Antwerpen aangetrokken gevoeld – hoewel hij daar slechts één onder de vele drukkers was. Is het misschien daarom dat hij zijn geluk in Leuven gaat beproeven, de stad van wetenschap en geleerdheid? Na een voorproefje van een paar jaren (1498–1501) aldaar, vestigt hij zich in 1512 uiteindelijk voorgoed in de universiteitsstad; hij wordt er de belangrijkste drukker-uitgever en heeft er veel bijgedragen tot een vruchtbare wisselwerking tussen de drukkerswereld en de wereld van de geleerden.

Er zijn verschillende drukkersmerken van Martens bekend. Op het hier afgebeelde komt het door twee heraldische leeuwen gehouden schild met de cirkel en het kruis voor, vrij stereotype elementen van een drukkersmerk, evenals de schriftwimpel of banderol onderaan. De initialen, T M (Theodoricus Martinus), en de dwarsbalken van het kruis, zijn bepalend voor de identificering. E. C.-I.

Tentoonstelling Dirk Martens 1473–1973. Tentoonstelling over het werk, de persoon en het milieu van Dirk Martens, ingericht bij de herdenking van het verschijnen te Aalst in 1473 van het eerste gedrukte boek in de Zuidelijke Nederlanden. Aalst, 1973.

Dirk Martens of Alost (c. 1446/47–1534) is known principally for being the first printer in the Southern Netherlands: the first dated edition appeared at Alost in 1473 and is attributed to Martens in collaboration with Joannes of Westphalia. But Dirk Martens was also the printer humanist, who not only counted the greatest humanists among his friends but was himself a man of great learning, with a particular knowledge of Greek. It is scarcely surprising that in his typographic work he used a typically humanistic style of fount, following the example of the Italian printers: initially a rounded Gothic, Venetica, a fount in venetian style, later a roman fount. The use of a roman fount, after all, was more suitable for the classical texts which he so often published. In addition, Martens has the honour of being the first person to print works in Greek, which he did in large numbers. Before the end of the century Martens was attracted to the flourishing commercial centre of Antwerp, even though there he was only one of many printers. Perhaps that was the reason for his trying his luck in Louvain, the city of scholarship and learning. After a probationary period of a few years (1498–1501) there, he finally settled there for good in 1512. He became the city's most important printer-publisher and contributed much to the fruitful collaboration between the world of printing and the world of scholarship.

Martens used several printer's devices. The one reproduced here includes the shield with the circle and cross, supported by two heraldic lions, fairly typical elements of a printer's mark, like the pennant or banderol at the bottom. The initials T M (Theodoricus Martinus) and the crossbars on the cross are determinant factors in identifying Martens's work.

Tentoonstelling Dirk Martens 1473–1973. Tentoonstelling over het werk, de persoon en het milieu van Dirk Martens, ingericht bij de herdenking van het verschijnen te Aalst in 1473 van het eerste gedrukte boek in de Zuidelijke Nederlanden. Aalst, 1973.

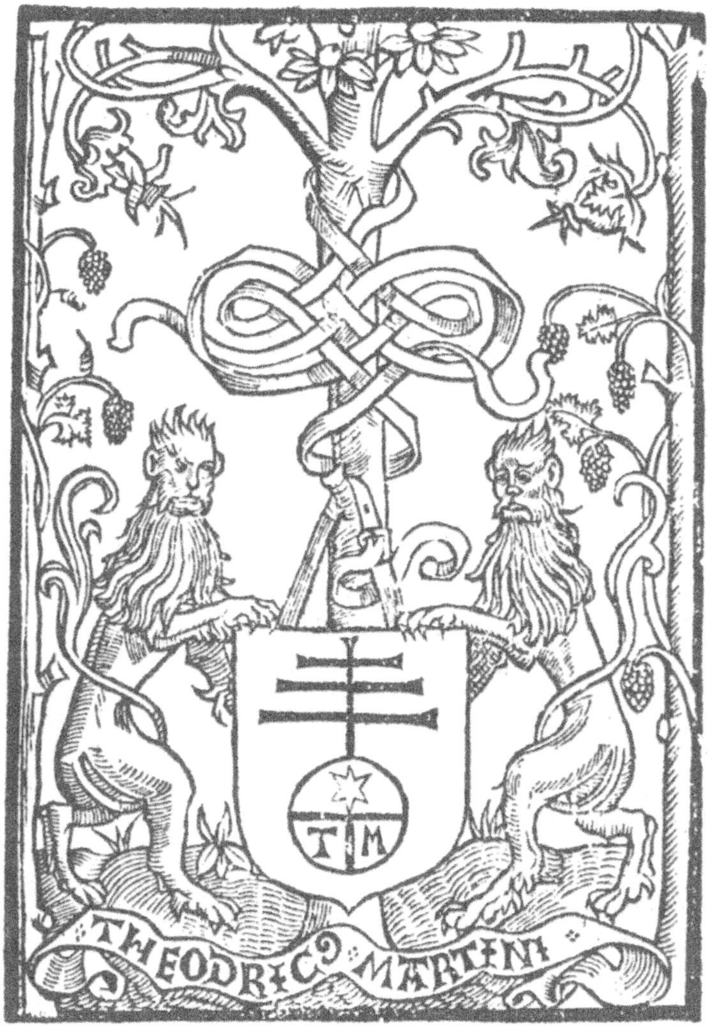
T M
THEODRIC MARTINI

NICOLAUS CLENARDUS, INSTITUTIONES IN LINGUAM GRAECAM

LEUVEN, RUTGER RESCIUS EN JOHANNES STURMIUS, 1530

[NK 585–NAT II, 7]

De Diestse humanist, Nicolaus Clenardus (ook Cleynaerts en Beken genaamd), studeerde te Leuven aan het Collegium Trilingue Latijn, Grieks en Hebreeuws. Dit college was op initiatief van Erasmus, door Hieronymus Busleyden opgericht in 1520 ter bevordering van de drie bijbelse talen, onmisbaar bij de studie van de Bijbel en van de godgeleerdheid. Later zou Clenardus zelf in die drie talen onderricht geven. Hij wilde zich ook nog het Arabisch eigen maken en trok daarom naar Granada en naar Fez. Leuven zag hij niet meer terug: hij overleed te Granada in 1542, nog geen vijftig jaar oud.

Clenardus verwierf vermaardheid door zijn handboeken voor het onderricht in het Grieks, het Latijn en het Hebreeuws. In 1530 publiceerde hij zijn *Institutiones in linguam Graecam*, een Griekse spraakkunst, die tientallen uitgaven heeft beleefd tot in de 18de eeuw toe. Op de hiernaast afgebeelde laatste bladzijde staat een verklaring van een aantal afkortingen, contracties en veelal moeilijk te ontcijferen letterverbindingen of ligaturen die in de typografie van vroege Griekse Renaissance handschriften gebruikelijk waren.

Gedurende ruim een jaar, van september 1529 tot 1530 heeft drukker-uitgever Rutger Rescius (zie over hem p. 186) een vennootschap aangegaan met zijn leerling Johannes Sturmius, die bij eerstgenoemde Grieks had gevolgd. Samen publiceerden zij een twintigtal boeken, behoudens één alle Griekse teksten, waaronder deze Griekse grammatica. Van Leuven is Sturmius naar het Collège de France in Parijs getrokken, dat hij in 1537 voor Straatsburg ruilde, waar hij rector van het Gymnasium werd. Daar ontpopte hij zich als een bijzonder vruchtbaar humanist en pedagoog.

E. C.-I.

Lit. J. Rott, "Bibliographie des oeuvres imprimées du recteur strasbourgeois Jean Sturm," in: *Actes du 95e Congrès National des Sociétés savantes* (Reims, 1970), *Section de philologie et d'histoire jusqu'à 1610*, Paris, 1975, I, pp. 319–404.

The humanist Nicolaus Clenardus (also known as Cleynaerts and Beken) was born at Diest and studied Latin, Greek and Hebrew at the Collegium Trilingue in Louvain. The college, an idea of Erasmus's, was founded by Hieronymus Busleyden in 1520 to further knowledge of the three biblical languages, indispensable for the study of the Bible and divinity. Later Clenardus himself was to give lessons in the three languages. He also wanted to master Arabic, and to this end betook himself to Granada and Fez. He was never to see Louvain again, for he died in Granada in 1542, not yet fifty years old.

Clenardus acquired renown for his manuals for teachers of Greek, Latin and Hebrew. In 1530 he published his *Institutiones in linguam Graecam*, a Greek grammar which went through several tens of editions until well into the eighteenth century. On the last page, reproduced here, we see the key to a number of the abbreviations, contractions and generally hard-to-decipher letter combinations or ligatures which are so common in printed editions of early Renaissance Greek manuscripts.

For over a year, from September 1529 until the end of 1530, the printer-publisher Rutger Rescius (see p. 186) was in partnership with his pupil Johannes Sturmius, who had learnt Greek from Clenardus. Together they published some twenty books, all, with one exception, in Greek. This Greek grammar was one of them. From Louvain Sturmius later moved on to the Collège de France in Paris, which he exchanged in 1537 for Strasburg, where he became rector of the Gymnasium and went on to reveal himself as a singularly fertile humanist and pedagogue.

J. Rott, "Bibliographie des oeuvres imprimées du recteur strasbourgeois Jean Sturm," in: *Actes du 95e Congrès National des Sociétés savantes (Reims 1970), Sction de philologie et d'histoire jusqu'à 1610*, Paris 1975, I, pp. 319–404.

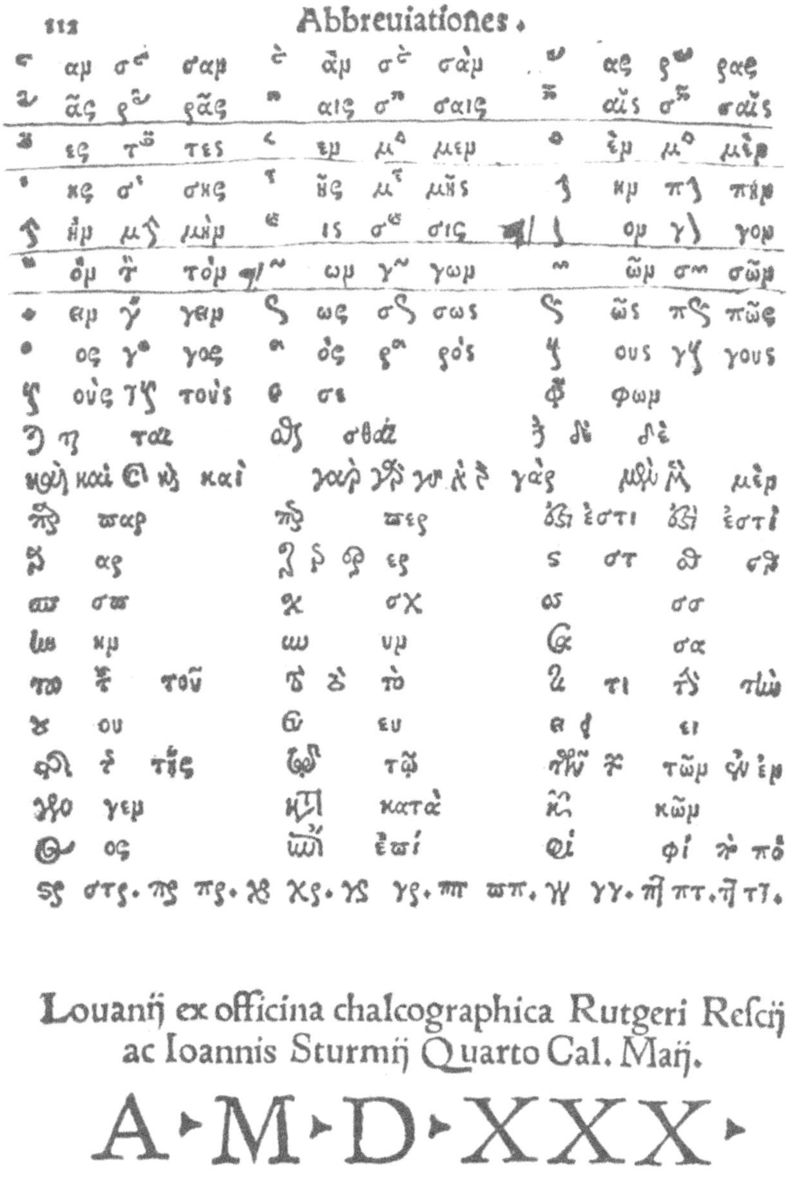
112 Abbreuiationes.

Louanij ex officina chalcographica Rutgeri Rescij ac Ioannis Sturmij Quarto Cal. Maij.

A. M. D. XXX.

JOANNES DRIEDO A TURNHOUT, DE CAPTIVITATE & REDEMPTIONE HUMANI GENERIS

LEUVEN, RUTGER RESCIUS, 1534

[NK 740–NAT I, 1]

Driedo (†1535) heette eigenlijk Jan Driedoens, of Neys naar zijn moeders naam, maar zoals gebruikelijk bij alle humanisten heeft ook hij zijn naam verlatijnst; in dit geval kreeg de naam gewoon een Latijnse uitgang.

Driedo, die tweemaal rector van de Universiteit te Leuven was (in 1518 en in 1533) en tot vijfmaal toe deken van de theologische faculteit, stond bekend als een geleerd bestrijder van de Lutherse leer. Toch had Dirk Martens geweigerd zijn betwist werk uit te geven. Rutger Rescius, de vroegere proeflezer voor Grieks bij Martens, was zich na vertrek van de laatste uit Leuven naar Aalst, in Leuven als drukker komen vestigen. Als leraar Grieks beoogde hij voornamelijk het publiceren van Griekse auteurs. Het kortstondige vennootschap met Sturmius (zie p. 184) betekende in elk geval meer dan een geslaagde aanloop. Maar de samenwerking daarna met de uitgever Bartholomaeus Gravius noopte hem er toe andere boeken te drukken, zoals dit van Johannes Driedo. Bij Rescius' dood in 1545 is al zijn drukkersmateriaal in handen van Gravius overgegaan.

De hiernaast gereproduceerde bladzijde geeft het begin van de tekst op een vrij klassieke wijze: de eerste regel van de titel in grote kapitalen gevat tussen twee lovertjes, de overige regels in kleinere kapitalen en onderkast naar onder toe gecentreerd; een bondige aanduiding van wat het eerste traktaat bevat, in cursief. Er zijn geen initialen: de aanwezigheid van de director of wachtletter kan wijzen op het ontbreken van gegraveerde initialen in het drukkersarsenaal van Rescius; de bedoeling was dat de initiaal met de hand zou worden gerubriceerd.

E. C.-I.

Driedo (d. 1535) was really called Jan Driedoens (or Neys, when he used his mother's name) but like all humanists he latinized his name: in this case the name simply acquired a Latin ending.

Twice rector of the University at Louvain (in 1518 and 1533) and no fewer than five times dean of the theological faculty, Driedo was well known as a learned opponent of the Lutheran doctrine. Nevertheless, Dirk Martens had refused to publish his work, controversial as it was. Rutger Rescius, who had been Martens's proof-reader for Greek texts, moved to Louvain and set up as a printer on Martens's departure from Louvain for Alost. As a Greek teacher, Rescius's main aim was to publish the works of Greek authors. His brief association with Sturmius (see p. 184) meant in any case a more than successful run-up period of his own career. But his later collaboration with the publisher Bartholomaeus Gravius compelled him to print other books such as this one by Driedo. On Rescius's death in 1545 all his printing materials passed into the hands of Gravius.

The page reproduced here gives the beginning of the text in a fairly classical manner: the first line of the title is in large capitals, set between two vine-leaves, the rest are in small capitals or lower case and are centered towards the bottom of the page; in the middle there is a concise account of what is contained in the first treatise, in italics. There are no initials: the presence of the director or guide-letter may point to the absence of engraved initials in Rescius's stock of types. The intention was that the initial should be rubricated by hand.

IOANNIS DRIEDONIS A TVRNHOVT SACRAE THeologiæ professoris apud Louanienses, De captiuitate, & redemptione generis humani, Liber vnus.

¶ *Tractatus primus in quo deteguntur errores & hæreses contra humanæ redemptionis mysteria, simul cum ipsorum argumentis.*

F VERVNT iam olim Pelagiani hæretici, q iniuriā facientes diuinæ gratię, docuerunt Christum non liberasse genus humanum ab vlla captiuitate, non ab vllo carcere, aut vinculis, non ab vlla seruitute, sed eundem solum in hoc venisse, vt demonstraret nobis viam salutis & vitæ eternę traderet documēta, prȩberetq́ salutaris vitę exempla, doceretq́ nos euangelium vitę ȩternæ & voluntatem patris sui, seipsum proponens nobis in humilitatis & patientiæ exemplum, quod spectemus, quod imitemur, in quo & erudiamur vt caueamus elationem atq́ superbiam. Hæc hȩresis non longe est aliena ab infidelitate paganorum gentilium. Nam & hoc est, vt tradit beatus Anselmus, quod valde mirantur infideles quod liberationem hāc vocemus redemptionem. In qua namq́ aiunt captione, aut in quo carcere, aut in cuius potestate tenebamini, a quibus vos deus nō potuit liberare nisi tot labores ac pœnas subiret. Ad extremū fuso etiam sanguine per mortem vos redimeret. Quib⁹ cum dicimus, redemit nos a peccatis & ab ira, ab inferno & de potestate diaboli, & quem vincere nō poteramus nos, ipse pro nobis expugnauit, emens nobis regnum cœlorum, & hæc omnia

HENRICUS BAERS,

LIBELLUS NOVUS DE COMPOSITIONE AC USU QUADRANTIS PERQUAM UTILE

LEUVEN, HENRICUS BAERS, 1537

[NK 2111–NAT I, 4]

Baers, ook Vekenstyl genoemd, maakt zich in een brief uit 1532 aan Johannes Dantiscus, Pools gezant in de Nederlanden, bekend als schatbewaarder van de Sint-Pieterskerk in Leuven, en als wiskundige. In deze laatste hoedanigheid heeft hij zich voornamelijk op de sterrenkunde toegelegd: daarvan geven zijn geschriften over de astronomische tabellen (zie p. 190), over de planeten en over de kwadrant blijk. De twee laatstgenoemde werkjes heeft Baers ook zelf op de pers gelegd in 1530 en 1537. Verder is er van hem als drukker nog bekend een boekje uit 1530 met meditaties over de zeven boetepsalmen van de benedictijn Guilielmus Lapidanus (Willem van den Steen). Van de hier besproken tekst over de bouw en het gebruik van de kwadrant uit 1537, moet, volgens Valerius Andreas, nog een eigen druk uit 1535 hebben bestaan. Dat is dus alles samen niet erg veel, maar het is heel wel mogelijk dat Baers nog boeken heeft geschreven of gedrukt waarvan thans geen exemplaar meer bekend is. Dat hijzelf aan de pers gestaan heeft, blijkt uit de expliciete colofons en nog meer uit de publiciteit die hij in 1530 aan zijn drukkerij gaf in de vorm van een Latijnse dialoog, die afgedrukt staat in de hierboven vermelde *Meditationes* van Lapidanus (NK 3362). Baers beroemt zich daarbij tevens bouwer van wiskundige- en van muziekinstrumenten te zijn, en geeft zich uit als zangmeester van de kerk waarvan hij ook schatbewaarder was.

Het traktaatje van zes bladen in kwartoformaat, waarvan hier de laatste bladzijde is afgebeeld, handelt over de bouw en het gebruik van de kwadrant. Dit is een instrument, waarvan de vorm overeenkomt met het vierde van een cirkel, waarmee de hoogte van de sterren kan worden gemeten.

E. C.-I.

Lit. A. de Smet, "De Leuvense astroloog Hendrik Baers of Vekenstyl maakt publiciteit voor zijn drukkerij in 1530," in: *Album Albert Schouteet*, Brugge, 1973, pp. 49–56.

Henricus Baers, also known as Vekenstyl, identifies himself in a letter of 1532 to Johannes Dantiscus, the Polish envoy to the Low Countries, as treasurer to the church of St. Peter in Louvain and as a mathematician. In this latter capacity he concentrated principally on astronomy, as we see from his writings about the astronomical tables (see p. 190) and about the planets and the use of a quadrant. The two last-named works were printed by Baers himself in 1530 and 1537. The only other known product of his press is a little book dating from 1530 and containing meditations on the seven penitential psalms by the Benedictine monk Guilielmus Lapidanus (Willem van den Steen). According to Valerius Andreas there must once have been a private edition, dating from 1535, of this text about the construction and use of quadrants. Even including this the total is not very large, but it is of course quite possible that Baers wrote or printed other books of whose existence we are ignorant. The fact that he himself worked at the press is clear from his explicit colophons and from the publicity which he gave his printing shop in 1530, in the form of a Latin dialogue printed in Lapidanus's *Meditationes* (NK 3362), mentioned above. There he also boasts of being a builder of mathematical and musical instruments, while he also makes out that he is the choirmaster of the church of which he is treasurer.

The short treatise of six folios in quarto format, the last page of which is reproduced here, is about the construction and use of quadrants. A quadrant is an instrument shaped like a quarter circle and used for determining the altitude of stars.

A. de Smet, "De Leuvense astroloog Hendrik Baers of Vekenstyl maakt publiciteit voor zijn drukkerij in 1530," in: *Album Albert Schouteet*, Brugge 1973, pp. 49–56.

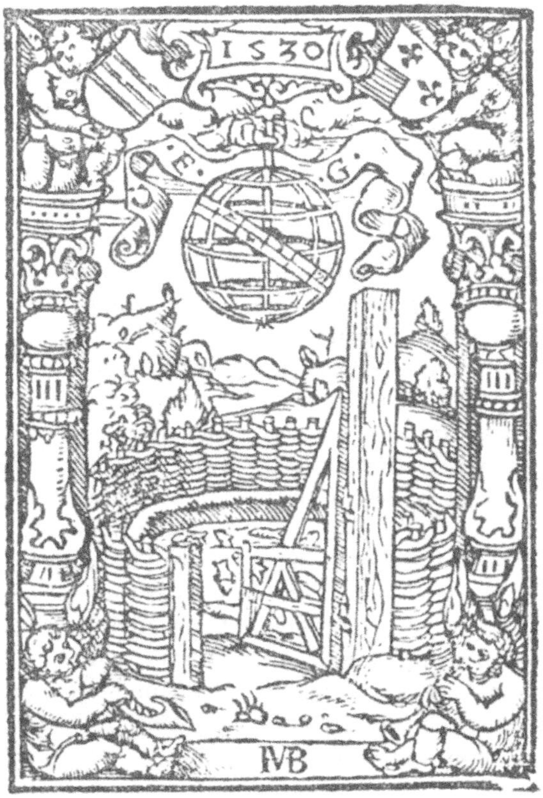

Impressum Louanii per me Henricum Barsium
Vel simauis VeKensium Anno Domini. 1537.
Quarto Nonas Augusti

HENRICUS BAERS, TABULE PERPETUE LONGITUDINUM AC LATITUDINUM PLANETARUM NOVITER COPULATE AD MERIDIEM ALME UNIVERSITATIS LOVANIENSIS

LEUVEN, GILBERT MAES, 1528

[NK 4493]

Het bestaan van dit boekje was Wouter Nijhoff en Mejuffrouw Kronenberg slechts bekend door de *Bibliotheca Belgica* van Valerius Andreas. Pas in 1962 is bij een Engels antiquaar een exemplaar ervan opgedoken; het werd toen door de Koninklijke Bibliotheek van België verworven.

Het 46 bladen tellend boek wordt toegeschreven aan Henricus Baers of Vekenstyl. Hij was te Leuven bekend als auteur van wiskundige en astronomische teksten maar hij heeft ook gedrukt (zie p. 188). Toen Baers zijn astronomische tabellen klaar had, beschikte hij nog niet over een pers. Hij vertrouwde zijn werk toe aan Gilbert Maes, een minder bekende figuur in de Leuvense drukkers- en uitgeverswereld uit de jaren 1530–1540, over wie slechts weinig bekend is.

De uitgave van een astronomisch handboekje als dit paste geheel in het kader van de toenmalige wetenschappelijke bedrijvigheid in Leuven, waar ook een Gemma Frisius, een Joachim Sterck van Ringelberg – om slechts die twee te noemen – studeerden, werkten en publiceerden. Men trachtte door het publiceren van foutloze tabellen het aanzien van de astrologie in ere te herstellen.

De titelhoutsnede, hier gereproduceerd, stelt een groep sterrenkundigen voor die in open lucht de sterrenhemel bestuderen. Na negen bladzijden tekst volgen de eeuwigdurende tabellen van de geografische lengten en breedten, als berekend op de meridiaan van de Leuvense universiteit. Zij zijn in rood en zwart gedrukt om de interpretatie van de cijfers te vergemakkelijken.

E. C.-I.

Lit. *Les tables astronomiques de Louvain de 1528 par Henri Baers ou Vekenstyl.* Édition en fac-similé. Introduction, traduction et commentaire par Emmanuel Poulle et Antoine De Smet. Bruxelles, Culture et Civilisation, 1976. (Epistèmè. Textes fondamentaux de l'histoire des sciences et des techniques).

The existence of this little book was only known to Wouter Nijhoff and Miss Kronenberg through the *Bibliotheca Belgica* of Valerius Andreas. It was not until 1962 that a copy of it came to light in an English antiquarian bookshop, after which it was purchased by the Royal Library of Belgium.

Forty-six leaves in all, the book is attributed to Henricus Baers or Vekenstyl, well-known in Louvain as an author of mathematical and astronomical works, but also as a printer (see p. 188). When he produced these astronomical tables, however, Baers did not yet have his own press, and he entrusted the work of printing them to Gilbert Maes, a figure of whom very little is known and of no great prominence in the world of printers and publishers in Louvain in the fifteen-thirties.

The publication of a little astronomical manual such as this was quite in keeping with the scientific activities of the academic community in Louvain where people like Gemma Frisius and Joachim Sterck van Ringelberg were studying, working and publishing their writings at this time. It was hoped that by publishing flawless astronomical tables the image of astrology could be restored.

The woodcut on the title-page, reproduced here, depicts a group of astronomers standing outside studying the heavens. After nine pages of text there follow the perpetual tables of geographical latitudes and longitudes, calculated from the meridian at the University of Louvain. They are printed in red and black to facilitate interpretation of the figures.

Les tables astronomiques de Louvain de 1528 par Henri Baers ou Vekenstyl. Édition en fac-similé. Introduction, traduction et commentaire par Emmanuel Poulle et Antoine De Smet. Bruxelles, Culture et Civilisation, 1976. (Epistèmè. Textes fondamentaux de l'histoire des sciences et des techniques).

Tabulē perpetue longi
tudinū ac latitudinum planetarū nouiter copulate
ad meridiem alme vniuersitatis Louaniēsis
ac plerumq; aliorum necessariorum in natiuita-
tibus requisitorum Louanij nouiter impresse

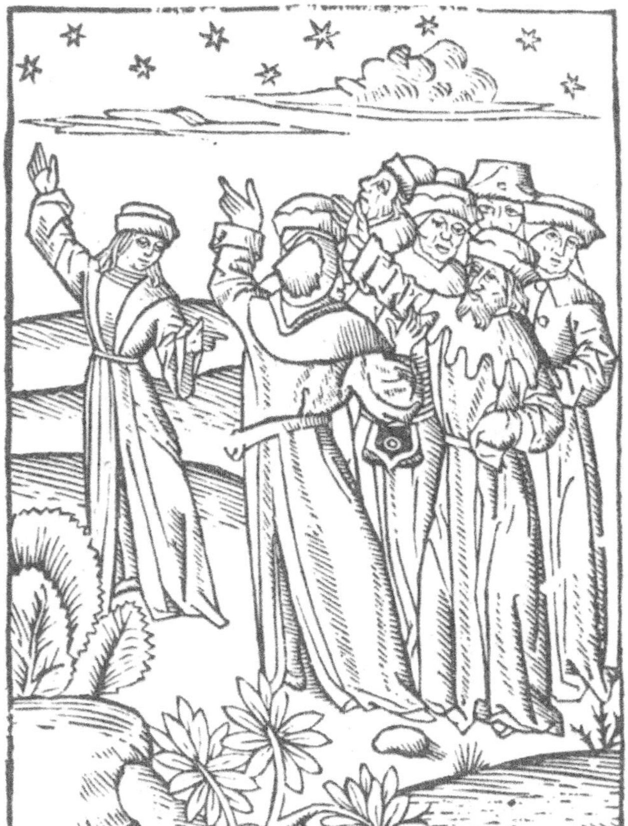

verkleind/reduced

JOHANNES SECUNDUS,

NAENIA IN MORTEM CLARISS. VIRI THOMAE MORI

LEUVEN, SERVATIUS SASSENUS, 1536

[NK 1227]

Toen Dirk Martens in 1534 overleed, was hij al vijf jaar niet meer werkzaam. Hij had zich al willen terugtrekken, toen hij in 1524 zijn bedrijf overliet aan zijn zoon Petrus. Niet zo lang daarna echter moet deze gestorven zijn en heeft de tachtiger die Dirk toen was, nog een twaalftal boeken op de pers gelegd. Aanvankelijk lijkt het Rutger Rescius te zijn die de fakkel overneemt, maar het is in elk geval Servaes van Sassen die het drukkersmateriaal van Martens gebruikt: lettertypen, initialen en zelfs een van diens drukkersmerken. Bovendien was Van Sassen met Martens' dochter Barbara getrouwd. Van Sassen, afkomstig van Diest heeft tot 1540 met een vijfentwintigtal Latijnse drukken de stijl van Martens voortgezet. Na die tijd blijft hij nog bedrijvig te Leuven tot omstreeks 1557. Hij heeft drie zonen gehad die allen in het vak zijn gebleven.

Het boekje waaruit een bladzijde wordt afgebeeld, is een treurzang op de dood van de heilige Thomas More, in 1535 onthoofd om zijn onkreukbare trouw aan de Roomse Kerk. De auteur van dit gedicht is Janus Secundus (Jan Everaerts), de grootste Neolatijnse dichter uit de Nederlanden, tevens beroemd medailleur. Luidens de titel van deze druk was de treurzang aan Erasmus toegeschreven, evenwel ten onrechte.

E. C.-I.

Lit. C. Reedijk, "Dirk Martens van Aelst en Servaes van Sassen," in: *Het Boek*, 31, 1952–1954, pp. 57–71.

Dirk Martens retired from printing some five years before his death in 1534. In fact he had wanted to retire earlier, when he handed the business over to his son Petrus in 1524. Not long after that, however, Petrus seems to have died, and Dirk, then in his eighties, printed a further twelve books before finally going into retirement. At first it seems to have been Rutger Rescius who filled the vacuum, but it was Servaes van Sassen who used Martens's printing materials: founts, initials and even one of his devices. Moreover, Van Sassen was married to Martens's daughter Barbara. Born in Diest, he continued printing at Louvain until about 1557, having continued the Martens tradition by producing some twenty-five Latin editions before 1540. He had three sons who all spent their lives in the printing industry.

The book from which a page is reproduced here is an elegy on the death of St. Thomas More, who was beheaded in 1535 for his unshakable loyalty to the Church of Rome. The author of the poem is Janus Secundus (Jan Everaerts), the greatest of the Low Countries' Neo-Latin poets and a famous medallist. The title-page of this edition attributes the work erroneously to Erasmus.

C. Reedijk, "Dirk Martens van Aelst en Servaes van Sassen," in: *Het Boek* 31, 1952–1954, pp. 57–71.

NAENIA IN MORTEM CLARISS. VIRI Thomæ Mori, Autore Ioanne Secundo, Nicolai F. Hagien.

Extinctum flemus crudeli funere MORVM,
Et regem immanem, Veneremq; cruore madentē,
Fortunęq; vices, & læsæ pellicis iram.
Vos mihi Pierides feralia carmina Musæ
Dictate, & mecum vatem lugete peremptum,
Insignem cythara, qui vos persæpe solebat
Vertice ab Aonio molli deducere versu.
Tuq; adeo mihi Calliope, quæ regia facta
Et casus miserorum hominum cantare perita es,
Nec cædes exhorrescis memorare cruentas.
Dextera ades, tu vero Erato, tu blanda Thalia
Truncatum interea tumulo componite corpus,
Exequias celebrate, aspargite floribus vrnam,
Et tumulo castos aspiret laurus odores,
Sacrum lauri geri vatis complexa sepulchrum.
Te quoq; deflerem Diuum venerande sacerdos
Roffensis præsul populi, qui dura subisti
Fata prior, sancta pro relligione tuenda,
Sed vatem canimus vates, tua maxima facta
Vulga

MAARTEN LUTHER, PARVUS CATECHISMUS PRO PUERIS

NIJMEGEN, PETRUS ELSENIUS CA. 1540

[NK 3452–NAT SUPP. III, 8]

Nijmegen was na het vertrek van Gerard van der Leempt naar 's-Hertogenbosch[1] vanaf 1479 verstoken van een plaatselijke boekdrukker. Pas in 1536 zou Peter van Elsen weer voor het eerst in Nijmegen een werk van de pers doen gaan. Deze drukker, die gedurende 25 jaar tot in 1561, in de Gelderse kwartierstad werkzaam bleef, had een merkwaardige loopbaan. Naast volledig geoorloofde drukken als plakkaten en enkele Latijnse gedichten drukte hij immers ook twee keer een verboden boek. Dit was een gevaarlijke onderneming, waarvoor men de meest uiteenlopende straffen kon oplopen, van gedwongen pelgrimage tot levenslange verbanning en van het aan de kaak stellen tot de doodstraf.[2] Ook Peter van Elsen viel een straf ten deel. In augustus 1561 werd hij gevangen genomen, omdat hij een werk van een Zutphense schoolmeester Herman Leuw *Het Paradyss* gedrukt had. Vanwege dat werk, dat "voele boese leeren und ketterien" bevatte, werd hij enkele maanden later veroordeeld tot de openbare verkoop van zijn drukkersmateriaal en werd hem de verdere uitoefening van zijn beroep ook in de toekomst verboden. Het vonnis was mild uitgevallen, omdat het Nijmeegse stadsbestuur rekening had gehouden met de "altheit ende blintheit" van de drukker.[3]

Hoewel Van Elsen zelf in 1561 getuigde dat hij "in allen voorgangenen tyden" voor zijn uitgaven toestemming had gevraagd, had hij toch al eerder veroordeeld kunnen zijn. Rond 1540 was bij hem de *Parvus Catechismus pro pueris* (NK 3452) verschenen. Deze 16 bladen tellende uitgave in octavoformaat is een Latijnse vertaling van Luthers werk *Der Kleine Catechismus*. Bij deze verboden uitgave van Van Elsen kan men zich afvragen, waarom de naam van de auteur (Luther) en het voorwoord niet werden afgedrukt. Was het werk reeds zo bekend of was de drukker zich bewust van de gevaarlijke en onorthodoxe inhoud van het werk? Het is ook mogelijk, dat de drukker, die er immers niet voor terugschrok zijn drukkersnaam op het titelblad weer te geven, op een groot afzet-

After the departure of Gerard van der Leempt for 's-Hertogenbosch[1] in 1479, Nijmegen was denied the services of a local printer. It was not until 1536 that the next work to be printed in Nijmegen left the press of Peter van Elsen. Van Elsen, who remained active in Nijmegen for the next twenty-five years until 1561, had a remarkable career. Besides perfectly legitimate work like broadsheets and a number of Latin poems, he twice printed proscribed books. This was a hazardous undertaking for which widely divergent penalties could be incurred, from enforced pilgrimage to life-long exile, from being put in the pillory to capital punishment.[2] And indeed, Peter van Elsen was punished. In August 1561 he was imprisoned for printing a work by a schoolmaster of Zutphen, Herman Leuw, entitled *Het Paradyss*. On account of that work, which contained "voele boese leeren und ketterien" (many wicked doctrines and heresies), he was sentenced some months later to the public sale of his printing materials, and was banned from ever practising his profession again. In effect the sentence was a mild one, because the Nijmegen authorities had taken into account the "altheit ende blintheit" (old age and blindness) of the printer.[3]

Although in 1561 Van Elsen himself testified that "in allen voorgangenen tyden" (on all previous occasions) he had applied for permission, he could well have been convicted earlier. In about 1540 he had published the *Parvus Catechismus pro pueris* (NK 3452). This sixteen-folio octavo volume contains a Latin translation of Luther's work *Der Kleine Catechismus*. It may be wondered why the author's name and the foreword were omitted from these clandestine editions. Was it because the work was already so well known, or was the printer aware of the dangerous and unorthodox nature of its content? It is also possible that the printer, who did not after all shrink from putting his own name on the title-page, was aiming for a wide market: without naming the author of the work, on the last leaf Van Elsen printed a remarkable printer's

PARVVS CA
TECHISMVS PRO
PVERIS.

Parue puer, paruum tu ne contemne
libellum.

Continet hic ſummi dogmata ſumma
Dei.

¶ Impreſſum apud Petrum Elſſenium.

gebied mikte; zonder de auteur van het werk te vermelden, plaatste Peter van Elsen merkwaardigerwijze op het laatste blad een drukkersmerk, dat de wapens van Gelre, Gulik, Cuijk, Holland en Zeeland vertoont (NAT S. III, 7).

C. V. D. O.

[1] HPT I, pp. 50–52; HPT II, pp. 441, 452.
[2] M. E. Kronenberg, *Verboden Boeken en opstandige drukkers in de Hervormingstijd*, Amsterdam 1948.
[3] M. E. Kronenberg, "Petrus Elsenius te Nijmegen en de Zutphensche schoolmeester Herman Leuw voor het gerecht als drukker en verspreider van een verboden boek" (1561), in: *Het Boek* 28 (1944–1946) pp. 55–78.

mark which shows the arms of Guelders, Gulik, Cuijk, Holland and Zeeland (NAT S. III, 7).

[1] HPT I, pp. 50–52; HPT II, pp. 441, 452.
[2] M. E. Kronenberg, *Verboden boeken en opstandige drukkers in de Hervormingstijd*, Amsterdam 1948.
[3] M. E. Kronenberg, "Petrus Elsenius te Nijmegen en de Zutphensche schoolmeester Herman Leuw voor het gerecht als drukker en verspreider van een verboden boek (1561)," in: *Het Boek* 28 (1944–1946), pp. 55–78.

OLIVIER DE LA MARCHE, DEN CAMP VANDER DOOT

SCHIEDAM, OTGIER NACHTEGAEL, 1503

[NK 1308–NAT I, 1]

Aan de verering van de maagd Lydwina van Schiedam (1380–1433) had de stad Schiedam te danken dat de boekdrukkunst hier al vroeg rond 1498 beoefend werd. Een groep van vrome Schiedammers had aan het einde van de vijftiende eeuw besloten te zorgen voor een Latijnse uitgave van de levensgeschiedenis van Lydwina, die door hen als een heilige vereerd werd. Men was de Schiedamse maagd veel dank verschuldigd, omdat zij in 1489 op Sint Valentijnsdag, 14 februari, de stad gered zou hebben van een vijandelijke aanslag van jonker Frans van Brederode. Met de in 1498 verschenen *Vita Lydwinae de Schiedam* (CA 383 (II)) wilde men echter ook een geleerd en financieel draagkrachtig lezerspubliek bereiken, dat een heiligverklaring van Lydwina door de paus zou bepleiten. Daartoe was de uitgave speciaal in het Latijn verschenen. Een plaatselijke priester Otgier Nachtegael had het werk in een tijdelijk ingerichte drukkerij vervaardigd. Hiervoor had hij onder meer van de Collaciebroeders te Gouda, zoals de Broeders van het Gemene Leven daar heetten, een lettervoorraad overgenomen.

Nachtegael heeft na deze uitgave niet onmiddellijk zijn drukkerij opgeheven, maar van de gelegenheid gebruik gemaakt tot 1505 nog enkele andere werken uit te geven. Deze priester wekt de indruk een voorliefde te hebben gehad voor het drukken van boeken. Niet alleen bracht hij de Franse editie van *Le Chevalier délibéré* (CA 1084) van de Bourgondische hofdichter en kroniekschrijver Olivier de La Marche (1425–1502), maar ook verscheen op 27 juni 1503 bij hem een Nederlandse vertaling daarvan in folio onder de titel *Den camp vander doot* (NK 1308). Het is een literair moraliserend werk, dat inhoudelijk ver afstaat van de levensgeschiedenis van Lydwina. De uitgave is "constelijc ende wel gheset," getuige de fraaie houtsneden die erin voorkomen. Een daarvan beeldt de strijd uit van de Bourgondische hertog *phelippe* tegen de allegorische figuur *debile* (crancheit) voor de troon van *atropos* (godin van de dood), die de hertog bedreigt met de lans *deffiance*. De schrijver (*ac-*

It was to the veneration of the virgin Lydwina of Schiedam (1380–1433) that the town of Schiedam owed the fact that printing there started relatively early, in about 1498. A group of pious Schiedammers decided towards the end of the fifteenth century to attend to the production of a Latin edition of the life of Lydwina, whom they revered as a saint. The virgin of Schiedam was owed a debt of gratitude because on St. Valentine's Day 1489 (14 February) she was supposed to have saved the town from a hostile attack by the jonker Frans van Brederode. But part of the idea of the *Vita Lydwinae de Schiedam* (CA 383 (II)) which appeared in 1498 was that it would also reach an educated and well-to-do reading public which would be able to put the case for Lydwina's canonization by the pope. It was to assist this that the edition was in Latin. A local priest, Otgier Nachtegael, printed the work in a temporary printing-shop, for which he had acquired a supply of types from the Collaciebroeders at Gouda (as the Brethren of the Common Life were called there).

After completing this edition Nachtegael did not at once close down his printing-shop, but took the opportunity to print various other works, which he did until 1505. He gives the impression of having had a preference for printing books rather than other sorts of publication. Not only did he produce a French edition of *Le Chevalier délibéré* (CA 1084) by the Burgundian court poet and chronicler Olivier de la Marche (1425–1502), but on 27 June 1503 he also put on the market a Dutch translation in folio under the title *Den camp vander doot* (NK 1308). It is a work of literary moralizing, far remote as regards content from the life of Lydwina. The edition is "constelijc ende wel gheset" (artistically and well set), as we see from the fine woodcuts which occur in it. One of these depicts the fight between the Burgundian duke *phelippe* and the allegorical figure *debile* (crancheit, disease) before the throne of *atropos* (goddess of death), who threatens the duke with the lance *deffiance*. The writer *(acteur)* is present at

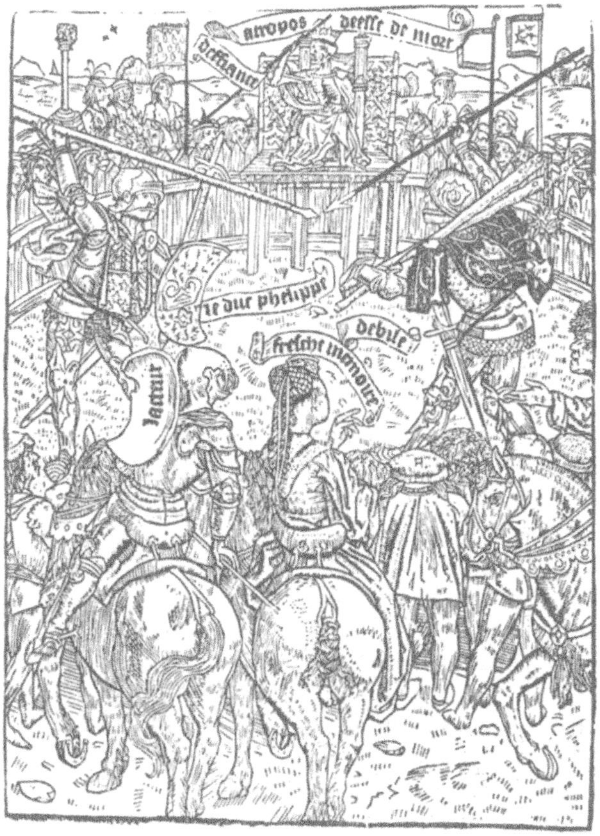

verkleind / reduced

teur) is aanwezig op het slagveld en slaat deze strijd gade. Hij bevindt zich in het gezelschap van de allegorische figuur *fresche memoire*, die hem ongetwijfeld zal hebben bijgestaan bij het te boek stellen van deze gebeurtenis. Opmerkelijk in deze uitgave is tenslotte het fraaie drukkersmerk van Nachtegael, dat de beide in zijn tijd gebruikte Schiedamse stedelijke wapens (het officiële leeuwenwapen van Schiedam en het zandloperwapen) vertoont (NAT I, 3).[1] C. V. D. O.

[1] HPT I, pp. 88–89; Heer Otgier Nachtegael of de drukker van de Vita Lydwinae, in: *Tentoonstellingcatalogus De vijfhonderdste verjaring van de boekdrukkunst in de Nederlanden*, Brussel 1973, pp. 518–524.

the battlefield and watches the fight. He is accompanied by the allegorical figure of *fresche memoire*, who undoubtedly was of assistance in recording the events for the book. Also noteworthy in this book is Nachtegael's fine printer's mark, which shows both the escutcheons of the town of Schiedam used at the time (the official arms with a lion, and the hour-glass arms) (NAT I, 3).[1]

[1] HPT I, pp. 88–89; "Heer Otgier Nachtegael of de drukker van de Vita Lydwinae," in: *Tentoonstellingcatalogus De vijfhonderdste verjaring van de boekdrukkunst in de Nederlanden*, Brussel 1973, pp. 518–524.

THUYS DER FORTUNEN ENDE DAT HUYS DER DOOT

UTRECHT, JAN BERNTSZOON, 1531

[NK 1151–NAT I, 1]

Ondanks het zo veelbelovend begin van de Nederlandse boekdrukkunst in Utrecht – immers daar wordt de "prototypographie" gesitueerd en drukten Nicolaus Ketelaar en Gerardus de Leempt in 1473 het eerste gedateerde boek in de Noordelijke Nederlanden – constateren we dat al deze activiteiten niet van lange duur zijn geweest, slechts tot het begin van de tachtiger jaren. Dan, ruim 30 jaar later, vestigt Jan Berntszoon zich in 1514 te Utrecht, waar hij ongeveer 30 jaar zal werken. Als vele anderen begint ook hij met devote boekjes, aanvankelijk in het Latijn, maar van 1518 af bijna uitsluitend in het Nederlands. De drukkerij is dan gevestigd "op den hoeck van die Saelstraat", later, vanaf 1531, "onder Sint Martens toorn" (bij de toren van de Domkerk, in de huidige Servetstraat) en als uithangbord fungeerde "die gulden leeuw" (cf NAT. V, 16). Sint Maarten, Utrechts patroonheilige, zien we regelmatig in Jan Berntszoons boeken afgebeeld (NAT I, 3; II, 6; III, 10 en V, 15), maar nergens op zo'n hoog peil als bij Jan Seversszoon.

De productie van Jan Berntszoon wordt pas interessant als Jan van Doesborch zich bij hem voegt. Deze kwam uit Antwerpen, waar zijn laatst bekende druk dateert uit 1530 (NK 654–656). Het volgend jaar is hij te Utrecht en heeft hij hetzelfde adres als Jan Berntszoon: "biden Doem, in den gulden leeuwe" (NK 2184).[1] Heeft de verhuizing van Jan Berntszoon soms iets met de komst van Jan van Doesborch te maken?

Jan Berntszoon heeft voor zijn latere uitgaven veelvuldig geprofiteerd van het materiaal dat Jan van Doesborch uit Antwerpen had meegebracht. Zo drukte hij in 1531 een uitgave van *Thuys der fortunen ende dat huys der doot*, waarin de hiernaast afgebeelde houtsnede het titelblad siert.

Of Jan van Doesborch in zijn druk van 1518 (NK 1150) deze houtsnede ook gebruikt heeft, is niet meer na te gaan, omdat in het enig bewaarde exemplaar ervan de titelpagina ontbreekt. Het lijkt me echter hoogst waarschijnlijk, want het blok lijkt er als het ware voor geschapen en in de

The beginnings of Dutch printing in Utrecht were quite promising. It is presumed, after all, that prototypography was located there. There, too, Nicolaus Ketelaar and Gerardus de Leempt produced the first dated book in the northern Netherlands in 1473. However, these early activities continued only until the beginning of the 1480s. Over thirty years later, in 1514, Jan Berntszoon settled in Utrecht, where he was to work for the next three decades. Like many printers he started with little books of a devotional nature, at first in Latin, later – from 1518 onwards – almost exclusively in Dutch. His printing-shop was initially situated "op den hoeck van die Saelstraat" (on the corner of the Saelstraat), and from 1531 onwards "onder Sint Martens toorn" (under the tower of the cathedral in what is now the Servetstraat). Its sign was that of "die gulden leeuw" (the golden lion) (cf. NAT V, 16). St. Martin, Utrecht's patron saint, is frequently depicted in Berntszoon's books (NAT I, 3; II, 6; III, 10 and V, 15), but never as well as in the work of Jan Severszoon.

The work produced by Jan Berntszoon is of no particular interest until the time when Jan van Doesborch joined him. Van Doesborch came to him from Antwerp, where his last known edition dates from 1530 (NK 654–656). The following year he was in Utrecht and had the same address as Berntszoon: "biden Doem, in den gulden leeuwe" (by the cathedral, at the golden lion) (NK 2184).[1] Can it be that Jan Berntszoon's change of address had something to do with the arrival of Jan van Doesborch?

In his later publications Jan Berntszoon made good use of the material brought from Antwerp by Jan van Doesborch. Thus he printed an edition of *Thuys der fortunen ende dat huys der doot* in 1531, the title-page of which is embellished with the woodcut illustrated here.

It is now impossible to tell whether Jan van Doesborch also used this woodcut in his edition of 1518 (NK 1150), because in the only known surviving copy of it the title-page is missing. I con-

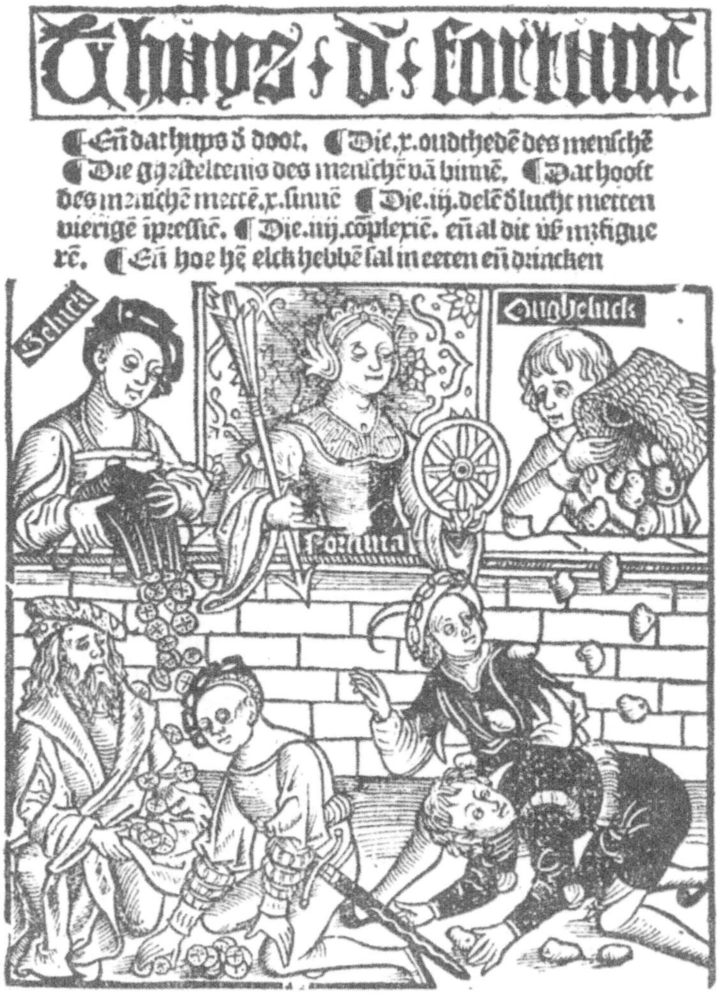

Thuys d' fortune.

¶ Eñ dathuys d' doot. ¶ Die .x. oudthedē des menschē ¶ Die ghestelteenis des menschē vā binnē. ¶ Dat hooft des menschē mettē .x. sinnē ¶ Die .iij. delē d' lucht metten vierigē ipressiē. ¶ Die .iiij. cōplexiē. eñ al dit mz figuerē. ¶ Eñ hoe hē elck hebbē sal in eeten eñ drincken

verkleind / reduced

twee uitgaven komen dezelfde blokken voor. Daarom geloof ik niet dat het blok als drukkersmerk bedoeld is in NK 3145. Trouwens, het Γνῶθι σεαυτὸν is een los blokje.

R. B.

1 Zie voor de datering van dit boek ook: M. E. K[ronenberg], "Houtsneden van Jan van Doesborch in Edinburg gebruikt", in *Het Boek*, XXXI (1952–1954), pp. 348–349.

sider it highly likely, however, because the woodcut seems "made for it", so to speak, and elsewhere in the two editions the other woodcuts are the same. I do not, therefore, believe that in NK 3145 the woodcut is intended as a printer's mark. The Γνῶθι σεαυτὸν, incidentally, is a separate block.

1 For the dating of this book see also: M. E. K[ronenberg], "Houtsneden van Jan van Doesborch in Edinburg gebruikt", in *Het Boek* XXXI (1952–1954), pp. 348–349.

DEN GROTEN HERBARIUS

UTRECHT, JAN VAN DOESBORCH, 1532

[NK 3145–NAT JAN BERNTSZOON IV, 14]

Op 18 januari 1532 voltooide Jan van Doesborch zijn druk van *Den groten herbarius*. Dit boek, dat meer is dan een kruidenboek, want het bevat onder andere ook een tractaat over uroscopie, had toen al een bewogen geschiedenis achter zich. Het is de vertaling van een Duitse herbarius, de zogenaamde kleinere *Ortus* [= *Hortus*] *sanitatis*, "uff teutsch ein gart der gesuntheit". Het boek verscheen voor het eerst in 1485 te Mainz bij Peter Schöffer (Hain 8948). Een Nederlandse vertaling was, vóór die van Jan van Doesborch, gedrukt in Antwerpen door Claes de Grave in 1514 en herdrukt in 1526 en 1533 (NK 1051–1053).

De prenten met afbeeldingen van planten en kruiden gaan alle, direct of indirect, terug op de oorspronkelijke Duitse uitgave, dus ook die van Jan van Doesborch, al is er met zijn blokken nog iets bijzonders aan de hand: ze zijn grotendeels afkomstig uit Engeland, waar Peter Treveris ze in 1526 en 1529 had gebruikt voor *The grete herball* (STC 13176–13177). Ik vermoed dat Jan van Doesborch, van wie bekend is dat hij vanaf omstreeks 1510 contacten met Engeland onderhield en in de twintiger jaren een winkel in Londen dreef, de blokken nog in Antwerpen in zijn bezit heeft gekregen. De blokken, behalve de veelvuldig voorkomende manshoofden, die uit het vierde en vijfde stuk en die met voorstellingen van planten, zijn beschreven door Hodnett.[1] Afgezien van het blok op de titelpagina dat mijns inziens in Engeland is ontworpen en gesneden, zijn het copieën naar die van Claes de Grave. De afbeelding op de titelpagina, hiernaast gereproduceerd, spreekt voor zich, al dient opgemerkt dat de rechter figuur geen vrouw is, maar een arts die materiaal verzamelt voor zijn geneesmiddelen. De twee figuurtjes links- en rechtsonder stellen de mannelijke en de vrouwelijke mandragora voor, en niet Adam en Eva.

In 1538 drukte Jan Berntszoon dit boek met dezelfde blokken na (NK 1054). Zowel hij als Jan van Doesborch gebruikten als laatste illustratie het hiervoor afgebeelde blok met Vrouwe Fortuna. R. B.

On 18 January 1532 Jan van Doesborch completed his edition of *Den groten herbarius*. This book, which is more than a mere herbal as it contains among other things a tractate about uroscopy, had already accumulated something of a history. It is a translation of a German herbal known as the smaller *Ortus* [= *Hortus*] *sanitatis*, "uff teutsch ein gart der gesuntheit". It first appeared in 1485 in Mainz, printed by Peter Schöffer (Hain 8948). Before the publication by Jan van Doesborch, a translation into Dutch had been printed in Antwerp by Claes de Grave in 1514, and reprinted in 1526 and 1533 (NK 1051–1053).

The prints showing herbs and other plants all go back, directly or indirectly, to the original German edition – including, in other words, those used by Jan van Doesborch. But there is something else that is special about his blocks: for the most part they came from England, where Peter Treveris had used them in 1526 and 1529 for *The grete herball* (STC 13176–13177). I suspect that Jan van Doesborch, who is known to have had contacts in England from about 1510 onwards and even had a shop in London in the 1520s, acquired the blocks before leaving Antwerp for Utrecht. Except for the many busts and those depicting plants, not to mention all the illustrations in the fourth and fifth chapters, the blocks have been described by Hodnett.[1] Apart from the woodcut on the title-page, which in my opinion was both designed and cut in England, they are copies of those used by Claes de Grave. The illustration on the title-page, reproduced opposite, speaks for itself, except that it should be noted that the figure on the right is not a woman but a physician collecting materials for his medicines. The two figures at bottom right and left represent the male and female mandrakes, not Adam and Eve.

In 1538 Jan Berntszoon produced a reprint of this book using the same woodcuts (NK 1054). For their final illustrations both he and Jan van Doesborch used the block showing Dame Fortune illustrated above.

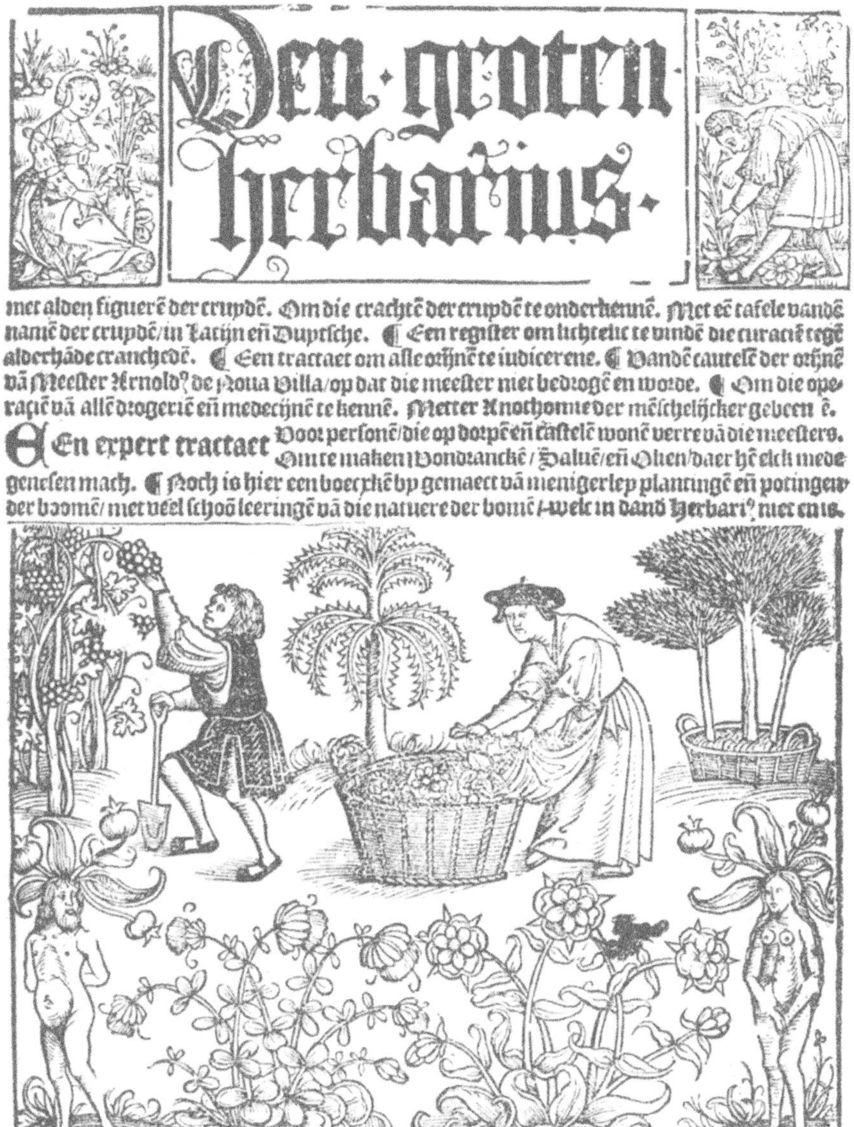

Den groten herbarius.

met alden figuerē der cruydē. Om die crachtē der cruydē te onderkennē. Met eē tafele vandē namē der cruydē/in Latijn eñ Duytsche. ¶ Een register om lichtelic te vindē die curaciē tegē alderhādē cranchedē. ¶ Een tractaet om alle orijnē te iudicerene. ¶ Vandē cautelē der orijnē vā Meester Arnold⁹ de Noua Villa/op dat die meester niet bedrogē en worde. ¶ Om die operaciē vā allē drogeriē eñ medecijnē te kennē. Metter Anothomie der mēschelijcker gebeen ē.

¶ En expert tractaet Voor personē/die op dorpē eñ castelē wonē verre vā die meesters. Om te maken Wondranckē/Saluē/eñ Olien/daer hē elck mede genesen mach. ¶ Noch is hier een boecxkē by gemaect vā menigerley plantingē eñ potingen der boomē/met veel schoō leeringē vā die natuere der bomē/welc in dand Herbari⁹ niet en is.

¶ Geprēt Tutrecht ond sinte Martens toorn/by my Jan Berntz. A°. M.D.xxxviij.

verkleind/reduced

[1] Edward Hodnett, *English woodcuts, 1480–1535*. Oxford 1973, nos. 2419–2463.

[1] Edward Hodnett, *English woodcuts, 1480–1535*. Oxford 1973, nos. 2419–2463.

HIERONYMUS BRUNSCHWIG, DAT HANTWERCK DER CIRURGIEN

UTRECHT, JAN BERNTSZOON, 1535

[NK 506–NAT VI, 19]

In 1535 drukte Jan Berntszoon Hieronymus Brunschwigs *Dat hantwerck der cirurgien.*[1] Het is de vertaling van diens *Chirurgia*, dat voor het eerst in 1497 in Straatsburg verscheen (GW 5593). Aardig om te zien is dat voor de vertaling niet de illustraties van het origineel zijn overgenomen, maar van Hans von Gersdorffs *Feldtbuch der wundtartzney*, in 1517 eveneens te Straatsburg gedrukt. Dit werk was bedoeld als handboek voor militaire artsen te velde en werd een aantal malen herdrukt. De prenten ervan, gemaakt door Hans Wächtlin, zijn tot in de zeventiende eeuw nagevolgd, ook in Engeland en de Noordelijke Nederlanden. De al eerder genoemde Peter Treveris drukte een Engelse vertaling van de *Chirurgia* in 1525 onder de titel *The noble experyence of the vertuous handy warke of surgeri* (STC 13434). Slechts twee blokken eruit zijn uiterlijk in 1531 in Utrecht terecht gekomen, gezien hun gebruik in *Thuys der fortunen.*[2] Derhalve moest Jan Berntszoon bijna alle blokken opnieuw laten snijden.

De hier gegeven afbeelding stelt een instrument voor waarmee stukken van een gefractureerde schedel verwijderd kunnen worden. Het steunt met twee onderling verstelbare poten op het hoofd van de patiënt. De punt wordt in het weg te nemen stukje schedeldak geboord, dat vervolgens, wanneer de punt goed erin vast zit, omhoog gebracht wordt. Het bloed dat zich op de wond verzameld heeft wordt weggewassen, waarna het verwijderde stukje bot weer op zijn plaats wordt gebracht. De randen rondom worden eventueel gedicht met Iers mos. Nog in 1616 vinden we de afbeelding van dit instrument in vrijwel ongewijzigde vorm, maar dit maal in kopergravure terug in Petrus Paaws *Succenturiatus anatomicus.*

R. B.

In 1535 Jan Berntszoon printed Hieronymus Brunschwig's *Dat hantwerck der cirurgien.*[1] This is a translation of Brunschwig's *Chirurgia*, which was first published at Strasburg in 1497 (GW 5593). It is interesting to see that the original illustrations were not used for the translation, but instead those from Hans von Gersdorff's *Feldtbuch der wundtartzney*, printed in 1517, also at Strasburg. This work was designed to be a manual for army doctors working in the field and was reprinted a number of times. The prints which appeared in it, the work of Hans Wächtlin, were imitated until after the beginning of the seventeenth century, in England and the northern Netherlands as well as elsewhere. Peter Treveris, referred to earlier, printed an English translation of the *Chirurgia* in 1525 under the title *The noble experyence of the vertuous handy warke of surgeri* (STC 13434). Only two woodcuts from this edition eventually ended up in Utrecht; they were used in *Thuys der fortunen.*[2] Hence Jan Berntszoon had to have almost all the blocks recut.

The illustration reproduced here shows an instrument for removing pieces of a fractured cranium. It is supported on the patient's head by two feet whose positions relative to each other can be adjusted. The point is drilled into the piece of bone to be removed, which is then, when the point is firmly fixed in it, withdrawn upwards. The blood which has collected on the wound is washed away, after which the bone fragment is replaced. The edges may be closed up with Irish moss. A virtually unaltered illustration of this instrument, now in copper engraving, reappears as late as 1616 in Petrus Paaw's *Succenturiatus anatomicus.*

1 Voor een korte inhoudsopgave zie J. A. van Dongen, "De incunabelen en postincunabelen in de bibliotheek van de [Koninklijke Nederlandsche] Maatschappij [tot Bevordering der Geneeskunst] (x)", in *Medisch Contact*, XX (1965), pp. 616–619.

2 Hodnett, *op. cit.*, nos. 2398–2399.

1 For a summary of the contents, see J. A. van Dongen, "De incunabelen en postincunabelen in de bibliotheek van de [Koninklijke Nederlandsche] Maatschappij [tot Bevordering der Geneeskunst] (x)", in *Medisch Contact* XX (1965), pp. 616–619.

2 Hodnett, *op. cit.*, nos. 2398–2399.

Met desen instrumente suldi dat ghebrookenbeckeneel wederom op heffenen alst in ghesaeghen is/ ende dat eē deel nederwaert gaet ende dat ander deel opwaert ende dye vijze oftebooer daer men mede in dat beckeneel booren sal/dat moet seer scherp zijn/op die maniere hier nae ghefigureert.

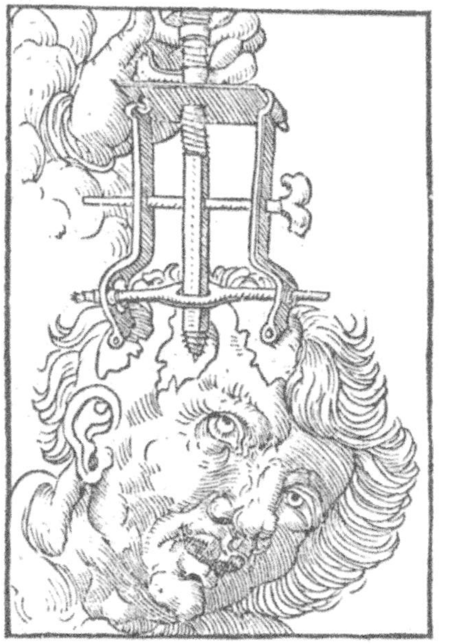

Dat voorghaende instrument dient seere wel om daer met te werckene aen de siden des hoofdes oft achter. Mer dit navolghende instrument dat dient vele beter mede te werckene boouen op dat hooft/als dat beckeneel in gheslaghen is om dat wederom op te heffen/gelijc hyer na ghefigureert staet.

verkleind / reduced

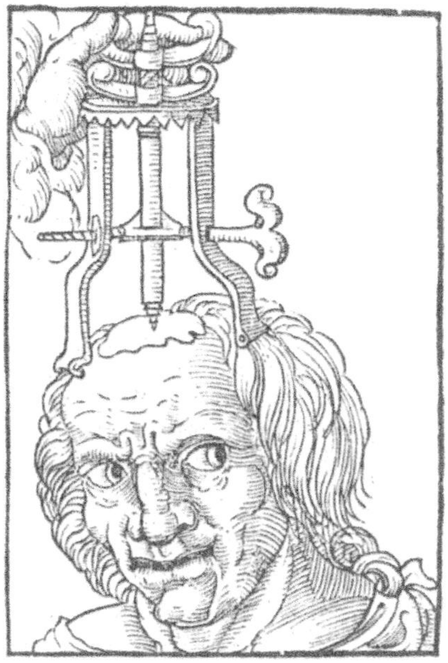

¶ Vā die wondē des aēsichtes. Capit. (xxxvij.

Die wondē des aēsichts salmē tsamē voegē sond' napen/eñ nemē mastic eñ drakenbloet gepoluerisereet eñ gemengt m: wit vandē eye ind' dicten als honich. Daer in maect nat .ij. doeckeskēs also lanc als die wonde is/die legt an elcke side der wondē eē eñ laetse droge wordē/dā napt die doecxkēs an eē eñ legt optē naet d: poed' vā drakenbloet/eyerscalenkalc eñ wit wierooch. Daer ouer legt werc genet in wit vandē eye mettē seluē poed' gemengt/so ic d: geleert heb ītcapi. vandē gemeinē wondē. Dā heyltse gelijc eē and' wonde/m: plaesterē/saluē/poed'/ of mettē balse:. Mer daert n: mogelic en is eñ daer een vleeschachtich deel is/daer salmē napen m: eenē draet m: die napinge der gescheydēd' punctē/eñ is d: deel droo

hi

GERARDUS LISTRIUS,
COMMENTARIOLI IN DIALECTICEN PETRI HISPANI
ZWOLLE, SIMON CORVER, CA. 1520
[NK 1375–NAT I, I]

Ook in Zwolle was al tamelijk vroeg, in 1479, een drukkerij aanwezig, waarbij Peter van Os van Breda van het begin af betrokken is geweest. Nadat het bedrijf Peters eigendom was geworden, ging het rond 1500 geleidelijk aan over in het bezit van diens zoon Thieman, totdat het omstreeks 1510 ophield te bestaan. De volgende voor Zwolle belangrijke drukker was Simon Corver, werkzaam van 1519 tot 1523, aan wiens leven vooral door M. E. Kronenberg aandacht is geschonken.[1] Zo heeft zij bewezen dat Corver één van de eersten is geweest die in de Nederlanden Hervormde boeken drukte. Hij zou naar Zwolle zijn gehaald door Gerardus Listrius, die van 1516 tot 1522 rector van de school van de Broeders des Gemenen Levens was en eveneens de Hervorming welgezind. Voor Listrius was het drukkersvak niet iets onbekends, want hij was zelf corrector geweest bij Froben in Bazel.

Corver heeft een flink aantal boeken gedrukt in de paar jaar van zijn Zwolse verblijf. In NK zijn er 41 beschreven, waarbij het opvallend is dat ze alle op drie na in 4° zijn. Drukken in 4° waren trouwens in Zwolle nogal overheersend: van de 134 in NK beschreven zijn er 125 zo, de 9 overige zijn in 8°. Een goede verklaring voor dit feit heb ik niet kunnen vinden.

Het hiernaast gereproduceerde titelblad is van een boekje dat Listrius voor zijn leerlingen had geschreven. Het is een kort commentaar op de *Dialectica* van Petrus Hispanus. Aardig als vroege "blurb" is Corvers aanbevelingsbrief aan de jonge studenten. De rand, met negen cherubijntjes op een boog, is gecopieerd naar een origineel door Hans Holbein, dat vanaf november 1516 in Bazel door Froben is gebruikt.[2] Ze is enigszins aan het Zwolse gebruik aangepast. In de bovenhoeken lezen we in plaats van "Hans Holb." nu "Viue Svol" (leve Zwolle) en beneden in het midden zien we het kruis uit het Zwolse wapen, en dus geen Malteser kruis, zoals Johnson wil.

R. B.

In the town of Zwolle, too, there was a printing-shop quite early, in 1479. Peter van Os of Breda was involved in this enterprise from the start, and eventually became its owner. In about 1500 he gradually transferred it to his son Thieman, who owned it until closing it down in about 1510. The next printer of any great significance to Zwolle was Simon Corver, who was active from 1519 until 1523 and whose biography was chiefly written by M. E. Kronenberg.[1] She proved, for example, that Corver was one of the first people to print Reformation books in the Netherlands. It is thought that he went to Zwolle at the instigation of Gerardus Listrius, who from 1516 to 1522 was rector of the school run by the Brethren of the Common Life and was likewise sympathetic to the Reformation. To Listrius there was nothing strange about printing: he had himself been a proof-reader for Froben in Basle.

Corver printed quite a number of books in the few years he spent at Zwolle. In NK there are descriptions of forty-one, a conspicuous feature of which is that with only three exceptions they are all quartos. Editions in quarto were in fact predominant in Zwolle: of the 134 described in NK, 125 are in quarto, the others all being octavos. I have been unable to find a good explanation for this.

The title-page reproduced opposite is from a little book which Listrius had written for his pupils. It is a short commentary to the *Dialectica* of Petrus Hispanus. Corver's letter of recommendation to the young students is a nice example of early "blurb". The border, with nine cherubs on an arch, is a copy of an original by Hans Holbein which was used by Froben in Basle from November 1516 onwards.[2] For use in Zwolle it was altered to some extent: in the top corners we read "Viue Svol" (vive Zwolle) instead of "Hans Holb.", and at bottom centre we see the cross from the Zwolle coat of arms – not, as Johnson would have it, a Maltese cross.

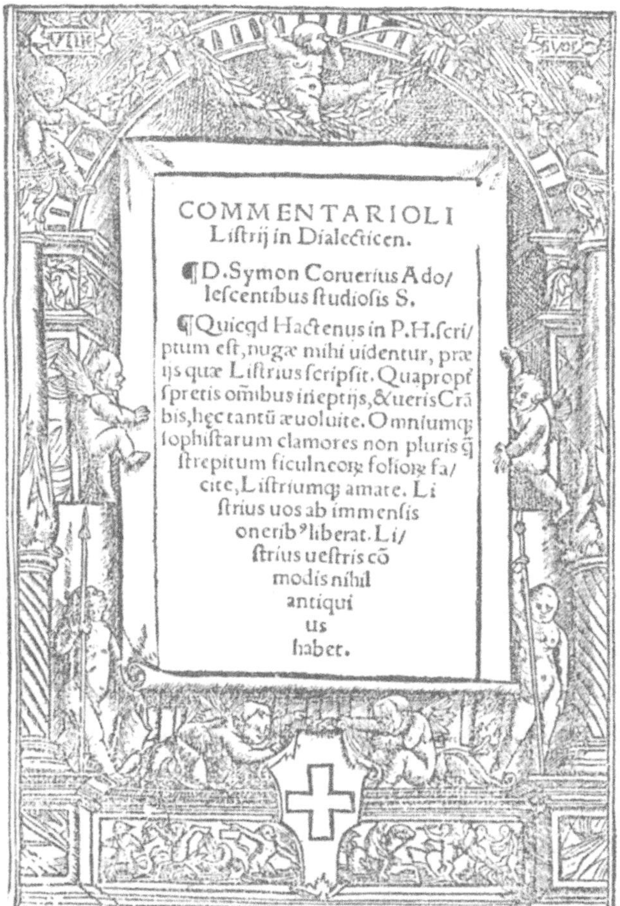
COMMENTARIOLI
Listrij in Dialecticen.
¶ D. Symon Coruerius Ado/
lescentibus studiosis S.
¶ Quicqd Hactenus in P.H.scri/
ptum est, nugæ mihi uidentur, præ
ijs quæ Listrius scripsit. Quapropt
spretis om̄ibus ineptijs, & ueris Crā
bis, hęc tantū æuoluite. Omniumqȝ
sophistarum clamores non pluris q̄
strepitum ficulneorū foliorū fa/
cite, Listriumqȝ amate. Li
strius uos ab immensis
oneribꝰ liberat. Li/
strius uestris cō
modis nihil
antiqui
us
habet.

verkleind/reduced

1 Zie haar artikelen "Iets over een onbekend Novum Testamentum, in Sept. 1522 te Amsterdam uitgegeven, en over de drukkerij van Corver", in *Het Boek*, XV (1926), pp.241–256; "Simon Corver in de gevangenis (1536)", *ibid.*, XXX (1949–1951), pp. 313–317. Zie ook het artikeltje van A. Haga, "Nieuws over Simon Corver", *ibid.*, XXXVII (1965–1966), pp. 209–211.

2 A. F. Johnson, "The title-borders of Hans Holbein", in *Gutenberg-Jahrbuch*, XII (1937), pp. 115–120 (ook in *Selected essays on books and printing*. Amsterdam 1970, pp. 217–230, met op p. 220 een reproductie van Holbeins origineel). Het gaat om een copie van de als no. 2 beschreven rand.

1 See her articles "Iets over een onbekend Novum Testamentum in Sept. 1522 te Amsterdam uitgegeven, en over de drukkerij van Corver", in *Het Boek*, XV (1926), pp. 241–256; and "Simon Corver in de gevangenis (1536)", *ibid.*, XXX (1949–1951), pp. 313–317. See also the short article by A. Haga, "Nieuws over Simon Corver", *ibid.*, XXXVII (1965–1966), pp. 209–211.

2 A. F. Johnson, "The title-borders of Hans Holbein", in *Gutenberg-Jahrbuch*, XII (1937), pp. 115–120 (also in *Selected essays on books and printing*. Amsterdam 1970, pp. 217–230, with a reproduction of Holbein's original on p. 220). This is a copy of the border described as No. 2.

Made in the USA
Las Vegas, NV
09 November 2024

11102978R00122